大学院文化科学研究科

成人の発達と学習

岩崎久美子

人間発達科学プログラム

成人の発達と学習（'19）
©2019　岩崎久美子

装丁・ブックデザイン：畑中　猛
s-54

まえがき

　私の手元にニューヨーク公共図書館で購入したマグカップがある。そこには,「なりたい自分になるのに遅すぎることはない」(It's never too late to be what you might have been.)という英国のヴィクトリア朝の女性作家エリオット(Eliot, G.)の言葉が書かれている。

　この言葉のように,私たちは,なりたい自分になるために,いつでも自分の人生を軌道修正し,人生の統合に向かって発達することができる。たとえば,英国の成人教育の研究者ジャービス(Jarvis, P.)は,生涯学習は人間の成長と発達にとって不可欠なもの[1]とする。人が自分の人生に前向きな働きかけを行おうとする時,あるいは自分自身の発達を促そうとする時,その行動は学習活動へと向かうのである。

　本書は,成人になってからの学習活動に焦点を当てて,これまで成人学習について書かれた文献や書籍のエッセンスを,読者に紹介することを目的としたものである。成人になってから学習を行っているみなさんに,自分の学習活動の本質を理解し,自分がなぜ学習しているのか,その意義を考えてほしいという願いを込めて執筆した。

　これまで,放送大学で学んでこられた方々は,成人学習の理論については,堀薫夫・三輪建二『生涯学習と自己実現』,三輪建二『生涯学習の理論と実践』などの放送教材を手にしたかもしれない。本書もその流れをくみながら,大学院教材として,成人学習の基本的教科書を想定している。

　本書のベースは,Sharan B. Merriam, Rosemary S. Caffarella. *Learning in Adulthood: A Comprehensive Guide.* Wiley & Sons, Inc., 1999. を中心とした英米の成人学習理論にかかわる文献にある。著者は,*Learning in Adulthood* の翻訳作業の一部を担当したが,成人学習

---

[1] Jarvis, P. "Learning from everyday life." Jarvis, P. (ed.), *The Routledge International Handbook of Lifelong Learning.* Routledge, London, 2009, pp.19-20.

に焦点を当てて，さまざまな分野にまたがる理論がレビューしてある本書を手にし，成人学習への学問的アプローチの多様性と学際性に驚きを感じた。すでに翻訳作業から10年以上も経った現在でも，メリアム（Merriam, S. B.）らのこの書籍は成人学習を体系立てた基本書としてその意義は失せていない。本書では，成人学習理論として著名なものをここから抽出し，その原典に当たり，さらに新たに追補されているその後の書籍・文献の内容を加え，広く成人学習にかかわる理論や考えを紹介する。成人学習は，心理学，社会学，文化人類学など，さまざまな学問の折衷と言われる。生涯にわたる個人の発達に注目すれば，当然，影響する要因は，個人内部にとどまらず，社会的文脈にも及ぶであろう。

　本書の構成は，大きく，序章に当たる第1章「社会変動と成人学習」の後，①学習プロセスにかかわる要因（第2章「加齢（エイジング）」，第3章「心理的発達」，第4章「記憶と学習方法」，第5章「学習動機」，第6章「学習資源としての経験」），②主な成人学習理論（第7章「アンドラゴジー」，第8章「自己決定学習」，第9章「変容的学習」，第10章「ナラティヴ学習」，第11章「身体化された学習」），③学習の実践（第12章「組織における学習」，第13章「人のつながりと社会関係資本」，第14章「キャリア理論」），そして，終章としてまとめとなる第15章「成人が学習する意義」からなる。

　成人になってから学習する理由や目的は人さまざまである。しかし，その理由や目的がどのようなものであっても，本書が，みなさんに今後も学習を継続していく学習へのヒントや知見を提供し，新たな発達や人生の展開を後押しすることに役立つのであれば，著者にとって望外の幸せと考えている。

2018 年 10 月
岩崎　久美子

目次

まえがき　　岩崎久美子　3

1　社会変動と成人学習　　9
1. 成人学習をめぐる社会的背景　9
2. 成人学習者の特徴　19
3. 成人学習の可能性　23

2　加齢（エイジング）　　29
1. 生物学的変化　29
2. 心理的変化　38
3. 喪失と獲得を伴う発達　41

3　心理的発達　　47
1. 発達段階と過渡期　47
2. ライフ・イベント　55
3. 心理的危機と学習　62

4　記憶と学習方法　　67
1. 記憶のさまざまな形態　67
2. 脳というハードウェア　69
3. 記憶と学習　75

5 学習動機　　　84
1. 学習の動機づけ　84
2. 成人学習者の特性　92
3. 成人学習の阻害要因　100

6 学習資源としての経験　　　104
1. キャリアと経験資本　104
2. 学習資源としての経験の意義　111
3. 学習プロセスにおける経験の活用　114

7 アンドラゴジー　　　123
1. 成人学習の特徴　123
2. アンドラゴジーモデルとその論点　129
3. 成人の学習支援　135

8 自己決定学習　　　142
1. 自己決定学習とは　142
2. 自己決定学習の内容　148
3. 自己決定学習と個人特性　155

9 変容的学習　　　161
1. 変容的学習とは　161
2. 変容的学習のプロセス　166
3. 変容的学習の実践　170

10 ナラティヴ学習　181
1．ナラティヴ学習とは　181
2．ナラティヴの諸相　189
3．ナラティヴを通じた学習　192

11 身体化された学習　199
1．身体に保有される知識　199
2．身体を通じて獲得される知識　204
3．身体化された学習の実践　211

12 組織における学習　218
1．組織を通じた個人の学習　218
2．組織全体の改善を目指す学習　223
3．既存の組織を超えた学習　231

13 人のつながりと社会関係資本　236
1．社会関係資本とは　236
2．社会関係資本の機能　243
3．地域活動や市民活動への参加　250

14 キャリア理論　255
1．生涯にわたるキャリア　255
2．さまざまなキャリア理論　258
3．転職や再就職の事例　267

15	成人が学習する意義　　　　　　　　274
	1．学習プロセスを充実させる　274
	2．学習を理論化する　280
	3．学習を実践する　284

索　引　293

1 社会変動と成人学習

　成人学習の研究では，成人のライフ・コースに付随する学習活動を広く扱う。学習に関する研究は，主に心理学的領域において長い伝統と蓄積があるが，成人学習では，心理学のみならず，社会学，生物学，経済学，文化人類学など，さまざまな学問的知見に基づく学際的で統合的な視点や複合的解釈によって学習を考える。その理由は，成人学習は，学校教育のように制度的に一定の共通性を持って実施されるものではなく，成人の有する経験や背景など人それぞれの異なる状況を前提に個別のニーズに応じ，人生全体にかかわって行われる学習を扱うためである。

　本章では，本書の最初の章として，成人学習をめぐる社会的背景，成人学習者の特性，成人学習の場を検討し，成人学習を理解するための最初の枠組みを提供したい。

1. 成人学習をめぐる社会的背景

(1) 成人とは

　学習は，意図的であれ無意図的であれ，人間が生活していく上で本来必ず行われるべきものである。学校教育や大学といった制度的な学習機会はもとより，そのような組織的に行われる学習から離れてからも，学習は日常生活や社会的状況において偶発的，あるいは無意識にも生じ，その経験が人を継続的に成長・発展させる原動力となる。人生とは，学習が付随するさまざまな経験の蓄積を伴った変化の履歴とも言える。

　このように，私たちの成長と発展を促す成人学習を考えるに当たり，ここで成人とは誰を指すのか，まずその定義を考えてみよう。

　成人の定義は，生物学的観点と同時に社会学的観点にもかかわるものである。ある心理学者は，成長期と成人期を分け，成人とは，16～20

歳の間に成長期から成人期への移行を経て,遺伝的に制御された成長プログラムが完了した者と定義した[1]。つまり,この定義によれば,身体的発達が到達点に達して以降が成人期ということになる。

社会学的には,成人とは,一般的には社会が「おとな」と承認した以降と考えられる。この「おとな」としての承認は,教育修了,親からの独立した暮らしの開始,経済的自立,結婚,親となること,参政権の取得,兵役,就職などの事柄で象徴される。欧米では,このうち,参政権,あるいは,親の同意なしの婚姻可能などの権利付与の年齢を境に成人として捉える。また,ニューギニアやアフリカの一部地域では,子どもからおとなへの移行を,それまでの子どもとしての自分は終わりを迎え,新しくおとなとして再生する「死と再生」と捉え,成人としての社会的承認と本人受諾を意味する通過儀礼の一つとして,苦痛を伴う肉体的訓練,刺青,抜歯などの成人儀礼が行われる[2]。わが国では国民の祝日として成人の日が定められており,地方自治体の主催により成人式が各地で行われている。このことも成人という社会的な区切りの一つと言えよう。

しかし,近年では,先進諸国に見られる社会の豊かさを背景に,子どもが成人としておとなの仲間入りをするための社会学習の期間が長くなる現象が見られる。このことで,成人の年齢規範が曖昧になり,また長寿化に伴い人生が長期化してきていることも相まって,子どもと成人とを明確に区分するのではなく,生涯にわたって発達するものとして人の一生を一貫して捉えるようになってきている。

本書では,全体を通じて,社会に出る以前に組織的に実施される学校教育,もしくは大学教育の修了を起点として,それ以降を成人期の学習の対象として捉えたいと思う。

---

[1] Bromley, D.B. *The Psychology of Human Ageing*（2nd ed.）. Penguin, 1974, p.17.
[2] ジェネップ,A.V.（秋山さと子/彌永信美訳）『通過儀礼』新思索社,1999.

（2）学校教育から成人学習へ

　子どもは文化的には白紙の状態で生まれる。そのため，先に生まれた者は，子どもを良き社会の構成員になるよう文化的に成熟させる義務を負う。このことは，子どもの「社会化」，あるいは「文化化」という言葉で表される。学校教育は，既存の社会構造のもと，それに適合できるよう子どもに文化の伝達を行う組織的な仕組みである。そのため，学校教育においては，将来の社会を想定し，子どもの教育内容を決定することになる。

　しかし，社会学者バウマン（Bauman, Z.）は，現代社会は，そこに生きる人々の行為が，一定の習慣やルーティンへと固体として凝固するより先に，その行為の条件の型が液体のまま変わってしまうような社会であるとし，リキッド・モダン（liquid-modern：流体的・流動的な近代）社会と表現している[3]。このような流動的で不確かな社会にあっては，教育内容を設計するのは非常に難しい。社会の変化が早く，将来予測が妥当になされない場合，知識はすぐに陳腐化し現実にそぐわなくなる可能性もある。そのため，学校教育では，知識を習得する以上に必要なことを必要な時に学ぶスキルを身に付けさせることが重要になっていく。そして，人は社会の変化に対応するため，成人になってからも常に自ら学習を継続することが求められる。

　成人学習の理論家であり，本書にもこれからたびたび登場するノールズ（Knowles, M. S.）は，学校教育においても学び方を学ぶことを支援し，自己決定的な生涯学習プロセスを体得させることが必要かつ重要と言う[4]。社会の変化がどのようなものであっても，適応できる学習の力を学校教育で備えさせることが，子どもが激しく変化する社会で生きていく上で身を守る手段になるというわけである。

---

[3] バウマン, Z.（長谷川啓介訳）『リキッド・ライフ―現代における生の諸相』大月書店，2008，p.7.
[4] ノールズ, M.S.（堀 薫夫/三輪建二監訳）『成人教育の現代的実践―ペダゴジーからアンドラゴジーへ』鳳書房，2002，p.64.

(3) 私たちを取り巻く社会の変化

　学習は，社会の変動時に極めて強く意識され，必要とされるものである。それでは，どのような変化が私たちを取り巻いているかを具体的に考えてみよう。

　これまでの社会を振り返れば，高度産業社会から高度情報社会に移行するにつれて，**図表1-1**のような変化があった。

　図表1-1によれば，高度産業社会では，主要な技術は機械技術であり，身体的能力が求められ，物質的豊かさに価値があった。そして，社会構造は，階層・官僚制支配のヒエラルキー構造であり，情報も一部の者に専有されていた。社会変動の中心は労働運動にあり，職業は固定化されていた。一方，高度情報社会になると，コンピュータ技術の進展により，精神的能力，そして知識と情報量が重要視され，体力や力に依存しない領域が増え，女性も労働力と見なされるようになる。情報が拡散し社会構造は権力分散型の対等な人的ネットワークとなり，社会変動は市民運動でもたらされ，また，これまでにない新たな職業が出現するようになった。

図表1-1　高度産業社会から高度情報社会への移行に伴う変化

	高度産業社会	高度情報社会
1．主要な技術	機械技術	コンピュータ技術
2．能力	身体的能力	精神的能力
3．価値	物質的豊かさ	知識・情報量
4．社会構造	階層・官僚制による支配	権力分散型の対等な人的ネットワーク
5．情報の様態	情報の集中	情報の拡散
6．社会変動の中心	労働運動	市民運動
7．職業	従来の職業	想像を超えた新たな職業

出典：Boucouvalas, M. "Learning Throughout Life:The Information-Knowledge-Wisdom Framework." *Educational Considerations*, 1987, 14(2-3), pp. 32-38. を訳出・一部追加。

このようなさまざまな社会変化の中で、成人学習に特に影響を及ぼすものとは何だろうか。
　第一の要因としては、産業構造の変化が挙げられる。たとえば、農業、林業、水産業といった第一次産業から、経済発展により第二次産業、第三次産業へと産業がシフトするにつれて、労働市場も変容した。現在、主な産業は第三次産業であり、多くは雇用される者である。就業者の多くは事務従事者、専門的・技術的職業従事者、中でも専門的・技術的職業従事者が増加しており、それに対して、販売従事者、農林漁業従事者、生産工程従事者の数は減少してきている[5]。
　「専門的・技術的職業従事者」は、経営学者であるドラッカー（Drucker, P. F.）が「知識労働者」（knowledge worker）と呼んだ層である。知識が経済的利益をもたらすとされる知識社会（knowledge society）では、知識が資本となるため、知識労働者は、仕事のプロセスに学習を常に組み込む必要があると言われる。今後、産業構造がサービス・情報基盤経済にシフトすることで、今ある職業がなくなり、新たな内容・形態の仕事が現れてくるかもしれない。このような予測できない未来において雇用を確保・維持するために、継続的学習は必須となる。
　第二の要因としては、人口動態の変化がある。米国の大学院生向け成人学習の教科書の冒頭には次のような文章がある。
　「成人になってからの学習は、主として個人的な営みである。しかし同時に、このような成人の学習への関心の高さに応えるために、巨額な利益をあげる事業が次々と出てきている。その事業規模は、初等中等教育、中等教育後の各種の学校や大学教育全体を凌駕するほどの教育経費を支出する巨大産業に相当する」[6]。
　人口動態の変化として、先進諸国の多くで見られる長寿化・少子高齢

---

[5] 総務省統計局『平成27年国勢調査　就業状態等基本集計結果　結果の概要』（平成29年4月26日）p.16.
[6] Merriam, S. B. & Caffarella, R. S. *Learning in Adulthood*. Wiley & Sons, Inc., 1999. 〈邦訳〉　立田慶裕／三輪建二監訳『成人期の学習—理論と実践』鳳書房、2005, p.vi.

化の現状を考えれば，人口比率の変化に伴い，社会は青少年型社会から成人型社会へシフトする。つまり，学校教育人口層よりも成人学習の対象となる人口層が相対的に増加する。また，長寿化に伴い，個人の人生において学校教育期間が占める割合は小さくなり，社会や家庭に入った後，自分の判断と個人の責任で自己啓発が求められる時間が相対的に長くなる。そのため，成人期に自ら学ぶことに備え，自分で学習するすべ，学び方を学ぶことが学校教育に期待されるようになる。

　第三の要因としては，技術革新という変化がある。技術革新は職種の消滅と誕生だけでなく雇用環境にも影響する。コンピュータは空間的制約から労働を解放し，現在では在宅勤務者の数も増加している。人工知能の進展により，単純労働以外の判断の場面でも人間と機械が共存して働くことが増え，企画力，調整力，マネジメント能力などの人間であることの優位性を伴う職務内容へと職種も淘汰されていくようになるであろう。そして，情報入手が簡便で快適になる一方で，情報アクセスの公平性をめぐる問題が大きくなっていくことも懸念される。パソコンを自宅に設置でき，情報や教材に簡単にアクセス可能な環境の者もいれば，そうでない者もいる。また，情報を入手できても，その機会を利用しようとしない者もいよう。たとえば，すべての人々に学習機会を提供するために，米国の公共図書館では，オンラインによる自習教材に無償で誰もがアクセスできるが，無償であってもそのような情報を入手できず，その機会を享受できない者もいるのである。

　技術革新による情報機器の進展は，それを使いこなせる層とそうでない層の格差を広げている。いわゆるデジタル・デバイド（digital divide）と呼ばれるこのような格差を是正し，社会全体を豊かにするため政策的な学習機会の提供が求められるのである。

　さて，このような社会の変化に対する教育政策として，どのようなことが挙がるのであろうか。パリに本部がある経済協力開発機構（Organization for Economic Co-operation and Development：以下 OECD）は，先進諸国が加盟する機関であり，経済成長の観点から教育政策の動向を検討し提言を行っている組織である。OECDは，教育に

影響を与える要因を，**図表1-2**のとおり，グローバリゼーション，国の将来像，都市生活，家庭生活，テクノロジーの五つに大きく区分し，それぞれの変化に対応する具体的な施策を想定している。たとえば，生涯学習に関しては，国の将来像のところでは，「生涯学習を通じた労働力としての高齢者の再教育」や「健康リテラシーなどの高齢者のための生涯学習の重視」，また，家庭生活のところでは，「高齢者や高齢化した労働者のための適切な生涯学習の提供」，そして，テクノロジーのとこ

図表1-2　社会の変化に対応する具体的な教育施策

社会の変化		具体的な教育施策
1．グローバリゼーション	グローバル市民権	・外国語の学習と異文化間のビジネススキルの奨励 ・忍耐力，協働，文化的認識などのグローバル・コンピテンシーの育成 ・創造性とイノベーションの涵養
	移民	・子どもとその保護者に対する言語習得コースの提供 ・多様な価値観の理解と受容の教育 ・以前の学習と資格の認証
	新興経済国	・オンラインによる高等教育などの教育拡張への新しいテクノロジーの活用 ・低所得国との国際交流プログラムの奨励 ・頭脳流出問題への取り組み
	格差是正	・教育と技能制度を通じた国家レベルの人材能力構築 ・低所得世帯に対する高い水準の幼児教育と保育の提供 ・高等教育を修了させるために恵まれない学生に対する経済的支援とインセンティブ
	気候変動	・地球の気候変動の課題と解決への学習と啓発 ・環境科学などの科学研究の奨励 ・異常気象事象への備えだけでなく持続可能性と保全のための学校インフラの設計
2．国の将来像	ガバナンスと支出	・限られたリソースの効率的活用のための縦割り行政を超えた協力体制 ・すべての人がアクセスできる高水準の教育の提供 ・恵まれない青少年支援のための幼児教育への投資と予防対策

（つづく）

	安全・安心	・新しい安全の課題に立ち向かうのに求められる高い技能と柔軟性を持った大学院生の確保 ・イノベーションと科学技術の発展のためのエンジンとしての高等教育機関の充実 ・市民教育を通じた信頼と統合の醸成 ・ハッキングやサイバー犯罪などの新しい危険の特定と対応
	労働市場	・多言語やデジタル技能などの21世紀に必要なスキルの保有 ・高等教育機関に優れた研究者をひきつけ，とどまらせる方途 ・女性の起業を奨励し労働力としての男女間格差の縮小 ・生涯学習を通じた労働力としての高齢者の再教育
	健康	・幼少時からの身体的・情緒的ウェルビーイングの支援 ・肥満，喫煙や各国の健康課題への取り組み ・医学研究や医科学における卓越性への支援 ・健康リテラシーなどの高齢者のための生涯学習の重視
3．都市生活	市民参加	・家庭，地域，学術関係者など，教育ガバナンスへの多くの関係者の関与 ・学生自治会，クラス代表などを通じた生徒たちへの権限の付与 ・市民的リテラシーの教育
	イノベーション	・若手の科学者やイノベーターが報われるような賞やコンテストの実施 ・サイエンスパークの設立や高等教育機関によるスタートアップの奨励 ・優秀な研究者や起業家に対してのアピールと慰留
	居住性	・市民としての義務と環境への意識の付与 ・健全なライフスタイルのための緑地造りと維持 ・自転車のパーキング設置と環境にやさしい交通手段へのインセンティブ
	健康と安全	・感情面・身体面で安全な場所としての学校環境の整備 ・いじめに対する断固とした措置（直接／オンライン） ・学校での予防接種や献血などの公衆衛生活動の実施
4．家庭生活	多様な家族	・学校での非伝統的家庭の受け入れの促進 ・さまざまな文化的背景を持つ人々のクラスへの受け入れ ・多様性ある学級を教えるツールの教員への提供 ・特別なニーズを持つ生徒への教授法の工夫とそのリソースの提供

	新しい勤務形態	・すべての人のための質の高い保育の提供 ・高齢者や高齢化した労働者のための適切な生涯学習の提供 ・学級や学校のガバナンスに両親の専門的技能の活用
	家庭の貧困	・学習歴において恵まれない生徒への機会提供 ・早期の能力別学級編成を避け，生徒が能力別学級間を柔軟に行き来できる制度の整備 ・支払い管理能力育成のための金銭教育の強化
	健康とウェルビーイング	・感情面や身体面でのウェルビーイングのための健全な習慣の奨励と教育 ・虐待やネグレクトのサインへの留意 ・深い心の傷になるような出来事（例：死や自殺）へのカウンセリングの提供
	価値観	・学校内部での社会的価値観の不一致への対処と生徒双方の尊重 ・保護者と教職員との間の信頼形成 ・忍耐と批判的思考の醸成による急進化の防止
5．テクノロジー	情報とデータ	・生徒と教員にオンライン情報に対する信頼性の評価方法の教授 ・盗用に対応する戦略の開発 ・ビッグデータ活用のための訓練の提供
	学習と教育	・教室の授業へのテクノロジーの統合 ・知識を共有し拡張するため協調学習のプラットフォームの活用 ・プログラミングやパソコンの上級技術に関する教育 ・自分のペースで進められ，個別に行えるeラーニングの実施
	デジタル・デバイド	・すべての生徒による現代社会で必要とされるデジタル技能の習得 ・アクセスやリソースが不足する生徒にコンピュータの付与と訓練の提供 ・技能向上や再教育のための職場でのインフォーマルな研修の実施
	サイバー危機	・生徒と保護者にオンラインリスクから自己防衛する仕方の教授 ・サイバーいじめを撲滅する戦略の検討 ・安全性の欠陥やハッキングから極秘データを守る手続きの開発
	バイオテクノロジー	・バイオテクノロジー部門で必要な技能の提供 ・認知能力増強薬の開発 ・バイオテクノロジーのR＆D（研究開発）の支援

出典：OECD/CERI. *Trends Shaping Education 2016*. p.38, p.56, p.74, p.92, p.110. を基に訳出。

ろでは，「自分のペースで進められ，個別に行えるeラーニングの実施」や「技能向上や再教育のための職場でのインフォーマルな研修の実施」などが挙がっている。

このような変化を想定した教育施策の方向性を踏まえ，成人学習に焦点を当てて考えれば，その将来はどうなるか。米国で企業研修などを専門とする研究者の予測を見てみよう[7]。

予測の第一は，インフォーマルな学習や偶発的学習（incidental learning）への注目が高まるということである。インフォーマルな学習は仕事や家庭の経験から学ぶことであり，偶発的学習は意図せずに，経験の結果や副産物として学習がなされることである。

予測の第二は，感情，価値観，倫理，そして文化的理解が尊重されるということである。

予測の第三は，高齢の成人学習者のニーズに対する関心が高まるということである。人口動態において高齢者が占める割合が大きくなるにつれて，国も高齢者のニーズに注意を払わざるを得なくなる。図表1-2「社会の変化に対応する具体的な教育施策」においても，高齢者の生涯学習についての言及が多く見られる。

予測の第四は，ダイバーシティに対する成人教育者の感受性がますます求められることである。成人教育者は多様なバックグラウンドを持つ人々に対して，真の理解が必要となる。

予測の第五は，テクノロジーが学習に与える影響である。これからのさらなるテクノロジーの進歩に伴い，将来，成人教育者は新しいテクノロジーを活用して多様な形態の学習を提供するようになるであろう。

予測の第六は，「学び方を学ぶコンピテンシー」の開発に対する関心が高まるということである。学習プロセスに学習者自身が関与し責任を持つことがますます求められるようになる。

予測の第七は，学習が起きる文脈，つまり場や環境についての関心が

---

[7] ロスウェル，W.（嶋村伸明訳）『組織における成人学習の基本—成人の特徴を理解し，主体的な学習を支援する』ヒューマンバリュー，2017，pp.175-181.

高まるということである。「学習する組織」(learning organization) や「組織的学習」(organizational learning) を促進する文化について，ビジネス界が関心を持ち，それにつれて，学習が奨励されていると感じられる企業文化の形成が意識されるであろう。

2. 成人学習者の特徴

(1) 属性

さて，前述のような社会の変化が学習を求めるとして，実際に成人学習を行っているのはどのような人々なのだろうか。このような調査研究が進んでいる米国の例を参照して，わが国の実態を見てみよう。

1960年代初めの米国において，その後の成人教育に関する調査の基準とされる大規模調査が実施された。この調査では，成人教育活動を，「ある種の知識，情報，技能を獲得しようとするものであり，また，そこにはある種の教授（自分に対する教育）も含む」と定義し，対象は，フルタイムの成人学生，パートタイムの成人教育活動への参加者，自発的に自己教育を行う者，成人の定義は，21歳以上で，既婚者か世帯主のいずれかとされた。

この定義によって調べた結果，成人の22％が1年間に一つ以上の学習に参加し，その多くは，実践に役立つ技能習得を目的とするものであった。そして，成人教育への参加者の特徴は，40歳以下で大学以上を修了し，平均以上の収入を得ており，ホワイトカラーの職に就きフルタイムで働き，既婚で都市部の郊外，特に米国西部に住んでいる，というものであった[8]。

このような学習活動を行う成人の属性の傾向は，何十年たった今でも，ほとんど変化していない。米国の成人教育に関する先行研究をレビューした結果でも，その特性として，若者，白人，高学歴，高収入，米国西部在住者，住居地は郊外，長時間労働，という点が挙げられている。そ

---

[8] Johnstone, J. W. C. & Rivera, R. J. *Volunteers for Learning: A Study of the Educational Pursuits of Adults.* Aldine, 1965, p.1, p.3, p.8.

して，成人の学習活動と特に相関が強かったのは，その者のそれまでの学習歴であった[9]。

近年では，米国の国立教育統計センター（National Center for Educational Statistics）による統計がある。それによれば，米国の16歳以上で，基礎技能訓練，見習い訓練，仕事に関連した講座，個人の関心に基づく講座，第二外国語としての英語（ESL）教室，パートタイムの大学学位プログラムなどの組織的な教育機関で学習している者は，1995年40％であったところ，2005年には44％となっている。属性別にこの2005年の結果を見ると，性別では個人の関心に基づく講座は女性が24％に対し男性が18％，仕事に関連した講座は女性が29％に対し男性が25％となっており，女性の方が男性よりも全体的に講座を受講している割合が高い。年齢としては16〜24歳が55歳以上の者よりも高い参加率である。人種を見れば，アフリカ系と白人系は，ヒスパニック系よりも高い参加率となっている。職業としては，過去12カ月雇用されている者の中では，専門的・管理的職業が70％，サービス・販売・支援的職業が48％，職人・小売商が34％であった。そして，大学学部卒業以上の者が短大以下の者よりも，より多く成人学習にかかわっていた[10]。

このように，生涯学習の受益者は，米国では，一貫して，学歴が高く，若く，高収入であるということが実証的に明らかにされている。

（2）就労形態別に成人学習者の類型化

それでは，わが国における成人学習者の特性はどのようであろうか。

国立教育政策研究所「職業人の学習調査」[11]では，就労形態別（正規

---

[9] Cross, K. P. "Adult Learners: Characteristics, Needs, and Interests." In *Toward Lifelong Learning in America: A Sourcebook for Planners*. R.E. Peterson and Associates, Jossey-bass, 1979.
Cross, K. P. *Adults as Learners: Increasing Participation and Facilitating Learning*. Jossey-Bass, 1981.
[10] U. S. Department of Education, National Center for Education Statistics. *The Condition of Education 2007* (NCES 2007-064), Indicator 10.

雇用者，非正規雇用者，専業主婦，求職者，無業者）に学習需要についての調査をしているが，学習目的，学習支援の必要性，学習費用の負担可能性，時間の自由度について，次のような特徴が明らかにされている（**図表1-3参照**）。

　正規雇用者（タイプ1）は，学習支援の必要性はなく，学習費用も負担可能だが，学習時間の自由度が限定されている。そのため，勤務時間内の職場での学習か，自由時間に書物やインターネットを用いて独学する傾向があり，職業上の必要性，または興味・関心，楽しさといった観点から学習の機会を自由に求める。非正規雇用者（タイプ2）は，主として職業に結び付く学習を目的とし，正規雇用者と異なり場合によっては学習支援が必要であり，学習費用は低額であることを希望する。専業主婦（タイプ3）は，学習費用が低額，もしくは無料で提供される学習機会を望む。学習に対する時間の制限が少なく日中の時間が比較的自由であることから，近隣の公民館，図書館などの社会教育施設を利用し，無料の講座や講演会などの学習機会を活用する（退職者も専業主婦に類似した特徴を持つ）。また，専業主婦は，学習自律度により，学習支援が必要な者とそうでない者に分けられる（タイプ3a, タイプ3b）。求職者（タイプ4）は，学習意欲はあるが学習自律度が低く，適切な指導が必要な層であり，なお一層の学習支援が必要とされる。一方，無業者（タイプ5）は，学習意欲や学習自律度が低く，生活や学習において積極的な公的介入が必要な層で，社会的支援が求められる。求職者も無業者も共に職に就いていないが，その明確な差異は就職への意欲であり，それが学習の意欲の違いにもつながっている[12]。

　上記は傾向としての類型化であり，すべての人がこの例に当てはまるというわけではない。一つの参考例として考えてほしい。

11　国立教育政策研究所「生涯学習の学習需要の実態とその長期的変化に関する調査研究」（平成22〜24年）の一部として実施された「職業人の学習調査」に基づき作成。
12　岩崎久美子「社会教育の将来像に向けた受益者のセグメント」『社会教育』第827号，2015年5月号，pp.74-80.

図表1-3 成人学習者の就労形態別セグメントとターゲッティング

タイプ	就労形態	学習目的（ニーズ）	意欲	自律度	支援	学習費用の負担可能性	時間の自由度	期待される公共サービス
1	正規雇用者	職業技能の向上・生活の充実	有	高	不要	個人負担	限定	・いつでも利用可能な居心地の良い空間 ・趣向を凝らしたプログラム ・関心に沿った学習機会の情報提供 ・自主的活動への支援
2	非正規雇用者	職業技能の向上・生活の充実	有	中	要	個人負担（低額）		・職業技能向上等に資する公的施設や専門職による学習機会の提供
3a	専業主婦（退職者）	人間関係づくり・生活の充実	有	高	不要	個人負担（低額）／公費負担（無料）	非限定（日中）	・いつでも利用可能な居心地の良い空間 ・趣向を凝らしたプログラム ・関心に沿った学習機会の情報提供 ・自主的活動への支援
3b		生活の向上	有	中	要			・生活の充実に資する公的施設や専門職による学習機会の提供
4	求職者（要学習支援対象者）	生活の向上	有	低	要	公費負担（無料）	限定／非限定	・就職に結び付く学習支援 ・職業技能向上等に資する公的施設や専門職による学習機会の提供
5	無業者（要社会支援対象者）	社会的自立	無	低	要	公費負担（無料）	非限定	・社会福祉的目的による支援

出典：国立教育政策研究所「職業人の学習調査」（2013年）に基づき作成。

3. 成人学習の可能性

(1) 成人学習の場

　次に成人学習者の学習の場も考えてみよう。時間が限られている正規雇用者は独学が多いとされているが，成人学習者が学ぶ場としては，学校や大学などの教育機関を思い浮かべる人が多いであろう。あるいは，わが国の場合では公民館等で行われる講座なども成人学習の重要な場である。ここでは最初に，成人が大学などの高等教育機関で学ぶ比率が高いとされる米国の例を見てみたい。

　米国の高等教育機関で学習する学生層を年齢層と取得希望学位によって類型化した例[13]によれば，米国の大学の学生層は，大学のキャンパスで学ぶ正規学生である「伝統的学生」(学部・大学院)，大学のキャンパス内でパートタイム学生として学ぶ「準伝統的学生」(学部・大学院)，そして，オンラインなどの通信制で学ぶ「非伝統的学生」(学部・大学院)に分けられる。

　米国で，1990年代に学生数の顕著な増加が見られたのは，総合図書館，スタジアム，学生の寮といった施設が整ったキャンパスで学ぶ「伝統的学生」や「準伝統的学生」ではなく，実は通信制で学ぶ「非伝統的学生」であった。この非伝統的学生は，米国の高等教育学生人口の半数近くにものぼり，ほとんどが仕事を持ち，その多くは常勤職に就く社会人である。

　このような米国と比較して日本では，社会人は大学・大学院等で学んでいるのだろうか。

　日本で土・日曜や夜間開講の大学・大学院といったところに社会人が入学できるようになったのは，1980年代に出された臨時教育審議会答申以降のことである。臨時教育審議会の答申を受け，大学に関する基本的事項を審議する大学審議会が設置され，ここでは，臨時教育審議会答申

---

[13] Sperling, J.G. & Tucker, R.W. *For-Profit Higher Education: Developing a World-Class Workforce*. Transaction Publishers, 1997, pp.19-20.

を下敷きに，社会人学生の入学資格の弾力化，夜間大学院，昼夜開講制を具体化していく。高校卒業後20歳前後の学生を受け入れるといった年齢規範が強かった日本の大学・大学院であったが，この時期に社会人の再学習を目的に入学資格や授業形態の弾力化が図られたのである。

このように，社会人が大学等高等教育機関で学ぶ機会は，臨時教育審議会答申以降，制度的拡充を見たが，社会人学生が大学・大学院に占める割合を欧米諸国と比較すれば，日本における比率は極端に少ないと言われている[14]。わが国の社会人学生はいまだ少数であり，そのうちの圧倒的多数は，学部，修士課程，博士課程，専門職学位課程いずれでも，「通信制」で学んでいるのが現状である。ちなみに，放送大学も「通信制」に区分され，本書のような印刷教材と，テレビ・ラジオ，あるいはオンラインにより講義を行う「非伝統的学生」を対象とする公開遠隔大学ということになる。

このようなさまざまな形態をとる高等教育機関のほかに，公的機関・組織としては，図書館，美術館，博物館，公民館などが挙げられる。特に公民館ではさまざまな学習講座が行われている。

成人の多くが時間の制約から独学など個人で学習する場合が多いことを考えると，図書館や博物館などの社会教育施設の果たす役割は小さくない。知の巨人と言われた人々の多くは，図書館や博物館などの資料や資源のある公共施設を独学のために最大限活用している。このような人々に共通するのは，一つの学問にとどまらない多様な知識を有することである。たとえば，米国の社会哲学者であるホッファー（Hoffer, E.）は，学校教育を受けておらず，18歳で天涯孤独の身になってからは，日雇いの仕事に就きながら，空いている時間に図書館に通い，数学，化学，物理，地理の大学の教科書を読み，ノートをとる習慣を身に付けたとされる。ホッファーは，仕事，読書，勉強という日々を繰り返し，学習が組み込まれた生活を送る中，仕事としてカリフォルニア州バークレーの

---

[14] 文部科学省資料「社会人の学び直しに関する現状等について」p.11.（中央教育審議会大学分科会（第131回），平成28年11月30日開催，配布資料参考資料2.）

レストランで給仕係をしている時にカリフォルニア大学バークレー校の柑橘類研究所の所長と出会い，独学で学んだドイツ語の知識によりドイツ語の文献翻訳の手伝いをする。その過程で，レモンの白化現象の原因を突き止め，研究所の研究員のポストを提示されるが，それを断り，もとの気ままな放浪生活に戻るのである。その後，農作物の取り入れと砂金掘りの季節労働を続けながら，仕事の合間にモンテーニュの『エセー』を読破し，執筆活動を行うようになる。そして，その知見の広さから，60歳を過ぎてカリフォルニア大学バークレー校の政治学の教授となった[15]。図書館を用い，本を読むことを日常とし，日々知識を蓄積し思索することで考えを深めたホッファーの生涯は，成人学習の観点からすれば，おとなになってからも継続的に学習することの奥深さを教えてくれる。

　あるいは，日本の在野の博物学者で民俗学者でもある南方熊楠（みなかたくまぐす）はさまざまな言語に通じていたが，英国に滞在していた3年半の間，日曜日を除くほとんど毎日，大英博物館に昼前後に入室し，閉室時まで図書閲覧室でさまざまな書籍の書き抜きをしていた。当時の大英博物館図書閲覧室は，百数十万という世界最大の蔵書を所有しており，無料公開であった[16]。日々の学習の積み重ねが彼の知と言われるものを形成していったのだろう。

　このような大学等の高等教育機関や社会教育施設のほか，高校・大学の公開講座，NPOによる講座，カルチャーセンター，余暇を利用した習い事，ボランティアを通じての学習など，さまざまな学習機会が存在し，成人を対象にした学習環境は整備されてきている。重要なことは，どのような学習機会があるか情報を収集し，その中で興味や関心があるものを選択し，まずはその場に足を運ぶことであろう。

---

15 ホッファー，E.（中本義彦訳）『エリック・ホッファー自伝—構想された真実』作品社，2002.
16 飯倉照平『南方熊楠—梟のごとく黙坐しおる』ミネルヴァ書房，2006, pp.118-121.

(2) 変革のための学習の力

これまで述べてきたように，国際的な経済競争や社会の変化が激しくなればなるほど，成人になってからの継続的な学習に対する社会的要請は大きくなる。教育や訓練が人の経済的価値を上げるとする人的資本（human capital）論に基づけば，学習によって付加価値を付けた個人は，雇用可能性を高めると同時に，社会全体の経済的競争力を強化し，そして，社会的結合，主体的な市民という点でも，社会変革の力となると考えられる。

学習は社会を変えるが，同時に，学習は個人も変える。ライフ・イベントや過渡期などの心理的危機状況下において，個人の学習欲求は高まり，学習は危機を乗り越える重要なきっかけをもたらす。学習は，前向きな新たな行動や経験を誘発するものであり，個人にとって人生を展開させる中核に学習が存在するとされる。学習の持つ力は大きく，社会にあっても，個人の人生にあっても，変革の原動力と言えよう。

成人期になってからの学習は自発的活動である。それゆえに成人学習者の特性には偏りが見られる。学習はさらなる学習を呼ぶと言われるが，過去の学習経験がその後の成人学習を規定する。また，それまでの教育は家庭環境が有する「文化資本」（cultural capital）の影響を少なからず受けるが，学習機会を有効利用するのは，このような「文化資本」のある学習に対し肯定的態度，価値観を持ち，学習技能を持っている人々とされる。学習環境が社会的に整備されても，それを積極的に享受しようとする人たちは限られていると言えよう。

このような成人になってから学習を行うかどうかを決定づけるものは何か。たとえば，高い動機，学習における過去の成功体験，適切な情報ネットワーク，そして，十分な費用がある者は学習する機会を獲得するとされる。過去の学習経験と成人学習活動との強い相関を示す研究結果は多く，それによって学習機会の格差が拡大するといった指摘もなされている[17]。学習する者はさらなる学習を求め，学習しない者との間の差

---

[17] Cross, K. P. "A Critical Reviews of State and National Studies of the Needs

が広がっていく。

　総じて，成人学習をめぐっては，社会の変化に対応できる者とそうでない者，学習に対する意欲がある者とそうでない者，学習のスキルを有している者とそうでない者がおり，それにより，生きていく豊かさが異なってくるという現実があるのである。

　そのため，成人学習の持つ変革の潜在性を等しくすべての人が享受できるよう，成人学習の環境整備とともに，学習にアクセスが難しい人々に，希望する学習を容易に行えるような学習相談員やファシリテーターをつけるなど，学習支援を提供する方途を考えることが今後ますます重要となっていくであろう。

---

and Interests of Adult Learners." In *Conference Report: Adult Learning Needs and Demand for Lifelong Learning*, Charles B. Stalford (ed.), National Institute of Education, U. S. Department of Health, Education, and Welfare. 1978, pp.7-14.

研究ノート

1. 成人学習が求められる社会的背景について，自分を取り巻く環境から考えてみよう。
2. この1週間で行った学習活動を列挙してみよう。
3. 図書館，美術館や博物館などの社会教育施設をどの程度利用しているか振り返ってみよう。

参考文献

赤尾勝己編『生涯学習理論を学ぶ人のために』世界思想社，2004年．
OECD 教育研究革新センター編著（NPO 法人教育テスト研究センター監訳）『学習の社会的成果—健康，市民・社会的関与と社会関係資本』明石書店，2008年．
バウマン，Z.（長谷川啓介訳）『リキッド・ライフ—現代における生の諸相』大月書店，2008年．
メリアム，S.B./カファレラ，R.S.（立田慶裕／三輪建二監訳）『成人期の学習—理論と実践』鳳書房，2005年．
ロスウェル，W.（嶋村伸明訳）『組織における成人学習の基本—成人の特徴を理解し，主体的な学習を支援する』ヒューマンバリュー，2017年．

2 加齢（エイジング）

　本章では，成人学習に影響を与える要因として，成人学習者の生物学的発達，つまり，加齢（エイジング）について取り上げる。加齢は学習にどのような影響を及ぼすのであろうか。ここでは，加齢に関するさまざまな研究を振り返り，加齢による身体的変化，心理的変化，喪失と獲得を伴う発達に焦点を当て，加齢による学習プロセスへの影響を考えたい。

1. 生物学的変化

(1) 身体や知能の変化

　人の人生は，平等に加齢のプロセスを経る。生まれた後，子どもは若者になり，中年，高齢になり，死を迎える。このような個体としての発達の観点からこれまで多くの研究がなされてきた。たとえば，その変化が多方向性を持つこと，年齢に結び付いた発達的要因とそうではない要因を検討すること，成長（獲得）と衰退（喪失）との間のダイナミックで持続的な相互作用に注目すること，個人の生涯が歴史に埋め込まれていることやその他の構造的・文脈的要因を強調すること，発達における可塑性の範囲を研究すること，などである[1]。

　私たちは，栄養・衛生状態の改善，医療の発展，ライフスタイルの変化などにより長寿化の恩恵を受けるようになった。人口動態を見れば，高齢社会という言葉が示すように，高齢者は社会の少数者から多数者となってきている。しかし，長生きをすることは加齢のプロセスを止める

---

1 バルテス，P. B.「生涯発達心理学を構成する理論的諸観点―成長と衰退のダイナミックスについて」東 洋（あずまひろし）／柏木惠子／高橋惠子編集・監訳『生涯発達の心理学 1巻　認知・知能・知恵』新曜社，1993, p.173.

ことではなく,どのような人であっても身体の変化は規定された一定のプロセスを経る。生物学的発達は成人期の初期である20歳代にピークを迎える。そして,その後,機能はゆっくりと低下し,40〜50歳に生理的転換点を迎えた後,60,70歳になると視力や聴力の衰え,反応の遅れ,病気など,多くの変化を認識するようになる。

それでは,このような加齢に伴う変化に対し,私たちは,どのように適応すべきなのだろうか。この加齢への適応については,「最適な加齢」(optimal aging) と呼ばれる考え方がある。つまり,最適な加齢とは,加齢に伴い必然的にもたらされる健康上のさまざまな制限やその範囲内において,機能を可能な限り高いレベルの状態で長期にわたって維持することである。そのためには,「選択的最適化」(Selection, Optimization, and Compensation：SOC)[2]という言葉があるように,加齢に伴う変化に対応しながら,時間,空間,行動面で特定の目標を持ち,限られた中で獲得できるものを最大化し,喪失するものを最小化するよう自分の有する資源を最適化し,機能低下を補う手段・方法などの補償的努力を行うことが期待される。この意味で,学習は,加齢のプロセスにおいて個人が行うことができる最適な加齢の試みの一つである。

加齢と学習との関係を考えるに当たり,ここでは最初に加齢のプロセスによる知能への影響を確認することにしよう。

知能とは,問題解決の総体的能力である。心理学者は知能を測定可能なものと考え,長い間,単一の能力を前提に,異なったタイプの検査を行ってきた。しかし,生涯発達を主張する心理学者は,発達は多次元であり,多方向性があると主張する。たとえば,米国の心理学者のスタンバーグ (Sternberg, R. J.) は,それまでの知能測定の方法が学校で用いられる標準化されたテストや学業成績に代表されるもののみを扱い,実践的知能に目を向けてこなかったことを批判的に指摘し,知能は次の

---

[2] バルテスの「選択,最大効用,補償」(Selection, Optimization, and Compensation：SOC) の理論。Baltes, P. B. "On the incomplete architecture of human ontogeny. Selection, optimization, and compensation as foundation of developmental theory." *American Psychologist*, 1997, Vol.52, No.4, pp.366-380.

三つからなると主張した。つまり,一つ目は経験,現実社会の文脈にかかわるもので,テスト問題の解答などで求められる「分析的知能」,二つ目は新たな状況に対処するためにすでにある知識や技術を組み合わせて応用する能力である「創造的知能」,三つ目は日々の生活に適用する能力である「実践的知能」である。そして,知能の活用方法は文化や学習状況に応じて異なり,このような知能は通常の知能テストでは測定できないと考えた[3]。スタンバーグの指摘を待つまでもなく,発達が多次元で多方向であるとすれば,成人に適した知能の測定方法や評価方法が必要ということになる。

さて,成人に特化した知能検査の最初の代表例は何かというと,第一次世界大戦中に米国の軍隊において用いられた陸軍アルファ知能検査であった。研究者たちは,成人の学習能力の測定結果を踏まえ,「25〜45歳までの成人は20歳の時に学んだのとほとんど同じスピードで,またほとんど同じやり方で,同じ内容を学ぶことを期待できる」[4]と考え,この考えは多くの支持を得た。しかし,実際には知能低下は45歳よりもずっと後になって起こり,低下のスピードはこのとき想定されたものよりも,もっと穏やかなカーブであるとも言われている。

知能は50〜60歳になると一方向に低下するプロセスなのか,それとも成人期をとおして比較的安定し,実質的な知能の変化は人生の極めて最後の段階に生じるのか。このような高齢期の知能をめぐる議論の混乱は,年齢や加齢の定義,知能の定義,知能測定のための検査のタイプ,調査方法にかかわって生じる。年齢や加齢の定義では,年齢範囲をどこで捉えるかにより異なり,また,知能の定義についての合意はない。たとえば,知能検査に時間制限がある場合には,高齢者の知能を正確に測定できないとの指摘もあり,20歳,40歳,60歳などと異なった年齢集団に対する検査スコアを比較する横断的研究(cross sectional study)では,

---

[3] スタンバーグ,R. J.(小此木啓吾/遠藤公美恵訳)『知脳革命:サクセスフル・インテリジェンス―ストレスを超え実りある人生へ』潮出版社,1998.
[4] Thorndike, E.L., Bregman, E.O., Tilton, J., & Woodyard, E. *Adult learning*. Macmillan, 1928, pp.178-179.

加齢によって知能が低下すると誤った解釈がなされる場合がある。特定の年齢集団は，教育，健康，職業などにおいて，生まれ育った時代，文化の影響を強く受けることが多く，年齢以外の影響も否定できない。一方，同じ対象者集団に対して長期にわたって知能検査を繰り返し実施する縦断的研究（longitudinal study）では，70歳以上の健康な高齢者のうち能力の低下を示した者もいたが，半数以上は変化がなかった。この結果から，高齢者集団の知能は，長い間，非常に安定していると結論づけられるようになった。

　成人学習論の中では，心理学者のキャッテル（Cattell, R. B.）とホーン（Horn, J. L.）の成人の知能についての考えがよく取り上げられる。キャッテルとホーンによれば，多次元とされる知能の中でも，「流動性知能」（fluid intelligence：Gf）と「結晶性知能」（crystallized intelligence：Gc）の二つが最も重要とされている[5]。ここで言う「流動性知能」とは，論理的に考え，関係を把握・抽象化し，問題に取り組む間，情報をとどめておく能力である。このような能力は，スピードを要する短期記憶，概念形成，推論，抽象化，機械的記憶，基本的推論，図形の関係性，記憶感覚の検査によって測定される。これに対して，「結晶性知能」とは，教育や生活経験などから蓄積した知識や，過去の学習や経験で培った手順や考えのプロセスを表す能力であり，このような能力はスピードを要さない課題からなり，語彙や言語的理解，数的処理などの文化的情報と関連したものを測定する。「流動性知能」は，35〜40歳を境に低下するが，「結晶性知能」は，35〜40歳ころに最初は増加傾向を見せ，その後も比較的安定していると仮定されている[6]。そして，「流動性知能」と「結晶性知能」が共に相補って知能は常に一定レベル

---

[5] たとえば，Cattell, R.B. *Intelligence: Its Structure, Growth and Action*. North-Holland, 1987. Horn, J.L. "The Theory of Fluid and Crystallized Intelligence in Relation to Concepts of Cognitive Psychology and Aging in Adulthood." In F. I. M. Craik & S. Trenub (eds.), *Advances in the Study of Communication Affect*. Plenum Press, 1982.

[6] シャイエ，K.W.／ウィリス，S.L.（岡林秀樹訳）『第5版　成人発達とエイジング』ブレーン出版，2006, p.544.

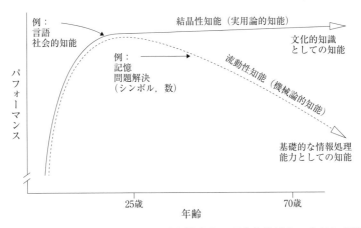

出典：バルテス，P. B.「生涯発達心理学を構成する理論的諸観点―成長と衰退のダイナミックスについて」東 洋／柏木惠子／高橋惠子編集・監訳『生涯発達の心理学　1巻　認知・知能・知恵』新曜社，1993，p.181.

図表 2-1　知能の多次元化

で安定するとされる（**図表 2-1**参照）。

「流動性知能」と「結晶性知能」の変化と相補うとされる相補性は，加齢に伴う「創造的」活動から「指導的」活動への転換とも呼ばれる変化にも呼応する。「流動性知能」の比率が高い場合には創造的な業務に，「結晶性知能」の比率が高い場合には指導力にかかわる業務に向くとされている。その理由は，指導力の獲得は他者に対する評価力，調整力，動機付与力などで構成される人間関係的な熟練の成果であり，効果的指導力を持つ個人は幅広い知人ネットワークが必要であるため，生活や労働の中で獲得した知識を基礎とし，経験がその主要部分を構成するからと解釈されている[7]。このように，最適とされる専門職のプロファイルは，労働者の生産性のピークとされる年齢と維持状態によって異なる。**図表 2-2**のように，初期ピーク型の例として挙がるのは数学者やスポーツ選手であり，これらの人々はその能力を加齢とともに維持できない

---

[7] ポズナー，R. A.（國武輝久訳）『加齢現象と高齢者―高齢社会をめぐる法と経済学』木鐸社，2015，pp.214-219.

図表2-2　さまざまな専門職の年齢別のプロファイル

	初期ピーク型	後期ピーク型
非維持型	数学者 バスケット・ボール選手	企業経営者
維持型	画家 音楽の作曲家	裁判官

出典：ポズナー，R. A.（國武輝久訳）『加齢現象と高齢者―高齢社会をめぐる法と経済学』木鐸社，2015，p.216.

ことが多く，非維持型とされる。一方で，同じ初期ピーク型でも画家や作曲家はその能力を維持できる場合が多い。後期ピーク型としては企業経営者と裁判官の例が挙げられている。しかし，企業経営者は加齢に伴い能力を維持できないとされる非維持型，一方で裁判官はその能力を維持できる維持型とされている。

　知能に関するモデルは，キャッテルとホーンの例以外にも，さまざまな理論が提出されている。いずれにしても，発達の多次元性と多方向性といった観点は，加齢に伴う知能を考える場合，重要であることは間違いない。

(2) 学習効率

　加齢とともに学習がはかどらなくなるのは，学習効率が低下するためである。脳を研究する者は，このことには理があるとする。なぜなら，生命体は最初，非常に早く学び，その後は時間をかけて学ぶのが良いとされるからだという。つまり，当初は，危険な状況での栄養物質摂取や生命維持反応として，飢え死にしたり，食べ物を食べつくされたりしないために急いで学ばなければならないが，一定年数をたつと，忘れないため，一般化するため，正確であるように，ゆっくりとした学習をするのだという[8]。

前述の「流動性知能」と「結晶性知能」と同様に，年齢による学習の適時性を示す例がある。たとえば，数学や物理学は比較的若い人の学問と言われる。それは，コンピュータに例えれば，若い方が，すばやい学習，新しいものへの探求心，迅速なプロセッサー（CPU），空白のメモリー（RAM），ハードドライブへのデータ蓄積のいずれをとっても有利だからである[9]。若年者の脳は，記憶力に優れ，速い処理能力がある。一方，加齢とともに，ゆっくり学ぶのは，既存の知識に新しい知識を構築・固定化するように活用するからである。

　加齢に伴い，高齢期になってから深い知識基盤を持つことになる例としては，文化人類学者による南米パラグアイ東部に居住するアルシュ部族の狩猟成績についての調査がある[10]。この部族は，手，なた，弓矢による狩猟を行うのであるが，部族の男性は24歳時に体力の頂点に達するとはいえ，獲物を獲得する率は40歳が最も高く，その後，60歳まで一定であった。つまり，狩猟技能は最低20年ぐらい実践した後に最も習熟するということなのだ。あるいは，別の研究者による西アフリカのガンビアの調査により，祖母がいると小児が成人まで生存する率が2倍になり，また受胎能力も高まるとの事実が明らかになっている[11]。

---

[8] シュピッツアー，M.「脳科学研究とライフサイクルにおける学習」OECD教育研究革新センター編者（岩崎久美子訳）『個別化していく教育』明石書店，2007，pp.88-89.
[9] 同書，p.89.
[10] Walker, R. et al. "Age-dependency in Hunting Ability among the Ache of Eastern Paraguay." *Journal of Human Evolution*, 2002, Vol.42, No.6, pp.639-657. ただし，引用はSpitzer, M. "Brain Research and Learning over the Life Cycle." OECD/CERI, *Personalising Education*. 2006, p.59.
[11] Sear, R., Mace, R. & McGregor, I. A. "Maternal Grandmothers Improve the Nutritional Status and Survival of Children in Rural Gambia. Proceedings of the Royal Society of London. Series B." *Biological Sciences*, 2000, Vol.267, pp.461-467.
Sear, R., Mace, R. and McGregor, I. A. "The Effects of Kin on Female Fertility in Rural Gambia." *Evolution and Human Behavior*, 2003, Vol.24, pp.25-42. ただし，引用はSpitzer, M. "Brain Research and Learning over the Life Cycle." OECD/CERI, *Personalising Education*, 2006, p.59.

このように，年齢を重ねることで獲得される経験知に注目すれば，加齢が学習にマイナスのことばかりではないことは明らかであろう。

（3）学習能力を維持するための方策
　とはいえ，学習能力を維持するためには，加齢に伴う生物学的変化に対応するための工夫も必要である。たとえば，老眼や視界の明るさの変化，聴力の低下などに対しては，眼鏡や補聴器等の利用により矯正が可能である。あるいは，学習環境での採光や音響への配慮も場合によっては求められよう。しかし，実は，これらの身体の変化は学習に直接影響を与えるものではないと言われる。高齢期は，前期高齢期（65～74歳）と後期高齢期（75歳以上）に分けられるが，前期高齢期は中年期とさほど変わらない。また，後期高齢期は，身体的に弱る危険性はあるが，心臓や脳疾患により記憶障害などの病気を患わなければ学習に影響を与えるものではないとされている。
　1950年代に始まり，米国シアトル近郊の5,000人以上を対象に7年ごとに追跡調査を行ったシャイエ（Schaie, K. W.）らの「シアトル縦断研究」の結果によれば，高い知的活力の維持は，刺激的体験に対して前向きに取り組む姿勢とかかわりがある。たとえば，意欲的な計画や複雑な思考を必要とする仕事，未知の国への旅行などの好奇心を満足させてくれる趣味などである。
　また，学習プロセスを維持するために運動のもたらす影響についての研究も進められている。たとえば，運動は，老化の進行を阻む数少ない方法の一つであり，脳の衰えを防ぐだけでなく，老化に伴う細胞の衰えを逆行させ，脳の回路の結合を増やし，血流を増やすため，加齢に伴ったダメージに対し効果があるとされている。定期的運動は，心臓血管系の機能改善とともに，脳への血流を増大させることで，脳の処理速度を増し，記憶力が向上，推理力が高まり，免疫システム機能を高め病気にかかりにくくする。運動は早く始めるに越したことはないが，ほとんどの場合，遅すぎることはなく，トレーニングによって運動能力を著しく向上させることができる[12]。このように，定期的な運動は学習能力を維

持させるための基本と言える。

　このほか，高齢期における認知能力低下のリスクを軽減することとしては，心臓病などの慢性病がないこと，良好な環境状況での生活，社会活動に参加していること，認知処理スピードの維持，認知状況の高い配偶者がいること，自分とその人生に満足していることなどが挙げられている[13]。活動的で知的な人生を維持している健康な個人は，80歳代以降になっても，知的な能力をほとんど，あるいはまったく失わないとされているのである[14]。

　しかし，以上のような研究結果が示すように，人は同じ加齢のプロセスを経ると想定される一方で，加齢の進行度は，健康行動に関する習慣，性格特性や社会的文脈などの心理・社会的要因の影響を受け，高齢期になると生理的測定値のばらつきが大きくなると言われている。このことは，いみじくもドイツの哲学者ショーペンハウアー（Schopenhauer, A.）が，「われわれも幼年期の始めには皆互いに似ていて，そのため立派に和合する。けれども成熟期とともに分散が始まり，それが円の半径の分散と同じく，ますます大きくなってくる」[15]と言っているように，機能から判断した生理的年齢，いわゆる実質的年齢は個人差が大きく，物理的な時間に基づく年齢との差の幅は，65歳で16歳分，75歳で18歳分にもなると言われ，年齢とともにその差は一層大きくなっていく[16]。加齢の影響は個人差が大きく，その差は学習活動にも影響を与えると言えよう。

---

[12] パウエル，D. H.（久保儀明／楢崎靖人訳）『〈老い〉をめぐる9つの誤解』青土社，2001, pp.307-308.
[13] Schaie, K. W. "The Course of Adult Intellectual Development." *The American Psychologist*, 1994, Vol.49, No.4, pp.304-313.
[14] シャイエ，K. W.／ウィリス，S. L.（岡林秀樹訳）『第5版　成人発達とエイジング』ブレーン出版，2006, p.546.
[15] ショーペンハウアー（橋本文夫訳）『幸福について—人生論〔改版〕』新潮文庫，2012, p.327.
[16] 山田　博『人体の強度と老化—生物強弱学による測定学』日本放送出版協会，1979, pp.185-186.

2. 心理的変化

(1) 限られた時間的展望

　加齢に伴う身体や知能といった生物学的変化を見てきたが，次に高齢期の心理的変化を見てみよう。高齢期の特徴としては，第一に時間的展望が変わることが挙げられる。

　時間には，異なる流れ方がある。たとえば，「クロノス時間」（Χρόνος）と「カイロス時間」（Καιρός）である。クロノスもカイロスもギリシャ語で時間を意味する言葉だが，その内実は異なる。私たちの人生には，二つの時間がある。一つ目のクロノスは，過去から未来へと機械的に一定速度と方向で流れる1日24時間といった物理的な時間である。一方，二つ目のカイロスは，意識的で主観的に捉えられる時間である。高齢期には，量としての時間ではなく，意識における質としてのカイロス時間をどのように過ごすかということに重点が置かれるようになる。

　実は，人生を振り返り人生全体を見渡すといった感覚が生じるのは，高齢期になってからとされる。高齢期になると，死に対する主観的自覚，異なる世代とのつながりの感覚，人生経験の感覚，事実上の知識の蓄積，発達段階についての考えなどが重なり，人生に対してそれまでとは異なる感覚を抱くようになるとされる[17]。

　高齢期になり，限られた時間的展望の中で時間感覚が緊迫感を持ったものになることは，健康に恵まれれば，今を大切にすることや生活の中で何が重要かを見極めることにつながり，逆説的に意義深い時間を過ごすことを可能にする。

(2) 情動的満足

　限られた時間的展望とともに，高齢期の第二の特徴は，社会的つながりを維持することでさまざまな恩恵を得ることにある。高齢期には，金

---

[17] バトラー，R.（内薗耕二監訳／グレッグ・中村文子訳）『老後はなぜ悲劇なのか？——アメリカの老人たちの生活』メヂカルフレンド社，1991，p.472.

銭への関心が薄まる。そして，情動的な満足を求め，楽しみや喜びにかかわる肯定的な情報を大事にし，悲嘆や苦労といった否定的な感情を持たないように情動の調整や統制に力を注ぐようになる。高齢になると多くのつながりは減少するが，つながりを持つ人との情緒的親しさは強まる[18]。このことは，高齢者が，親密な関係を持つ者や重要であるとする関係のみを選択し，それ以外の関係を意図的に除去していく[19]ことと関係がある。このような高齢者の傾向は，「社会的・情動的選択性理論」(socioemotional selectivity theory) として明らかにされている。

　それでは，高齢期の選択された人間関係とはどのようなものなのだろうか。具体的にどのような人とつながっているのかを見るため，自分を援助してくれる人々や組織を挙げてもらい，個人を中心とした同心円にプロットした「コンボイ・モデル」(convoy of social support) と呼ばれる図の例を**図表 2 - 3** に示した。コンボイとは護送船団という意味があり，この図は，中心にいる「私」を取り巻く援助者，ソーシャル・サポートを提供してくれる人の種類と量を示している。

　図表 2 - 3 の左と右の図は，同じ女性の異なる時点での仮説的なコンボイである。左は 35 歳の時点，図の真ん中に位置する「私」に最も近い者は，親しい友人や家族である。次の円は，家族，友人，近所の人々であるが，最初の円の中の者たちよりは親密ではない。さらに周辺に位置する円には，同僚，上司，夫の同僚や友人が挙げられている。

　右の図も同じ女性の 75 歳の時点である。未亡人となり，子どもはすでに成人している。40 年後，「私」を取り囲む人の数は少なくなり，その構成も異なってきている。たとえば，左の図にあった両親や配偶者は

---

[18] カールステンセン, R.L. /マイケルス, J.A. /マザー, M.「エイジングと認知・動機づけ・情動との交点」ビリン, J.E./ シャイエ, K.W. (藤田綾子 / 山本浩市監訳)『エイジング心理学ハンドブック』北大路書房, 2008, pp.240-241.

[19] リーディガー, M. / リー, S. / リンデンバーガー, U.「適応的な資源分配の発達的メカニズムとしての選択・最適化・補償：これまでの知見と今後の展望」ビリン, J.E./ シャイエ, K.W. (藤田綾子 / 山本浩市監訳)『エイジング心理学ハンドブック』北大路書房, 2008, p.203.

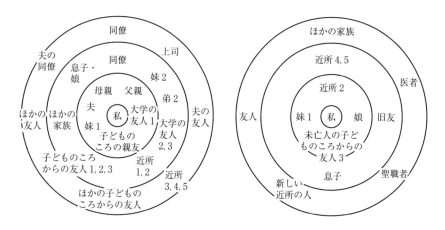

35歳，既婚女性，子ども二人　　同一女性，75歳，未亡人，成人した子ども二人

出典：Kahn, R. L. & Antonucci, T. C. "Convoys over the Life Course: Attachment, Roles, and Social Support." In P. B. Baltes & O. G. Brim, *Life-Span development and Behavior*. Academic Press, 1980, p.276. を訳出。

図表2-3　ライフコースにおけるコンボイ構成の変化

右の図では亡くなっており，主要な支援者として成人した娘，妹，近所の人，同じ未亡人で子どものころからの友人が身近にいることがわかる。また，左の図にはあった仕事関係の同僚，上司，夫の友人や同僚は右の図では書かれていない。一方で，右の図には，医者や聖職者が周辺の円に新たに加わっている。

　コンボイ・モデルは，主観的に自分を支援し助けてくれる人の名前を挙げるのみであり，その人々が必ずしも自分を支援してくれるわけではなく，現実と異なる場合も多い。しかし，この図に支援者の名前を多く挙げられる人は長生きすると言われており，困ったことがあるときに助けてくれる人がいると楽観的に考えることが，客観的な事実以上に重要であることが明らかにされている。

（3）加齢の受容

　老いを肯定的に受け止めるか，否定的に受け止めるかは，人によって

さまざまであろう。社会的責任が減ったということは，マイナスばかりではなく，個人的自由が増えたとも考えられる。要は気の持ちようなのである。高齢期は，社会的役割のためにではなく，自分の望むことを知り，その遂行のために自分の能力を適切に使って行動することができる時期とも言える。

　高齢期を考える際の鍵は人生の統合にある。つまり，その後の人生における創造的で象徴的な自己形成のプロセスの中心に「統合」という概念が存在する。自分の人生に折り合いをつけ，これまでの人生でやり残してきた心残りを解決し，人とのつながりを情動的に満足する形で選択し，楽観的に，そして納得できるように自分の人生を意味づけようとする[20]。その意味では，高齢期は人生をまとめ上げるために最適で重要な時期なのである。

3．喪失と獲得を伴う発達

（1）喪失の問題

　加齢に伴う生物学的変化や心理的変化を受けて，高齢期の第三の特徴となるのは，多くの喪失と新たな獲得ということであろう。高齢期は，他の年齢期と異なり，立て続けに喪失を経験する。生物学的・心理的な獲得と喪失は，人生のどの時期にも生じるものである。しかし，高齢期の特徴は，喪失が獲得よりも大きく上回るようになることにある。それらの喪失は，大きく，①身体的喪失，②感覚的・知覚的喪失，③認知的喪失，④社会的喪失，⑤経済的喪失，⑥情緒的・個人的喪失の六つに分類される[21]。

　「身体的喪失」は，白髪や老眼，体力の低下など，若さの喪失，老いということである。高齢期には，慢性疾患を抱える割合が高くなり長期化する。それまで健康で，活力に満ち，うまく生活できていた人ほど，

---

[20] Wolf A.W. "Older adulthood." In P. Jarvis (ed.), *The Routledge International Handbook of Lifelong Learning.* Routledge, 2009, p.60.
[21] オズグッド, N.J.（野坂秀雄訳）『老人と自殺―老いを排除する社会』春秋社，1994，pp.74-75.

深刻な身体的喪失に動揺するという。「感覚的・知覚的喪失」は，知覚，聴覚，味覚，嗅覚，触覚とされる五感のすべてにかかわる。「認知的喪失」とは，短期的な記憶を喪失し，物の置き忘れや親しい人の名前が出てこなくなることである。「社会的喪失」とは，退職に伴う社会的地位（役割）の喪失，社会的責任（ノルマ）の喪失，所属団体の喪失などである。「経済的喪失」の例としては，退職に伴う収入の低下が挙げられる。「情緒的・個人的喪失」とは，配偶者の死とともに，ペットの死や引っ越しによる親しい友人との別れなどであり，これらは大きな苦悩や絶望をもたらすものであろう。いずれも気が滅入ることばかりであり，当然ながらこれらの喪失は，大きなストレスとなる。

このようなストレスにうまく対処するにはどうしたらよいのか。研究によれば，高齢期のストレスや喪失の対処に必要なものとして，たとえば，①愛情にあふれた信頼を持った人間関係や家族や友人の支援グループを持っていること，②身体的健康，十分な経済力，良い教育程度，快適な生活環境，③性格，記憶力，知覚能力の良さ，④柔軟性を持ち，変化にも十分適応できる精神のしなやかさを持つこと，などが具体的に挙がっている[22]。

（2）熟達

高齢期には，喪失が獲得を上回るとはいえ，失うものばかりではない。加齢の過程における獲得を伴う発達として第一に挙げられるのは，熟達ということである。

知識がある人は最初から学ぶ人とは違った学習を実施する。たとえば，成人になってからは，すでに獲得している知識や経験が学習の基盤となって，そこに新しい知識が学習されて加わる。そのため，すでに得ている知識や経験の質と量が重要となる。熟達者は初心者と比べて問題解決のために多くの知識を利用し，初心者よりも問題を早く，省力的なやり

---

[22] オズグッド，N. J.（野坂秀雄訳）『老人と自殺―老いを排除する社会』春秋社，1994，p.98.

方で解き，深い水準で検討する[23]。このことに関連し，初心者と熟達者の相違は，熟達者は言葉で説明できる事実的知識とされる「宣言的知識」（declarative knowledge）と呼ばれるものをノウハウといった行為的な「手続的知識」（procedual knowledge）へと適切に変換することができる点にある。熟達者は，言葉で表現できない暗黙知（tacit knowledge）と呼ばれる問題解決のために必要とされる行為や手続きを経て鍵となる知識を新しく構成し，問題の中枢にあるものを，さまざまな問題に同様に生じるパターンとして知ることが可能なのである[24]。

　熟達者は長期記憶に問題の情報を蓄積し，それを取り出すことで能力を発達させる。その道に精通した人が下す直観的な意思決定は，実は整然とした論理に裏づけられており，論理的な道筋に沿って考え判断した過去の経験の積み重ねによって，いちいち同じように考えなくても結論に到達できる「精神活動の節約」が実現すると言われる。ノーベル物理学賞受賞者で，『ご冗談でしょう，ファインマンさん』（*Surely You're joking, Mr. Feynman*）という回顧録でも有名な物理学者のファインマン（Feynman, R. P.）は，難解な数式がびっしり並んだページをさっと眺めただけで，「正しいようだね」と言ってのけたという[25]。まさに熟達者の直観といったものであり，精神活動の節約とはこのようなものなのであろう。このように，知能の中でも実践的な内容についての選択的な熟達化は，人生の後半においても保持，変化，新しく獲得されるとされる。高齢者においては，若い成人よりも人生に関してのより精緻な知識システムを活用できる場合があるのである。

（3）知恵

　加齢の過程における獲得を伴う発達として二つ目に挙げられるのは，

---

[23] Sternberg, R. J. A Prototype View of Expert Teaching. *Educational Researcher*, 1995, Vol.24, No.6, pp.9-17.
[24] Anderson J. R. *Cognitive Psychology and Its Implications*. 1996, p.273, p.283, p.289, p.292, p.294.
[25] ゴールドバーグ，E.（藤井留美訳）『老いて賢くなる脳』NHK出版，2006, p.51.

生活や経験から生じた知恵（英知）である。

　たとえば，みなさんは，「姥捨て山」の話を覚えているだろうか。

　……昔，年寄りの嫌いな殿様がいて，年寄りをみな「姥捨て山」という山へ捨ててこいというおふれを出しました。おふれに従い，息子は泣く泣く母親を捨てに山深く入っていきます。その道すがら，息子に背負われた母親は，息子が帰り道で迷わないように目印のために木の枝を折っていきます。自分を思う情に打たれ，母親を捨てきれずに家に連れ帰った息子は屋根裏に母親をかくまいます。そんなある日，殿様から村に「灰で縄をなって差し出せ」というおふれが出ました。かくまっている母親に息子がその話をしますと，母親は「わらの縄を塩水に浸し焼けばよい」と教えてくれます。次に殿様は「くねくねと穴のあいた石に糸を通せ」という難題を出します。再び母親は「石の一方に蜜をぬり反対側から糸を結んだ蟻を入れればよい」と息子に知恵を授けます。殿様は，二つの難題を解いた息子を称賛し褒美を与えることにしました。そこで息子は褒美のかわりに母親をかくまっていたことを許してほしいと殿様に訴えます。殿様は，あらためて年寄りがものをよく知っており世の中の役に立つことに感じ入り，今後は年寄りを大事にしなければならないと思うようになったということです[26]。

　この母親に見られる生活における熟達した知識は，生きてきた年数の重みに裏づけされ，人生そのものから導かれる経験の総体であり，人生における基本的で実用的な知識，いわゆる知恵と呼ばれるものである。

　このような知恵に関わる知識は，**図表2-4**のとおり，知的な知識とは異なる。知的な知識は量的なもので，経験から獲得される新しい真実の発見である。加齢に伴い，高齢期には知的な知識は逆U字曲線を描き，減少する。一方，知恵に関わる知識は質的なものであり，精神的で時間の制約がない普遍的なものである。そして，それは加齢と正の相関があるとされ，年齢を重ねることによって増えるとされている。

---

[26]『子どもに語る日本昔ばなし』主婦と生活社の「うばすて山」の内容を加除修正し要約抜粋。

図表2-4　知的な知識と知恵に関わる知識

	知的な知識	知恵に関わる知識
性質	量的	質的
目標	新しい真実の発見	既存の真実が持つ意義の再発見
アプローチ	科学的，ロゴス	精神的，ミトス
時間的制約	制約がある	制約がない
範囲	自己中心的	普遍的
獲得の手段	学習から獲得	認知と内省との結合から獲得
加齢との関連性	逆U字曲線	潜在的に正の相関

出典：Ardelt, M. Intellectual versus wisdom-related knowledge: The case for a different kind of learning in the later years of life. *Educational Gerontology*, 2000, Vol26, pp.1-15. を摘記・一部改編。

　優れた知的な知識に関心を向けることも大事ではあるが，知恵ある生活を送ることも重要である。知恵の得点が高い人は，肯定的で前向きの感情が強く，自己の成長に対して高い関心を持つとされる。また，知恵は，人生の最悪の状態を修復するために重要な役割を果たす[27]とも言われ，総じて，高齢者の身体的機能や社会的な活動能力の低下に適応することに役立つとされている。知恵を持つことは，豊かで満足した生活を送り，最適な加齢を可能にする秘訣なのであろう。

　このように，加齢は，生物学的・心理的変化を伴い，獲得と喪失を繰り返すダイナミックなプロセスである。私たちは高齢期にあって多くの喪失を経験するが，同時に経験の蓄積から熟達や知恵を獲得できるのである。

---

[27] ブルークマン，G. M.「知恵とエイジング」ビリン，J. E. ／シャイエ，K. W.（藤田綾子／山本浩市監訳）『エイジング心理学ハンドブック』北大路書房，2008，pp.323-324.

研究ノート

1. 高齢者の知能の特質についてまとめてみよう。
2. 高齢者の知恵について扱った民話や童話を探してみよう。
3. あなたが脳を鍛えるために工夫していること,あるいは今後,工夫したいことを考えてみよう。

参考文献

東 洋(あずまひろし)/柏木惠子/高橋惠子編集・監訳『生涯発達の心理学 1巻 認知・知能・知恵』新曜社,1993年.

パウエル,D.H.(久保儀明/楢崎靖人訳)『〈老い〉をめぐる9つの誤解』青土社,2001年.

ビリン,J.E./シャイエ,K.W.(藤田綾子/山本浩市監訳)『エイジング心理学ハンドブック』北大路書房,2008年.

堀 薫夫(しげお)『教育老年学の構想――エイジングと生涯学習』学文社,1999年.

森 玲奈編著『「ラーニングフルエイジング」とは何か――超高齢社会における学びの可能性』ミネルヴァ書房,2017年.

3 心理的発達

　成人の発達は変化，変容といった言葉と同義に使われることが多いが，その発達のプロセスは加齢とともに順序立てられた変化でもある。しかし，それは，年齢に応じてプログラム化された段階を経ながらも，個人が遭遇する出来事や個人の特性によって異なる様相を見せる。

　本章では，成人が個人的に遭遇する出来事をめぐって生じる心理的発達の観点から学習との関係を取り上げる。

1. 発達段階と過渡期

（1）発達課題と発達段階

　発達は生涯にわたって展開し，その方向性や順序において私たちはさまざまな変化のパターンを経験する。人生は変化なく穏やかに過ぎるというよりは，社会的役割が増えるにしろ減るにしろ，ストレスに満ちたものである。私たちは，生きている間に，混乱するような新たな変化や心理的危機など，さまざまな出来事に遭遇する。しかし，そのような人生上の出来事との遭遇は，学習や成長する機会でもある。

　成人期の発達に関する研究は，主に心理学の先行研究に依拠し，個人の内部での変化に注目してきた。その多くは時系列に沿ったパターンや順序立てられた発達として概念化されたものであり，特定の年齢に対応した発達段階（developmental stage）について明確な規定をする。ここでは，心理学の中で発達を段階として捉える代表的理論を紹介しよう。

　最初は，米国の教育学者であるハヴィガースト（Havighurst, R. J.）の「発達課題」（developmental task）についての考えである。ハヴィガー

ストは,「生活することは学ぶことであり,成長することも学ぶことである」と言い,児童期,青年期,壮年期,中年期,老年期[1]それぞれの時期に時間的順序性を持った学習すべき発達課題があると考えた。このような発達課題は,身体的成熟,社会的・文化的圧力,個人的価値や抱負に基づき,一連の問題や試練,あるいは人生を修正すべき状況からなり,その達成は社会的承認とも関係する。ハヴィガーストは,発達課題を社会での健全な成長の目安として捉えている。そして,その課題を達成すれば個人は幸福になり,その後の課題も成功するが,失敗すれば個人は不幸になり,社会で認められず,その後の課題の達成も困難になるとしている[2]。

ハヴィガーストの発達段階の中で,例として中年期と老年期を取り上げれば,次のとおりである。

【中年期の発達課題】
①社会人として,市民としての責任を果たすこと。
②職業において満足できる業績を上げ,それを維持すること。
③10代の子どもが,責任を持った,幸福な大人になるのを助けること。
④余暇の時間をうまく活用すること。
⑤一人の人間として配偶者とかかわること。
⑥中年期の生理学的変化を受け入れ,それに適応すること。
⑦老いていく両親に適応すること。

【老年期の発達課題】
①体力と健康の低下に適応すること。
②退職と収入の減少に適応すること。
③配偶者の死に適応すること。
④同じ年齢集団の人たちと明示的な関係を築くこと。
⑤柔軟な方法で,社会的役割を担ったり,社会的役割に合わせたりすること。

---

[1] 本章では,翻訳の引用により,「老年期」という言葉を「高齢期」と同義に用いる。
[2] ハヴィガースト, R.J.(荘司雅子訳)『人間の発達課題と教育』玉川大学出版部, 1995, pp.24-28.

⑥満足できる物理的な居住形態を築くこと。

　2番目に紹介するのは，米国の心理学者であるエリクソン（Erikson, E. H.）の考えである。エリクソンもハヴィガーストと同様に，人は連続した発達段階を経るという考え方をとり，一連の危機と課題を表す乳児期から老年期に至る発達の8段階を提示している。エリクソンの発達課題は，相反するプラスとマイナスの対になっており，それぞれが拮抗する中で，発達課題をクリアするためには，マイナスよりもプラスが一定以上発達することが必要とされている。たとえば，中年期の発達課題は，「生殖性」対「停滞」である。生殖性とは，子育て，社会的業績や芸術的創造を含む次世代への継承を意味する。この生殖性と停滞という発達課題の対立・葛藤の中から，「ケア（世話）」という価値が生まれる。一方，老年期の発達課題は，「自我の統一」対「絶望」である。自我の統一とは，自分の人生を振り返り，良いことも悪いことも納得し，自分のこととして引き受けることである。さまざまな経験や出来事を振り返り，よくわからず思い悩んでいる未解決な事柄や過去にやり残した課題に対応し，自分の人生をまとめ上げることが老年期の発達課題なのである[3]。老年期は人生の収穫の時期であり，そして，それまでに蓄積した経験に基づき，自分の人生を意味づける時期でもある。

　このような発達段階に見られる年齢規範や年齢期待は，社会的時計という人生の一つの基準として機能する。たとえば，人生上のイベントを急がせたり遅れさせたり，行動を促したり中断させたりする。私たちは，家族や職業上のイベントについてのタイミングを，このような年齢規範や年齢期待に沿って，早い，遅い，ちょうど良いといった形で表現する[4]。実際の年齢規範に伴う発達課題は必ずしも厳密なものではないが，

---

[3] エリクソン，E.H. & エリクソン，J.M.（村瀬孝雄／近藤邦夫訳）『ライフサイクル，その完結〔増補版〕』みすず書房，2001．
[4] Neugarten, B. L. "Adult Personality: Toward a Psychology of the Life Cycle." In B. L. Neugarten (ed.), *Middle Age and Aging*. University of Chicago Press, 1968, pp.143-144.

早すぎたり遅すぎたりする場合は，危機的状況との遭遇の確率が高くなり，次の年齢規範において行うべき発達課題への時間が減少するなど，人生において現実的な影響を与えるとされている。

（2）ライフ・サイクルと過渡期

　発達を段階ごとに考えるものとしては，このほかに，人生の経過を構造的に捉えるレヴィンソン（Levinson, D. J.）による「ライフ・サイクル」（life cycle）論もある。そのライフ・サイクル論によれば，人は，安定した時期に生活パターンを確立・維持し，過渡期[5]といった心理的危機とその克服の時期を経て，その安定性を問い直し成長するとされる。

　レヴィンソンは，35〜45歳の男性で，管理職，労働者，生物学者，小説家といった四つの職業に従事するそれぞれ10人に対し，10年間，継続的にライフ・コースを振り返ってもらう調査を行った。そして，その結果に基づき，生活構造の変化という点から人生を四つのステージに分類している。

　それぞれのステージは，一部，重なり合いながら次のステージに入るとされるが，次のような順序立った段階を踏む。つまり，児童期と青年期（0〜22歳），成人前期（17〜45歳），中年期（40〜65歳），老年期（60歳以上）の四つの発達期であり，レヴィンソンは，これらのステージを人生の春，夏，秋，冬の四季に例えた[6]。そして，四つのステージのそれぞれに過渡期とされる心理的に不安定となる時期があることに注目したのである。これらの時期は，成人前期の過渡期（17〜22歳），30歳の過渡期（28〜33歳），人生半ばの過渡期（40〜45歳），50歳の過渡期（50〜55歳），老年への過渡期（60〜65歳）とされている（**図表3-1参照**）。

---

[5] 本章では，翻訳からの引用や使われている文脈により，transitionについて「過渡期」，「転機」の訳を使い分けている。
[6] レヴィンソン, D.（南 博訳）『ライフサイクルの心理学（上）』講談社学術文庫，1992, p.46.

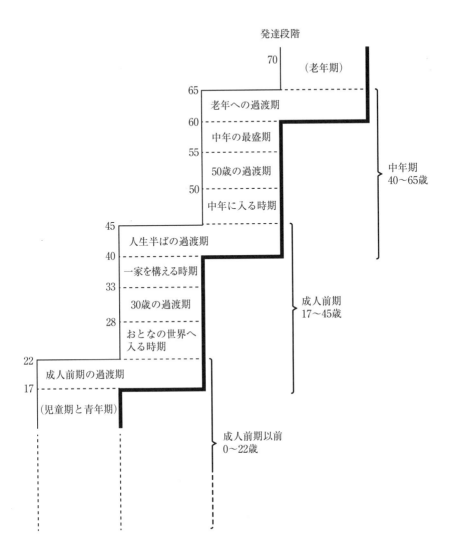

出典：Levinson, D. J. *The Seasons of a Man's Life*. Ballantine Books, 1978.[7]

図表3-1　成人前期と中年期の発達段階

---

7 レヴィンソン, D.（南 博訳）『ライフサイクルの心理学(上)』講談社学術文庫, 1992, p.111. の訳を用いた。

(3) 中年期の心理的危機

　レヴィンソンが四つのステージとしたうち，人生の秋に相当する中年期を取り上げてみよう。

　中年期は，生物学的には成熟（更年期と生殖作用の終了）と老化の始まりの間のいくらか柔軟な境界を持った人生段階であり，35〜40歳の間に始まり，60〜65歳の間に終わるものと緩やかに定義される。そして，中年期の幅は，生物学的進歩や社会制度により変化するとも考えられる[8]。たとえば，生物学的進歩の例としては，長寿化がある。わが国を例にとっても，1947（昭和22）年の平均寿命は男性50.06歳，女性は53.96歳であったが，2015（平成27）年には男性80.79歳，女性87.05歳である[9]。さらに100歳以上の高齢者は2016（平成28）年で過去最多の6万5,692人，女性が87.6％（5万7,527人）で46年連続で増加している[10]。このような状況の中で，日本老年学会と日本老年医学会は，高齢者について，65〜74歳を「准高齢者」（pre-old），75〜89歳を「高齢者」（old），90歳以上を「超高齢者」（oldest-old, super-old）と定義し直すべきとの提言を行っている[11]。長寿化や医療の発展に伴う健康な高齢者の増加により，高齢者の定義が変更される可能性は高く，中年期は准高齢者の期間と重複するため，今後，相対的に長い期間を指すことになるであろう。

　また，社会制度による変化の例としては，定年時期の延長が予想される。定年退職は中年期の終わりを示すイベントと考えられているが，米

---

[8] シャイエ，K. W. ／ ウィリス，S. L.（岡林秀樹訳）『第5版　成人発達とエイジング』ブレーン出版，2006，pp.67-68.
[9] 1947（昭和22）年は完全生命表，2015（平成27）年は簡易生命表における0歳の平均余命の数字。厚生労働省平成27年簡易生命表の概況〈http://www.mhlw.go.jp/toukei/saikin/hw/life/life15/dl/life15-09.pdf〉（検索日：2017/7/25検索）
[10] 毎日新聞「100歳以上高齢者最多6万5692人　46年連続増」（2016年9月13日付記事）〈https://mainichi.jp/articles/20160913/k00/00e/040/248000c〉（検索日：2017/7/25検索）
[11] 「高齢者の定義と区分に関する，日本老年学会・日本老年医学会高齢者に関する定義検討ワーキンググループからの提言」（2017年1月5日）

国においても，年金の受給年齢が今後さらに引き上げられるようになれば定年が連動するため，中年期として捉えられる時期の延長が推察されており，中年期と老年期の境は曖昧になってきていると言える。

また，このような中年期の自覚がどのようにされるかという点では，男女によって差があることも指摘されている。女性の場合，中年期の自覚は，子どもの自立が契機であることが多く，キャリアを持った女性で子どもがいない場合でも，家族を想定して中年期を自覚する。一方，男性の場合は健康への関心，体力などの身体的衰えにより自覚するとされる[12]。

家族との関係で中年期を考えれば，中年期は子どもが自立して夫婦だけになる「エンプティ・ネスト（空の巣）症候群」（empty nest syndrome）に陥る危機が生じる期間である。この夫婦だけの期間は，少子化と長寿化にあって長期化している。この時期は，子どもが離れた中で，不満やストレスなどを含め夫婦の関係が再び問い直される時期でもある。女性は，配偶者よりも年齢的に若い場合が多く，また女性の方がより長く生きる可能性があることから，現実的な考慮として未亡人になるリハーサルを行うと言われている[13]。現実の死別に際しては，仲が良かった夫婦の方が，そうでなかった夫婦と比較して，生き残った者は，相手の死に乱されることがなく，自由に新しい関係性を持つことができるが，他方，夫婦関係に課題があり，その課題が表現されずに依存，憤りが鬱積し，辛く複雑であった場合には，悲しみは強く，死後の整理ができないことが多いとの指摘もある[14]。この時期の夫婦関係が死別後の生き方を規定すると言えよう。子どもがいる者では，子どもが職業的に成功していることよりも，幸福で成功した結婚をしていると判断している方が主観的幸福感が高いとされ，子どもが自立し，幸福で成功した結婚をす

---

12 Neugarten, B. L. *Middle Age and Aging: A Reader in Social Psychology*. 1968, pp.95-96.
13 同書，pp.95-96.
14 バトラー，R.（内薗耕二監訳／グレッグ・中村文子訳）『老後はなぜ悲劇なのか？——アメリカの老人たちの生活』メヂカルフレンド社，1991，p.453.

ることが親の幸福に大きく影響することが明らかにされている[15]。

また,親との関係では,中年期は,年老いた親の所得補償,医療,介護の問題が生じる時期でもある。親とつきあい話をしたり助言したりする情緒的支援,買い物,移動手段の提供や日常的介護などの直接的支援,公的支援サービスの受給などの手続き的支援など[16],年老いた親へのさまざまな支援を含め,介護の負担が増える。このような経験を通じ,中年期には,自分のこととして今後の経済的保障,健康の維持,人生の充実などを考え始めるようになる。

このような中で中年期の心理の特徴はどのようなものであるのだろうか。中年期以降には,人生半ばの過渡期 (40～45歳),50歳の過渡期 (50～55歳),老年への過渡期 (60～65歳) と,心理的危機をはらむ過渡期が多く続く。中年期は,男性にとっては特に仕事と関連した出来事,たとえば昇進の遅れや不本意な人事異動などでストレスを抱える時期である。そのため,中年期の男性の80％は,この時期に心理的危機を経験することが示唆されている[17]。そして,中年期は,男性にとって転職などの人生をリセットする最後の機会であると認識されることが多い。

さらに,中年期の特徴としては,性役割観などのこれまでの役割や関係性について再評価すること,現実志向になること,身体的変化に適応するようになること,年老いた親と自分の子どもという二つの世代に挟まれた特有の状況があること,新しい責任を感じること,物事をコントロールできると感じること,配偶者と新たな重要な側面が生じること,エリクソンの言う「生殖性」対「停滞」が明らかになること,生まれてからこれまでの歳月ではなく残された時間を数えるようになることなどが挙げられている。また,特記すべきこととしては,中年期は,内省的

---

[15] Ryff, C. D., Lee, Y. H., Essex, M. J., & Schmutte, P. S. "My children and me: Midlife evaluations of grown children and self." *Psychology and Aging*, 1994, Vol.9, No.2, pp.195-205.
[16] シャイエ,K. W.／ウィリス,S. L.(岡林秀樹訳)『第5版 成人発達とエイジング』ブレーン出版,2006, p.76-77.
[17] 同書,pp.88-89.

で自己を再点検する時期とされることから，この時期に学習を求めるようになることが明らかにされている[18]。

年齢構造や年齢規範の内在化，あるいは年齢で想定される出来事の特定化を行うことは，社会・文化的影響下における個人の将来の生活を考える上で重要である。ハヴィガースト，エリクソン，そしてレヴィンソンらの発達を段階的に捉える見方は，人生を年齢軸で考えるある種の視点を提供していると言えよう。

2. ライフ・イベント

(1) ライフ・イベントの種類

今まで述べたように，誰しもが年齢に応じた一定の発達段階を経ると想定できる一方で，人が遭遇するそれぞれ異なる生活上の出来事がある。これらの人生上の出来事は，ライフ・イベントと呼ばれる。

そのうち，仕事に関連したイベントとしては，就職，転職，昇級，栄転，退職などが挙げられ，家族に関連したイベントとしては，結婚，妊娠，子どもの入学，離婚，引っ越し，新居購入，家族の怪我や病気，配偶者の定年退職，家族の死などがあろう[19]。

これらのライフ・イベントによってもたらされる転機を類型化すれば，「選択された転機」「予想外の転機」「期待外れの転機」「保留している転機」「潜在的に起こる可能性がある転機」「異なる転機の重複」などがある。たとえば，**図表3-2**のとおりである。

就職，結婚，出産など，ある年齢に予期されるイベントは，通常，心理的に受容する準備がなされている。しかし，突然の海外赴任，子どもの重篤な病気といった予想外のイベントは心の準備が事前にないため，深刻さを伴う場合が多い。また，ライフ・イベントは必ずしも危機的な状況や変化を引き起こすものではないが，生じるべきタイミングがある

---

[18] Wolf, M. A. "Middle age." Javis P. (ed.), *The Routledge International Handbook of Lifelong Learning*. Routledge, 2009, pp.47-48.
[19] Aslanian, C. B., & Brickell, H. M. *Americans in Transition: Life Changes as Reasons for Adult Learning*. College Entrance Examination Board, 1980.

図表3-2　ライフ・イベントによる転機の種類

分類	内容	例
1. 選択された転機	社会的節目や個人的選択	・学校を卒業すること ・自立のため家を離れること ・職を変えること ・子どもを持つこと ・退職すること ・引っ越しすること ・離婚すること ・祖父母になること
2. 予想外の転機	驚きを伴う予期しない出来事	・自動車事故 ・宝くじに当たること ・子どもの死 ・工場閉鎖 ・昇級
3. 期待外れの転機	予期したものが起こらないこと	・不妊 ・出世しないこと ・出版されない書籍 ・自立しない子ども
4. 保留している転機	起きることを待っているもの	・長い婚約 ・死を待つこと ・妊娠を望むこと ・理想の男性や女性を待ち望むこと
5. 潜在的に起こる可能性がある転機	いつ始まるのかわからないもの	・太ったりやせたりすること ・徐々に恋心を抱くようになること ・仕事がつまらなくなること
6. 異なる転機の重複	同時期の転機の重なり	・退職すると同時に配偶者を失うこと ・結婚し血がつながらない子どもの親になると同時に最初の管理職に昇進すること ・子どもが生まれ、自分に重篤な疾患が発症し、同時に新しい仕事に就くこと ・病気の子どもの看病と両親の介護が同時に生じること

出典：Schlossberg, N. K. *Overwhelmed: Coping with Life's Ups and Downs*（2nd edition）. M. Evans, 2008, pp.39-41. を訳出・図表化。

とされる。タイミングが外れた，想定され得ない不慮のイベント，たとえば，退職前の解雇，若い段階で未亡人になるといったことが起きた場合，葛藤は激しいものとならざるを得ない。

ライフ・イベントに遭遇した場合，次のように自分に問いかけることで，客観的に考えることができる。たとえば，
・その出来事は，あなたにとって特別なものであったか。
・もしそうであれば，その出来事は予期されていたものであったか。
・その出来事は予想外のものであったか。
・その出来事は期待外れのものであったか。
・あなたは，その出来事もしくは予想外の出来事を，肯定的，否定的，あるいは中立的のいずれに捉えているか。
・その出来事が起きたことで，あなたの役割，関係，日常習慣，前提が変化してきたか，あるいは変化する可能性があるか。
・これらすべてをひとくくりにし，あなたの転機となる出来事や期待外れの出来事は，あなたに大きな影響を与えるか。
・途方にくれているか。[20]
と自分に問いかけてみよう。

このほか，個人を取り巻く社会的・歴史的イベントもある。例としては，戦争，自然災害などである。最も重要なことは，個人的イベントと社会的イベントとのタイミング，特定の世代にのみ影響を及ぼすイベント，個人の社会的規範による影響の有無を明らかにすることであろう。

ライフ・イベントに関しては，大多数が経験するものと限られた者が経験するもの，出現率が高いものと低いもの，年齢との相関が強いものと弱いもの，の三つの観点から，**図表3-3**のような分類もある。限られた者が経験するライフ・イベントは，その人が置かれた社会的文脈や役割によっては大きな影響を与え，その後の人生を異なるものにする。たとえば，学歴，職業，収入，そして性差によっても異なるライフ・イ

---

[20] Schlossberg, N. K. *Overwhelmed: Coping with Life's Ups and Downs*（2nd edition）. M.Evans, 2008, p.39-41.

図表 3-3　出現率によるライフ・イベントの分類

年齢との関係	大多数が経験		限られた者が経験	
	高・出現率	低・出現率	高・出現率	低・出現率
強い	・赤ん坊の歩行 ・結婚 ・就職 ・出産	・徴兵 ・ポリオの流行	・中途退学	・二分脊椎 ・18歳で財産相続
弱い	・父親の死 ・夫の死 ・職業キャリアの達成 ・子どもたちの結婚 ・引っ越し	・戦争 ・大恐慌 ・ペスト ・地震	・家業を父親から引き継ぐ	・自動車事故による手足の切断 ・仕事上の災難 ・娘の死 ・成人した子どもの依存的同居 ・アルコール依存症の治療

出典：Sugarman, L. *Life-Span Development: Concepts, Theories and Interventions.* Methuen, 1986, p.137. を訳出・図表化。

ベントがある。また，子ども，配偶者，親というような社会的役割の変化に伴って，人は相応の行動をとるよう社会的に規制され[21]，このことに伴い予期されるライフ・イベントも異なるものとなるであろう。

　ライフ・イベントはそれまでの生活に変化を与えるため，多かれ少なかれストレスを生じさせる。たとえば，勤労者のライフ・イベントとストレスを見れば，**図表 3-4**のように，配偶者の死，会社の倒産，親族の死，離婚，夫婦の別居などがストレス点数の高いライフ・イベントとして列挙されている。点数が高いライフ・イベントが重なって起きることは，人に大きなストレスをもたらす。

---

[21] Elder, G. H. "The Life Course Paradigm: Social Change and Individual Development." In P. Moen, G. H. Elder, and K. Luscher (eds.), *Examining Lives in Context.* American Psychological Association, 1995.

図表3-4　勤労者のストレス点数のランキング

順位	ストレッサー	全平均	順位	ストレッサー	全平均
1	配偶者の死	83	15	会社の立て直し	59
2	会社の倒産	74	16	友人の死	59
3	親族の死	73	17	会社が吸収合併される	59
4	離婚	72	18	収入の減少	58
5	夫婦の別居	67	19	人事異動	58
6	会社を変わる	64	20	労働条件の大きな変化	55
7	自分の病気や怪我	62	21	配置転換	54
8	多忙による心身の過労	62	22	同僚との人間関係	53
9	300万円以上の借金	61	23	法律的トラブル	52
10	仕事上のミス	61	24	300万円以下の借金	51
11	転職	61	25	上司とのトラブル	51
12	単身赴任	60	26	抜擢に伴う配置転換	51
13	左遷	60	27	息子や娘が家を離れる	50
14	家族の健康や行動の大きな変化	59	28	結婚	50

注：サンプル数1,630人。結婚＝50を基準とし0～100の間で生活上の出来事のストレス強度を自己評点化させたものの平均点。
出典：夏目　誠「出来事のストレス評価」『精神神経学雑誌』，2008，110巻3号，p.184.を一部摘記。

（2）ライフ・イベントへの対応

　前述のとおり，ライフ・イベントの多くはストレスになるものである。しかし，同様のイベントが起きても対応は人により異なり，また，同じ人にあっても状況によって困難度は異なるため，ストレスになる，ならないに違いがある。また，初めはネガティブな影響があったとしても，時間の経過とともに良い方向に変わることがある。重要なことは，どのようにそのイベントを評価し意味づけるかにある。

　「転機に付随する7段階モデル」によれば，**図表3-5**のように時間の経過に伴い一定の心理状態を経るとされる。つまり，このモデルによれば，第1段階ではショックにより動けなくなる状況に陥るが，第2段階になると転機の性質や状況によって異なるが，高揚感もしくは絶望といった感情と遭遇したライフ・イベントの影響を最小化して捉える状況に

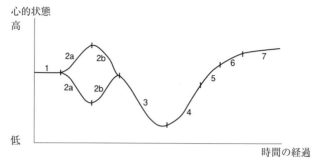

1．固定化：ショックにより信じられないといった凍りついた感覚
2．反応：転機の性質にもよるが，高揚感から絶望へ急激に気分がぶれる
　a．高揚感か絶望　　b．最小化：感情とライフ・イベントの影響を最小化する
3．自信喪失
4．諦念：過去との決別
5．試行：新しい領域の探索
6．意味の探求：経験から懸命に学ぼうとする意識
7．統合：変化に伴うやすらぎ

出典：Sugarman, L. *Life-Span Development: Concepts, Theories and Interventions*. Methuen, 1986, p.142. を訳出。

図表3-5　転機に付随する7段階モデル

なる。第3段階では自信喪失の状況に陥り，変化しなければならないという現実を受け止めかねて，落胆から怒りと無気力などの感情を行きつ戻りつする。第4段階では過去を振り切り未来を向くため変化すべき現実を受け入れる諦めの境地に至る。第5段階では過去と決別することで，新しい境地を探るようになり，自尊感情の高まりが見られる。第6段階では経験から意識的に何かを学ぼうとする内省的な状況になる。そして，第7段階では過渡期が完結し，変化に伴うやすらぎが訪れる[22]。

このような心理的変遷を扱うモデルとともに，転機を伴うライフ・イベントに対しては，成功する対応とそうでない対応を明らかにするものもある。この考えによれば，成功する対応とは，Situation（状況），Self（自己），Supports（支援），Strategies（戦略）の四つのSを検討し活用することである。対応に関する点検事項は，**図表3-6**のとおりである。

---

[22] Sugarman, L. *Life-Span Development: Concepts, Theories and Interventions*. Methuen, 1986, pp.143-146.

図表 3-6 転機を伴うライフ・イベントへの対応に関する点検事項

	点検事項
1. Situation（状況）	・事前に転機を予測できたか。転機をコントロールできたか。以前の経験は役に立ったか。 ・楽しい時期だったか。 ・多くの他のストレスがあったか。 ・その状況をどのように判断したか。プラスか，マイナスか，まあしょうがないという感じか。 ・総じて，「状況」はどうか（大丈夫，大丈夫ではない，どちらとも言えない）。
2. Self（自己）	・転機によって打ちのめされるか，課題を乗り越えようとしているか。 ・転機に直面しコントロール感や達成感を感じるか。 ・通常，悲観的ではなく楽観的に人生に向き合っているか。 ・変化への対応において，自分はレジリエンスを持っていると思うか。 ・総じて，「自己」はどうか（大丈夫，大丈夫ではない，どちらとも言えない）。
3. Supports（支援）	・転機への対応のために必要とされる愛情，容認，支援を得ているか。 ・配偶者やパートナー，それ以外の身近な家族や友人，仕事仲間，同僚，近隣者，組織，見知らぬ人などのさまざまな支援があるか。 ・利用可能な施設をチェックしているか。 ・転機によって身近な者から施設に至る「ソーシャル・サポートのコンボイ（集団）」[注]が途切れた状態になっていないか。 ・総じて，あなたの有する「支援」はどうか（大丈夫，大丈夫ではない，どちらとも言えない）。
4. Strategies（戦略）	・さまざまな戦略を用いているか。 ・時宜に応じて転機を変えるための行動をとっているか。 ・出来事の意味づけを変えようとしているか。 ・ストレスに冷静に対処しようとしているか。 ・何もすべきでない時もあることを知っているか。 ・目前の課題ごとにさまざまな戦略を柔軟に選択できるか。 ・総じて，あなたの「戦略」はどうか（リソースに富む，リソースが乏しい，どちらとも言えない，まあまあ）。

注：カーンとアントヌッチ（Kahn, R. L. & Antonucci, T. C.）が提示したもので，社会的サポート提供者の種類と距離を同心円上にプロットしたモデル（本書第2章を参照のこと）。

出典：Schlossberg, N. K. *Overwhelmed: Coping with Life's Ups and Downs*（2nd edition）. M. Evans, 2008, p.55, pp.75-76, pp.103-104. を訳出・摘記。

転機を伴うライフ・イベントへの対応においては，状況に対する自己認識，ソーシャル・サポートの有無，対応するために活用可能な資源や能力の範囲が影響する。成人学習の研究者が重要視していることは，学習活動への参加が成人にとってライフ・イベントや過渡期に対応する方法の一つと考えられることである。

3．心理的危機と学習

（1）学習活動参加への動機づけ

　過渡期やライフ・イベントにおける心理的危機にあって，その意味を探求する過程で，人は学習活動を求めようとする。たとえば，学習活動への参加は，個人の心理的要因と環境要因との反応の連鎖によるとし，人生の過渡期が学習を促すきっかけになるとするクロス（Cross, K. P.）のモデルがある（**図表3-7**）。

　このモデルでは，個人特性として高い自己評価（A）と教育に対する姿勢（B）が結び付き成長欲求を持つ者は，到達目標の重要性と学習活動への参加による目標実現への期待（C）により，人生の過渡期（D）の影響下で学習活動を志向する。このような志向に，機会と障壁（E）と情報（F）が環境要因として影響し，これらが相まって学習活動への

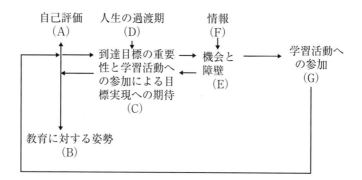

出典：Cross, K. P. *Adults as Learners: Increasing Participation and Facilitating Learning.* Jossey-Bass, 1981, p.124. を訳出。

図表3-7　学習活動への参加モデル

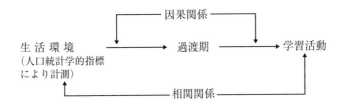

出典：Aslanian, C. B. & Brickell, H. M. *Americans in Transition: Life Changes as Reasons for Adult Learning.* New York: College Entrance Examination Board, 1980. p.112. を訳出。

図表 3 - 8　過渡期と学習の関係モデル

参加（G）が促されるとされる。

また，アスラニアン（Aslanian, C. B.）とブリッケル（Brickell, H. M.）の図表 3 - 8 のモデルでは，生活環境で生じた過渡期が学習活動を誘発するということが示されている[23]。このモデルによれば，生活環境は過渡期に，そして，過渡期は学習活動に影響し，その間には因果関係が認められる。また，生活環境と学習活動との間には相関関係がある。ライフ・サイクルにおいて人生の過渡期が学習の動機づけに関係するという仮説がこのモデルに基づき検証されている。

（2）心理的危機と学習

前述のモデルで示されたように，過渡期やライフ・イベント時に学習欲求が高まるとされる理由は，心理的危機の受容プロセスと関連する。抑うつ状態や葛藤などの危機的状況を受け入れた後の新たな状況に対する模索や意味の探求時に学習欲求が生じ，新たな展開のために学習の持つ意義が高まるとされる。

成人の学習動機や学習効果について調査したメリアム（Merriam, S. B.）とクラーク（Clark, M. C.）の結果によれば，①家族の変化を含む

---

[23] Aslanian, C. B. & Brickell, H. M. *Americans in Transition: Life Changes as Reasons for Adult Learning.* College Entrance Examination Board, 1980.

生活上の出来事としてのライフ・イベントや心理的危機を伴う過渡期が成人の学習の強い動機をもたらす，②人生の最良の時には学習活動の頻度が10倍高まるが，一方，意識が変容する可能性の高い学習は，過渡期といった心理的危機状況において生じる，③状況が困難であればあるほど，自分のことをより深く考え，内的世界をどう捉えるかという学びから，変化する潜在性は高く，学習が危機的状況への対処法の一つである[24]とされている。

　アスラニアンとブリッケルの調査によれば，人生の変化を乗り切るために，調査対象者の83％が何らかの学習を実施していた。学習が生じることになった人生の変化としては，転職，解雇，昇進，定年などの仕事にかかわるものが56％，結婚，子どもの誕生などの家族にかかわるものが16％，余暇にかかわるものが13％となっていた。この調査では，次のようなことも明らかにしている。性別では，男性の方が転職のために多く学習し，女性は，家族，余暇，健康のために学習する傾向がある。年齢では，65歳以下の成人は転職のために学習するが，65歳以上では，余暇のためや家族の変化によって学習する。婚姻状態では，独身，既婚，離婚者は主に仕事のために学習するが，配偶者と死別した者は主に余暇や家族のために学習する。学習機関別では，四年制大学で学んだことがある者は仕事のために学び，高校や二年制カレッジで学んだ者は主に家族や余暇のために学ぶ。雇用形態別では，収入が上がると仕事の理由で学び，雇用者や学生は転職するために学び，専業主婦や知識者は主に余暇や家族の変化に伴って学習する，などである[25]。これらのことから，学習計画を立てることが，成人になってからの人生の変化や人生設計には必要なことがわかる。

　このように，人生の中の節目となる過渡期やライフ・イベントが深刻

---

[24] Merriam, S. B. & Clark, M. C. "Adult Learning in Good Times and Bad." *Studies in Continuing Education*, 1992, Vol. 14, No.1, pp.1-13.
[25] Aslanian, C. B. & Brickell, H. M. *Americans in Transition: Life Changes as Reasons for Adult Learning*. College Entrance Examination Board, 1980, pp.53-60. pp.96-97.

な心理的危機をもたらすものであればあるほど，意味ある学習を生じさせる契機であり，学習者のその後の人生を規定する。そして，最も困難な時期に学習するためには，時間や支援が必要であるが，その間に行われる学習は，それぞれの人が人生上で遭遇した経験やライフ・イベントを受け入れ，満足のいく意味づけや納得する上で必要な作業ということであろう。

　人生は山あり谷ありである。そのような人生の中で，私たちが心理的に発達しようとする場合，学習活動は困難な状況から立ち上がる契機として求められる。そして，人生の変化を求めて学習を希求する時こそ，意義深い学習がなされるという研究成果は，時に苦難にある私たちに光をもたらすものでもある。

研究ノート

1. 年齢軸に沿って，自分のこれまでの主なライフ・イベントの一覧表を作ってみよう。
2. 現在行っている学習活動を書き出し，それを始めた時の心理状態を思い出してみよう。
3. これまで自分がやってきた中で，現在の自分にとって最も有益だった学習活動は何か，また，その理由を書いてみよう。

参考文献

石川 実「中年期の発見」井上 俊／上野千鶴子／大澤真幸／見田宗介／吉見俊哉『岩波講座現代社会学（9）ライフコースの社会学』岩波書店，1996年．

シャイエ，K. W.／ウィリス，S. L.（岡林秀樹訳）『第5版 成人発達とエイジング』ブレーン出版，2006年．

ハヴィガースト，R. J.（荘司雅子訳）『人間の発達課題と教育』玉川大学出版部，1995年．

堀 薫夫『生涯発達と生涯学習〔第2版〕』ミネルヴァ書房，2018年．

レヴィンソン，D. J.（南 博訳）『ライフサイクルの心理学（上）』『ライフサイクルの心理学（下）』（講談社学術文庫） 講談社，1992年．

4　記憶と学習方法

　本章では，学習プロセスにかかわる要因として記憶についてまとめている。最初に，記憶にはどんな種類があるのかを確認し，次いで年齢を重ねることは記憶にどのような影響を及ぼすのか，そして，記憶の特徴から成人学習において有効な学習方法とは何かについて考える。

1. 記憶のさまざまな形態

　記憶は，経験した人生上の出来事や学んだ知識の記録である。私たちの人生は，過去の記憶により形づくられ，そして時に記憶に支配される。また，私たちの意図とは関係なく記憶されることもあり，記憶によっては突然思い出されることもある。たとえば，心的外傷後に起きるトラウマは思い出したくない記憶の例であるが，このマイナスの事柄は，実は脳のシステムの変容，ストレスホルモンの増加，そして記憶のシステムの改変の影響によるとされている。このように，すべての知識と記憶は，神経細胞とその回路で生じる生理現象である。

（1）記憶の長さによる分類

　記憶は，目的によってさまざまに分類される。
　最初に，記憶を時間の長さから，「感覚記憶」，「短期記憶」（ワーキング・メモリー），「長期記憶」の三つに分類してみよう（「短期記憶」は時間の長さに着目した言葉であり，「ワーキング・メモリー」は短期記憶での機能に着目した言葉である。この二つの言葉は，場合によって同様のものとして使われることがある）。この三つの分類を踏まえて，私たちはどのように物事を記憶するのか考えてみたい。

まず，私たちに話しかけられた言葉や声は私たちの耳を通じ，また，画像素材や印刷された言葉は私たちの目を通じ，少しの間「感覚記憶」として蓄えられる。言葉や声といった聴覚情報は「エコイック（echoic）メモリー」，そして，画像などの視覚情報は「アイコニック（iconic）メモリー」と区分されて呼ばれることもある。これらの感覚を通じて入手された音声や映像による情報を私たちはいったん保持する。しかし，すべての情報がそのまま残るわけではない。私たちは無意識に情報を選択するのである。これは，心理学者が「カクテルパーティー効果」（cocktail party phenomenon）という言葉で表現したもので，立食パーティーなど多くの雑談が交わされる場で必要な話だけが耳に残るように，私たちは選択的に，ある情報だけを選別し，感覚記憶として蓄える。

印刷されたり，話しかけられた言葉や画像は選択され，短期記憶（ワーキング・メモリー）として記憶される。その後，それは，記憶の貯蔵庫である長期記憶に送られ，これまでに有する知識と統合され関係づけがなされる。長期記憶では，記憶の貯蔵期間により，数分から数時間の貯蔵である「近時記憶」と，貯蔵時間が長く記憶として固定されている「遠隔記憶」に区分されることもある[1]。

図表4-1は，マルチメディアを用いた学習プロセスとして，この記憶のプロセスを表現したものである。

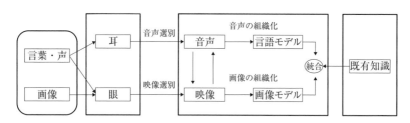

出典：メイヤー，R. M.「テクノロジーを活用した学習」OECD教育研究革新センター編著（立田慶裕／平沢安政監訳）『学習の本質―研究の活用から実践へ』明石書店，2013, p.220.

図表4-1　マルチメディアを用いた学習プロセス

(2) 長期記憶の内容による分類

　私たちが通常，記憶として意識するものは，これまで述べた一時的な記憶である感覚記憶や短期記憶（ワーキング・メモリー）というよりは，定着したものとしての長期記憶であろう。

　エストニア生まれでカナダに移住，トロント大学を記憶研究で有名にしたタルビング（Tulving, E.）は，この長期記憶を「エピソード記憶」「意味記憶」（semantic memory），「手続き記憶」に分類している。

　エピソード記憶とは，自分が経験してきた出来事の記憶として特定の出来事を思い出すことに関係する。一方，意味記憶は，地理の知識，新聞に載っている事件など，世の中の一般的知識と関係する。エピソード記憶と意味記憶は，報告，描写できる事実的知識として，共に「宣言的記憶」（declarative memory）という言葉でくくられることもある。

　宣言的記憶（エピソード記憶と意味記憶）に対し，手続き記憶は，自転車に乗るといった身体で覚えた記憶であり，行動でのみ表現できる記憶とされる。宣言的記憶が加齢によって低下するのに対し，手続き記憶は比較的年齢の影響を受けないと言われる[2]。

2. 脳というハードウェア

(1) 脳における情報処理プロセス

　次に，このように記憶というソフトウェアを動かす，脳というハードウェアについて考えてみよう。

　先ほどの分類による記憶のプロセスをコンピュータに例えると，キーボードから情報が入力され（感覚記憶），入力された情報はメモリーにいったん貯蔵される（短期記憶）。メモリーから送られた内容はコンピ

---

[1] メイヤー，R.E.「テクノロジーを活用した学習」OECD教育研究革新センター編著（立田慶裕／平沢安政監訳）『学習の本質―研究の活用から実践へ』明石書店，2013, p.220.
[2] ホイヤー，W.J.／ヴェルハーゲン，P.「記憶のエイジング」ビリン，J.E.／シャイエ，K.W.（藤田綾子／山本浩市監訳）『エイジング心理学ハンドブック』北大路書房，2008, p.155.

図表 4-2　コンピュータに例えた脳の機能

		コンピュータ	脳内部の記憶の機能	
1	情報入力	キーボード	符号化	感覚記憶
2	データの一次保存	メモリー	貯蔵	短期記憶（ワーキング・メモリー）
3	計算	CPU（中央演算処理装置）		（リハーサル→コーディング→決定→検索→方略）
4	データの長期保存	ハードディスク		長期記憶
5	情報出力	ディスプレイ	検索	

（筆者作成）

ュータの中枢であるCPU（中央演算処理装置）で，演算・制御（選別）が行われ，その結果がハードディスクに送られる。ハードディスクでは，そのような情報が保管される（長期記憶）。そして，必要に応じて，その都度ディスプレイにその情報が呼び出されるのである（**図表4-2参照**）。

　脳の中での情報処理プロセスで最も重要なことは，長期記憶への情報の選別と，必要に応じて情報をスムーズに再生できることである。脳は，学習によって情報を効果的に取り込み（これを「符号化」と呼ぶ），それを脳の中に蓄え（これを「貯蔵」と呼ぶ），そして，必要な時にその記憶を引き出す（これを「検索」と呼ぶ）。

　符号化は，感覚的に認知したものを脳の中で意味あるイメージに変え短期記憶（ワーキング・メモリー）に移行するプロセスである。短期記憶としてのこのようなイメージは，記憶痕跡を再編し安定させる作業や統合によってより強固な記憶となり，長期記憶として貯蔵される。

　このような情報処理プロセスに注目すれば，その作業は，符号化→貯蔵→検索　の三つの段階を経る。たとえば，音楽を録音・再生することをイメージしてみよう。

　ポルトガルの音楽，ファドは宿命という意味を持ち，ギターをバックに歌われる哀愁を帯びた民族民謡であるが，この音楽を何度も聞きたいため録音しておくことにしたとしよう。スマートフォン，タブレット，

コンピュータ，どのようなものでもよいが，普段使っている録音機器に気に入った音楽を取り込み録音する。ある日，もう一度聞きたいと思って再生ボタンを押す。機械に不都合がなければ録音した音楽がそのまま流れることであろう。このような音楽を録音し再生することは，脳の中で起こる記憶のメカニズムと同じ流れである。

　このように〈符号化 → 貯蔵 → 検索〉というこの流れは，音楽の録音・再生で言うところの〈録音 → 保管 → 再生〉であり，これらが円滑にスピィーディに行われることが重要である。しかし，貯蔵から検索に至る過程において，機能が不全になることがある。貯蔵にアクセスできず，利用できない場合，「ほら，あの人，名前なんていったかな」などと，顔は思い浮かぶのにとっさに名前が出てこなくなったりする。これは「舌の先現象」(tip of the tongue phenomenon) と呼ばれるもので，貯蔵されている言葉にアクセスができない障害である。つまり，録音の機械が再生不能になっているということである。この場合，「高校のとき合唱部で，学園祭でヒロインをやった人で，神戸に転校した…」などと手掛かりを重ねて提示することで，検索（再生）が容易になる。

(2) 脳の部位

　次に，記憶の装置，ハードウェアとして脳の部位を考えてみよう。脳の部位の機能は，脳損傷などの病気でダメージを受けた部位と障害との関連から明らかにされてきた。ここでは最初に，記憶にかかわる部位として「海馬（かいば）」の機能に注目してみよう。海馬は，タツノオトシゴの別名で，形状がタツノオトシゴに似ていることからこの呼び名がある（**図表4－3参照**）。

　この海馬によって，感覚記憶として入手された情報は「いるか，いらないか」の選別がなされる。海馬はこのことから記憶の司令塔と呼ばれる。情報を送ると判断すると，海馬はその情報を「大脳皮質」に送る。

　海馬のこのような記憶の選別機能は，海馬に損傷がある場合，記憶障害が生じることで明らかにされている。たとえば，アルツハイマー病では，コンピュータ断層撮影（CT）や磁気共鳴画像（MRI）などの画像

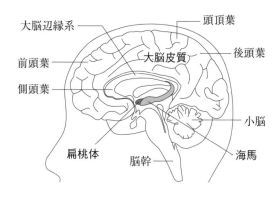

図表4-3　脳の部位

において，早い段階から海馬の萎縮が見られる。また，トラウマをもたらす衝撃的体験の後にあっては，海馬の変性が報告されており，ストレスによって海馬が委縮し，記憶障害が生じる。このことからも，海馬が記憶に大きくかかわっていることがわかる。海馬以外にも，認知機能をつかさどる前頭前野（前頭葉のうち運動野を除いた部位）に機能低下が生じると，新しい情報の処理が非効率になると同時に，物忘れの増加，注意力や集中力の欠如，学習能力の低下などが起きることが明らかにされている。

　次に記憶に関係する脳の部位として紹介するのは，「扁桃体(へんとうたい)」である。扁桃とはアーモンドの別名であり，扁桃体は，その形状がアーモンドに似ていることから名づけられている。扁桃体は情動にかかわる。ここで言う情動とは，特定の一時的な心理状態が生理学的変化を促し，行動への衝撃を呼び起こす感情である。たとえば，私たちは危機を察知すると，生理学的変化が生じ恐怖に関する脳内回路が活性化し，脈拍上昇，顔面蒼白，筋肉の収斂，発汗などの特有の身体反応が生じる。この場合，扁桃体が，恐怖，不安，喜びといった情動反応の中心となる。それは，恐怖からの逃走（flight），攻撃・排除（fight），身がすくむような凍結状態（freeze）の3Fという言葉で代表される反応である。

　さらに詳細に分類すれば，情動とは，感覚，ムード，冗長・愛着，安

心などを含む幅広いプロセスであり，主に喜び，悲しみ，怒り，恐れ，驚き，嫌悪といった六つのものがある。学習の場面では，希望，共感，感謝，後悔，誇り，失望，安堵，希望のなさ，恥，罪悪感，困惑や嫉妬といった二次的な感情を含める場合もある[3]。

　情動を判断する扁桃体は，事象について好き・嫌いを判断し，その快・不快の情報を海馬に伝達する。実際には，扁桃体は情報を伝達するだけであり，怖いといった感情は大脳皮質で生じるのであるが，扁桃体と海馬は情報交換を行いながら，最終的に海馬が情報を大脳皮質に送るかどうかを判断する。私たちの頭の中で，このような情報のやりとりがなされていることを考えると驚きを覚える。

　記憶は，このように情動と密接に結び付いている。旧ソビエト連邦の心理学者であるヴィゴツキー（Vygotsky, L. S.）は，情動的に色づけされた事柄は，そうでないものより強く，よりしっかりと記憶されるとし，情動的反応こそが教育の基礎とした。ヴィゴツキーによれば，感情を経由した知識のみが定着し，残りのすべては，世界とのあらゆる生き生きとした関係を失った，死んだ知識[4]というわけである。ヴィゴツキーの考えには一理ある。

　過去の学習の否定的な記憶や恐れなどの感情やストレスは，学習を阻害する。また，試合などで一定の成績を出す優秀なスポーツ選手は，心理的ストレス反応が低く，不安感が少なく，非常に冷静であることも明らかにされている。このようなことからも，記憶を定着させるには，学習が好ましい環境で行われることやストレスなどに左右されないといった情動のコントロールが重要と言えよう。

---

[3] ベカルト，M.「教室での学習において，動機と感情が果たす重要な役割」OECD教育研究革新センター編著（立田慶裕／平沢安政監訳）『学習の本質―研究の活用から実践へ』明石書店，2013，pp.114-128.
[4] ヴィゴツキー，L. S.（柴田義松／宮坂琇子(ゆうこ)訳）『ヴィゴツキー教育心理学講義』新読書社，2005.

(3) 脳の可塑性

　私たちは，加齢とともに脳機能が低下すると考えがちだが，脳は私たちが考える以上に変化する可能性を有し，失われた機能を補ったり，学習して環境に対応したりする。このような脳の変化の可能性は「可塑性」と呼ばれる。

　脳の可塑性は，成人が認知機能を維持し発達する可能性を裏づける。私たちの脳は，認知作業をやればやるほど，脳のさまざまな場所で秩序立った神経回路（ネットワーク）が形成され，情報伝達が効率的になり，高度な情報処理が可能になる。

　この例として，ロンドンのタクシードライバーの話を取り上げよう。ロンドンのタクシードライバーは市内の道や目的地を記憶しているわけだが，長くドライバーをやっている人ほど，記憶をつかさどる海馬が大きくなり，そして，その大きさは経験年数と比例していたという[5]。つまり，必要とされる役割を持った神経構造は，大人になってからも新しく発達し，脳をたくさん使うことで認知機能が促進されることになる。

　脳の可塑性について詳細に見てみれば，可塑性とは，新しくニューロンのつながりができるということである。ニューロンは，ほかのニューロンからの情報を受け取る樹状突起，遺伝子情報を蓄えている細胞体，情報を次のニューロンにつなげる軸索から構成されている。神経系における情報が電気信号（インパルス）で伝えられると，この信号は，樹状突起，細胞体，軸索と伝わり，軸索の先端部のシナプスという場所を介して，ほかのニューロンと情報のやりとりをする。この際，樹状突起が伸びていき，今までつながりを持たなかった新たなニューロン同士が結び付いていくが，この結び付きは死ぬまで続くことが明らかにされている。このように，外部の刺激により，脳の内部では変化が生じるのである。

　脳の可塑性については，このほか，心臓血管が健康で血流が増加する

---

[5] ゴールドバーグ，E.（藤井留美訳）『老いて賢くなる脳』NHK出版，2006, pp.233-234, p.240.

ことで，前頭葉におけるシナプス結合が増加し，これにより大脳皮質の可塑性がもたらされるとされ，心臓血管の健康が認知機能に肯定的影響を及ぼすことが明らかにされている[6]。

3. 記憶と学習

さて，ここまで記憶についての基礎的知識を述べてきたが，次に成人の学習に対する加齢の影響やそれに対応する学習方法について考えてみよう。

（1）記憶の維持

記憶は努力して維持できるものなのであろうか。このことについて，19世紀のドイツの心理学者エビングハウス（Ebbinghaus, H.）は「脳は忘れるようにできている」と明言している。エビングハウスは，記憶の定着しやすさを明らかにするため，意味のない音節を記憶し覚え直すのにかかる時間や回数を節約率として算出した。すると，20分後には58％，1時間後には44％，1日後には34％，1カ月後には21％という結果であった。つまり，覚えた直後に反復すると節約率は高いが，時間が経つにつれてその度合いは低くなるのである（図表4-4参照）[7]。

それでは，記憶を定着させるにはどうしたらよいのか。一つの方法は，繰り返し一つのことを思い出す練習をし，記憶力を強化することである。思い出すことで脳の記憶が再整理され，すでに知っていることとのつながりが強化されれば，次に思い出すことが楽になり，忘れることを予防することができる。そのため，学習教材を見直すより，過去に学んだことを記憶から呼び出す想起練習をする方が，記憶は定着しやすいと言われる。繰り返し想起すれば，知識と技術が記憶に深く根づき，反射的に

---

[6] ホイヤー，W. J.／ヴェルハーゲン，P.「記憶のエイジング」ビリン，J. E.／シャイエ，K. W.（藤田綾子／山本浩市監訳）『エイジング心理学ハンドブック』北大路書房，2008, p.163.
[7] エビングハウス，H.（宇津木 保訳／望月 衛閲）『記憶について―実験心理学への貢献』誠信書房，1978.

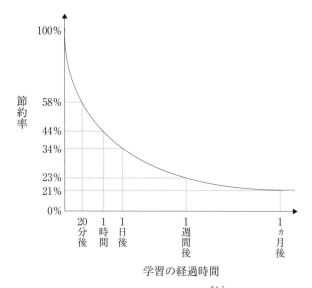

出典：エビングハウス，H.（宇津木 保訳／望月 衛閲）『記憶について―実験心理学への貢献』誠信書房，1978，p.82. 書かれている内容を図式化。

図表4-4　エビングハウスの忘却曲線

呼び出せるようになる。振り返りという「省察」という行為も，記憶から知識を引き出し，それを新しい経験と結び付け，前と違ったやり方を可視化し，頭の中でリハーサルすることにつながる。そこには，学習を強化する認知活動がいくつか含まれている。

　効率よく記憶するためには時間が必要である。詰め込み学習で得た知識は，短時間で記憶から抜け落ちる。練習の間隔を空け，数回に分けて行うことで記憶を強化し，学習を定着させることができる。また，新しい知識の手掛かりをつくるために競合する古い知識の手掛かりを少し忘れることが，新しい学習にとって不可欠と言われている[8]。上手に記憶するにもコツがあるというわけである。

---

[8] ブラウン，P.／ローディガー，H.／マクダニエル，M.（依田卓巳訳）『使える脳の鍛え方―成功する学習の科学』NTT出版，2016, p.33, p.35, pp.69-70, pp.82-83.

(2) 記憶に注目した学習方法

　エビングハウスが言うように，私たちの脳はもともと忘れるようにできている。しかし，同時に忘却の性質に対応した学習方法がいくつか提出されている。エビングハウスの忘却曲線で言えば，忘却曲線のカーブ時に再度復習すれば，記憶の定着が図られるということである。

　記憶力を維持するには，高い水準の注意，モチベーション，記憶の体制化が必要とされる。この点に注目して学習する際の具体的なポイントを挙げれば，次のとおりである[9]。

①情報を適切に符号化するために集中できる学習環境を確保する。
②情報内容の概念，事実，法則を関連づける。
③日常生活に当てはめてイメージする。
④情報を興味の対象に丁寧に関係づける。
⑤他人にわかりやすく教えるなど，能動的に情報を伝達する機会を持つ。
⑥断片的再生が全体の再生となるよう，また，従来保持している知識構造に関係づけることで新しい情報理解が容易になるよう，情報を体制化する。
⑦学習成果は練習量に依存するため（「総時間仮説」(total time hypothesis))，少しずつこまめに効率的に練習する。
⑧生活の中の空き時間（バスを待っている間など）を効果的に利用し，記憶機能をリフレッシュする。
⑨テストなどの本番に備えて模擬的作業を学習中に行う。
⑩疲れている時は勉強せず，頭がハッキリしている時に学習する。
⑪情報を学習した文脈をイメージして頭の中で再現する。
⑫記憶力増進のため，視覚的イメージなどを用いる。

　また，**図表4-5**のように短期記憶から長期記憶に至る具体的な学習方法について図表化してみれば，学習を習慣化する勉強方法は，情報を

9　フォスター，J.K.（郭　哲次訳）『記憶』星和書店，2013，pp.247-252．

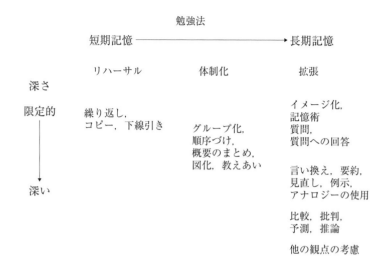

出典:コーノ,L.「学習習慣と自己調整学習—方法から意志を見出すための援助」
シャンク,D.H./ジマーマン,B.J.編著(塚野州一編訳)『自己調整学習と動機づけ』北大路書房,2009,p.173.

図表4-5 学習を習慣化する勉強法

入れる「リハーサル」の段階から,情報を整理する「体制化」,そして,長期記憶として定着させるための「拡張」の3段階に整理できる。

　リハーサルの段階では,繰り返すことやコピー,あるいは重要なところに下線を引くなど,記憶の導入を行う。次いで,体制化の段階では,グループ化など内容による類型化,順序づけ,概要のまとめなどで記憶の整理を行う。そして,拡張の段階では,イメージ化などで記憶の定着を図るということであろう。

　このほか,実証研究で明らかにされている学習と記憶との関係は,次のとおりである。

・学ぶ時の困難の中には,学習を強化して記憶を定着させるものがある。
・簡単な学習はたいてい表面的で,すぐに忘れる。
・知能のすべてが生まれつきではない。努力を必要とする学習によって実際に脳が変化し,神経の新しいつながりが生まれ,知能が向上する。

・解き方を教わる前に新しい問題を解く努力をする方が,教わった後で解くより学習効果が高い。
・どの分野でも優れた成果を挙げるには,現在の能力水準を超える努力を惜しんではならない。
・努力は本来,挫折に終わることも多いが,習熟する方法の調整に欠かせない情報が得られることも多い[10]。

以上のように,子どもを対象にして研究されてきた学習方法だが,成人の学習にもつながる内容がある。

(3) 学習への加齢の影響

　脳には成長,成熟,老化の三つの時期がある。脳も他の臓器と同様に老化していき,加齢とともに重量と体積が減り全体的に小さくなる。また,五感をつかさどる動物的な脳と言われる右脳と,思考や論理をつかさどる人間的な脳と言われる左脳との違いを見れば,右脳は左脳よりも早く老化するが,左脳は右脳よりも精神的活動の恩恵を受け老化の影響を受けにくいと言われる[11]。つまり,教育や学習が脳を老化から守ってくれる可能性がある。
　機能の面では,加齢に伴って,感覚記憶や短期記憶は低下する。同時に符号化と検索の機能にはもたつきが生じ,処理速度が低下する。その理由は,短期記憶(ワーキング・メモリー)を始動させる刺激への敏感な反応と長期記憶への適切な情報の保存への働きかけを,同時に行うことが困難になってくるからと言われている。一方,長期記憶としての貯蔵の容量は変わらない。また,高齢者は新しい記憶材料を組織化する効率が悪くなるが,すでに持っている知識に新しい記憶材料を結び付けることができれば,意味づけられた学習や精緻化が可能である。検索につ

10　ブラウン, P. / ローディガー, H. / マクダニエル, M.（依田卓巳訳）『使える脳の鍛え方―成功する学習の科学』NTT出版, 2016, pp.235-236.
11　ゴールドバーグ, E.（藤井留美訳）『老いて賢くなる脳』NHK出版, 2006, pp.233-234, p.240.

いては，加齢に伴い，先ほど紹介した舌の先現象のように，検索し再生する機能は弱くなる。しかし高齢者は，最近の出来事を思い出せないにもかかわらず，若い人よりも古い記憶をより的確に思い出せることがある。これは，記憶の逆転現象とも言えるもので，高齢者は最近のことより遠い過去のことを強く記憶しているのである。

　高齢者の記憶の再生は，「回想」（recollection）と「熟知性」（familiarity）という二つの異なったプロセスによる。回想とは，過去の事象の内容だけでなく，時間や場所といった事象の文脈的情報の検索を必要とする。熟知性は，文脈的情報の検索は必要とせず，再認，あるいは「なじみがある」という感覚による[12]。

　このように，加齢に伴い，エピソード記憶，処理速度，短期記憶（ワーキング・メモリー）は低下するが，言語的知識は変化が見られず，また，年齢とともに神経機能が衰えてくるにもかかわらず，現実には家事や仕事を立派にこなしている高齢者はたくさんおり，この能力を「経験的認知力」と呼ぶ研究者もいる。このことは，分別や知恵といったものと類似のものであり，老化して神経の劣化が進む脳から生み出されるパラドックスとも言える。

（4）認知機能を維持する秘訣（ひけつ）

　脳の研究はさまざまに行われているが，最後に加齢と認知機能をめぐる一つの研究を紹介したい[13]。

　それは，「ナン・スタディ」と呼ばれる，1980年代後半から長期にわたって修道女約700人を対象に加齢とアルツハイマー病について，米国で行われた縦断的研究プロジェクトである。

　修道女を対象に研究を行うことは研究デザイン上，利点がたくさんあ

---

[12] ホイヤー，W.J./ヴェルハーゲン，P.「記憶のエイジング」ビリン，J.E./シャイエ，K.W.（藤田綾子／山本浩市監訳）『エイジング心理学ハンドブック』北大路書房，2008，p.153.
[13] スノウドン，D.（藤井留美訳）『100歳の美しい脳—アルツハイマー病解明に手をさしのべた修道女たち』DHC，2004，p.23, pp.53-54, pp.62-63, pp.127-131.

る。たとえば，名簿や記録などの基礎データが整備されていること，規則正しい生活をしているため病気や健康に関する要因比較が容易であること，タバコを吸わず，独身であり，仕事も収入も同じであるなど生活様式が統一されていること，そして，貧困や医療体制の欠如といったマイナスの要因も排除できること，といった点である。

ナン・スタディに参加した75歳以上の修道女は，年1回身体能力と精神能力の検査を受け，修道院に保管されている個人記録や医療記録を提供し，さらに死後，アルツハイマー病の研究のために献脳し，解剖されることにも同意している。

この研究結果で印象的なことは，このプロジェクトに参加した90歳を超えて健康である修道女の例である。この修道女は，70歳の時から1日何キロも歩くことを習慣としていた。運動は血管の健康を保つための確実な方法の一つであり，年代に関係なく有効である。身体を動かすことで血流が増え，脳が活発に働くために必要な酸素と栄養がたくさん入り，ストレスホルモンを減らし，脳細胞の栄養となる化学物質が増えるとされている。その結果，うつ病が避けられ，脳の組織の損傷を防ぐことができる。この修道女はまさにこの例である。

さらに，心筋梗塞で亡くなった別の修道女の例は驚きである。この修道女は，最晩年まで認知力テストで対象者中上位10％に入る好成績だったが，亡くなった後にその脳を調べてみると，その器質的な状態は，人格を喪失するほどのアルツハイマー病になっていてもおかしくなかった。しかし，この修道女は最後まで鋭敏な知力を失わず，晩年も人を導くために脳を使い続けた。これらの例を踏まえ，研究者たちは，脳の発達の程度により，効率が良くて処理能力に優れた可塑性の高い柔軟な強い脳とそうではない弱い脳があり，強い脳はアルツハイマー病で組織がやられても症状が出ないと推測した。また，この研究に従事した研究者は，学歴の高い修道女ほど，すこやかに老後を送っている事実から，教育によって脳の機能が充実し，アルツハイマー病への抵抗力がつくとの仮説も提示している。

加齢は，個人差が拡大するプロセスでもある。ナン・スタディは，学

習，社会的活動，運動などで脳や身体を使い積極的に活動することが認知機能を維持し，それによって晩年になっても豊かに生きることができるという逸話として，私たちを勇気づけてくれるものであろう。

研究ノート

1. 記憶の分類に沿って実例を挙げてみよう。
2. 脳科学の文献を手にし，脳の可塑性と学習の関係を調べてみよう。
3. 自分が行っている，あるいは行いたい，記憶を定着させる学習の工夫を列挙してみよう。

参考文献

OECD教育研究革新センター編著（立田慶裕/平沢安政監訳）『学習の本質―研究の活用から実践へ』明石書店，2013年．

ゴールドバーグ，E.（藤井留美訳）『老いて賢くなる脳』NHK出版，2006年．

スノウドン，D.（藤井留美訳）『100歳の美しい脳―アルツハイマー病解明に手をさしのべた修道女たち』DHC，2004年．

フォスター，J.K.（郭　哲次訳）『記憶』星和書店，2013年．

ブラウン，P./ローディガー，H./マクダニエル，M.（依田卓巳訳）『使える脳の鍛え方―成功する学習の科学』NTT出版，2016年．

ボーザー，U.（月谷真紀訳）『Learn Better―頭の使い方が変わり，学びが深まる6つのステップ』英治出版，2018年．

5　学習動機

　本章では，成人学習者の学習動機と動機にかかわる情動を扱う。学習を促進する感情について，心理学で取り上げられる伝統的な理論を紹介するとともに，成人はなぜ学習活動を行うのか，その動機について，これまで行われてきた成人学習における研究を紹介し，学習活動に参加する促進要因や阻害要因を考える。

1．学習の動機づけ

（1）情動

　成人学習は自発的に行われるものである。そのため，学習を促進する感情的側面にも留意が必要である。楽しい気分で学習したことは良い記憶として残っているが，嫌々勉強したことは，その時は覚えていても，記憶から消えていってしまうということはよくあることであろう。

　情動とは，突如として起こる喜び，悲しみ，怒り，恐れなどの一次的な感情である。このような感情は学習に大きな影響を与える。

　学習に関する研究の多くは，学校での子どもの学習場面を想定しているが，そこで明らかにされている動機と情動のプロセスは，成人の学習の動機づけに援用できる内容も多い。たとえば，動機づけについて述べた，八つの原則を紹介しよう[1]。

---

[1] ベカルト，M.「教室での学習において，動機と感情が果たす重要な役割」OECD教育研究革新センター編著（立田慶裕／平沢安政監訳）『学習の本質―研究の活用から実践へ』明石書店，2013，pp.114-128. 八つの原則を摘記し，その内容を要約した。

①自分への期待に対しそれをやりきる能力があると感じる場合，強く動機づけられる。

　自分はできるといった自分に対する自信や信頼は，バンデューラ（Bandura, A.）が提唱した「自己効力感」（self-efficacy）と呼ばれるものである。このような「自己効力感」が高い場合，より困難な課題を選択し，努力や忍耐をいとわない傾向がある。また，自己への信頼と効力感の高さや成功への期待がある場合，良い成果に結び付くとされる。このような学習者は学習を自己管理できることも知られている。

②行動と達成目標との間に一定の関連があると判断する場合，強く動機づけられる。

　成功や失敗自体よりも，成功や失敗の背景を理解することが次の達成への期待につながる。失敗の原因を「自分は能力が低い，何をしても無駄だ」といった自分の能力の低さに帰属させる場合，セリグマン（Seligman, M.）が「学習性無力感」（learned helplessness）と呼んだように[2]，自己概念に否定的な影響が生じ，自分で努力して状況を改善する意欲を喪失させる。一方，原因を，テストが難しかった，努力が足りなかった，運が悪かったといった，外的な要因にあると考える場合，自分の働きかけで変化させることができるため，結果が悪くても自己効力感を維持することは可能である。つまり，自分で結果をコントロールすることができるという意識が重要ということであろう。

③学習内容に価値を見いだし明確な目的意識を持つ場合，強く動機づけられる。

　人は，学習する際に，「達成」か「修得」のいずれかの目標志向を持つとされる[3]。達成志向は，競争的な環境下，他者との比較において能力を示す，もしくは能力のなさを隠したがるといった外発的動機づけによる目標である。修得志向は，興味・関心と関連しており，内

---

2 セリグマン, M.（平井 久／木村 駿監訳）『うつ病の行動学—学習性絶望感とは何か』誠信書房，1985.
3 Dweck, C. S. "Motivational Process Affecting Learning." *American Psychologist*, 1986, Vol.41, No.10, pp.1040-1048.

発的動機づけによるもので，努力すれば成功に結び付くという自信とともに，学習，特に深い学習方略に有益とされている。

次の④〜⑥の原則は，感情とかかわるものである。

④学習活動に肯定的な感情を経験する場合，強く動機づけられる。

難しい課題を達成した誇りや自尊感情は内発的動機づけとなる。このような状態で一定の自律性ある学習課題に取り組む場合，肯定的感情が喚起される。

⑤否定的感情を経験する場合，学習から関心がそらされる。

達成不安，恥，飽きやすさ，怒り，失望，希望のなさなどの否定的感情は，学習の達成を阻害する。

⑥感情をコーピングできるようになる場合，学習の認知資源を自由に扱えるようになる。

コーピングとは，感情への対処方法である。認知資源とは，認知科学の用語で，記憶したり，集中したり，脳が活動する容量を意味する言葉である。否定的な感情，抑圧された感情，不安などが引き起こされる前に省察し，感情による影響を回避・軽減できる場合，脳の機能を十分に使える。たとえば，「昨日よりも多く解くことができた」など状況の再評価を行うことで，自己効力感が高まり，この肯定的気分が学習意欲の維持や学習効率を高める。

⑦個人の有する資源を使いこなし課題にうまく対処する場合，学習に集中して取り組むようになる。

学習者は，具体的な目標を設定し，適切な学習方略を選択し，到達すべき成果のために必要な努力と時間を想定する。学習課題が想定より難しい場合，人が課題を遂行するためには，学習する意志を維持するための戦略が求められる。たとえば，課題の遂行で生じる報酬を予想すること，自問すること，関心を強化すること，課題遂行を難しくする環境を取り除くこと，帰宅したら必ず机の前に座るなど一定の良い作業習慣を身に付けることである。特定の学習環境づくりが良い学習習慣を形成するのである。

⑧望ましい学習環境にあるという認識が，学習を強く動機づける。

このことは，自分にとって良いと考える学習活動を選択し，自分で学習環境を律するということであろう。仕事，家庭以外で居心地の良い場所を第三の居場所「サードプレイス」[4]と呼ぶことがあるが，カフェなどで勉強すると効率が良いと考える人がいるとすれば，そこは，その人のサードプレイスである。このように学習する場所の居心地の良さは学習効率に影響する。
　これらの八つの原則のいずれにしても，学習に対する感情の影響は大きく，肯定的感情は学習を動機づけし，否定的感情は学習への関心を阻害する。喜びや楽しさといった感情によって，私たちの学習への動機づけが左右される。

（2）好奇心や興味
　人には能力を発揮したいといった「有能性」への欲求，自分でやりたいという「自律性」への欲求，人々と関係したいという「関係性」への欲求の三つがあると言われる。私たちには，新しいことややりがいを求め，自分の能力を伸ばし，発揮したいという欲求が人間の本質として備わっている。そして，これらの欲求が満たされている時，私たちは行動を動機づけられ，生産的になり，幸福を感じる。それに対して，この欲求が満たされないと，人の動機や生産性，幸福感は急落する。デシとライアン（Deci, E. L. & Ryan, R. M.）は，このような自分の内部に本質的に存在する動機を「内発的動機づけ」（intrinsic motivation）と呼び，この根底には，「知的好奇心」と「自律性」があるとし，外部からの報酬や罰などにより動機づける「外発的動機づけ」（extrinsic motivation）と類別した[5]。
　このような動機づけの議論を踏まえて，ピンク（Pink, D. H.）は，人

---

[4] オルデンバーグ，R.（忠平美幸訳）『サードプレイス―コミュニティの核になる「とびきり居心地よい場所」』みすず書房，2013.
[5] Ryan, R. M. & Deci, E. L. "Self-Determination Theory and the Facilitation of Intrinsic Motivation, Social Development, and Well-Being." *American Psychologist*, 2000, Vol.55, No.1, p.68. ライアンとデシは，人間の性質が根本的に自律的であるとして「自己決定理論」（Self-Determination Theory）も提示している。

が動機を持つ状況をコンピュータの基本ソフト（OS）になぞらえている。動機のOSである「モチベーション1.0」では，人間は生物学的存在として生存のために生理的欲求により行動する。これより進化した「モチベーション2.0」では，報酬やメリットが増えるといった社会的欲求や外発的動機づけにより行動する。そして，さらに進化した「モチベーション3.0」では，活動における自主性，やりがい，目的などに動機づけられ，自己実現欲求や内発的動機づけで行動するとした[6]。つまり，「モチベーション3.0」の行動のよりどころは，自由に好きなように行うことにある。いわゆる内発的動機づけが鍵なのである。

内発的動機づけは，興味や関心によって引き起こされる。興味は，感情と認知からなること，両者が独立しつつも相互作用すること，情動といった生物学的影響を受けること，あるものと特定の内容との間の相互作用の所産であることなどで特徴づけられる。また，興味については，状況的興味と個人的興味の二つに類別される。状況的興味は，特定の条件や環境の中の対象によって生じることが一般的であり，一定期間にわたって継続する場合もあるし，そうでない場合もある。個人的興味は，特定の内容（もの，刺激，考え）に関心を向けたり，特定の活動に取り組んだりする比較的持続的な状態である。

興味は変化・発達するものであり，興味の発達は次のような四つの段階を経るというヒンディ（Hidi, S.）とレニンジャー（Renninger, K. A.）による理論もある。それによれば，第1段階は，「状況的興味が喚起される段階」であり，感情的・認知的処理における短期間の変化から生じる。外部からの学習支援が必要とされ，グループワーク，パズル，コンピュータなどの学習環境が提示されることが望ましい。

第2段階は，「状況的興味が維持される段階」である。第2段階でも外部からの学習支援は必要とされるが，この段階では，問題解決型学習，協同学習，1対1の指導などが興味の維持に有益である。

第3段階は「個人的興味が出現する段階」で，前向きの感情とともに，

---

[6] ピンク, D.（大前研一訳）『モチベーション3.0』講談社，2010, p.31.

知識が蓄積され価値づけがなされる。以前，従事した個人的興味に関連する課題に，再度，従事する機会を望み，同様の課題を選択するようになる。興味を持った内容について常に好奇心を持ち，自分で設定した課題に対し見直しをし，引き続き課題を行おうとする。第3段階になると学習過程に能動的に関与するようになる。この段階では，理解を促進するためや困難に直面してもやり遂げるための励ましといった点で，仲間，専門家など外部の支援が必要とされる。この段階の興味は第4段階へと発達する場合とそうでない場合がある。

　第4段階は，「個人的興味が十分に発達した段階」である。ここでは，第3段階の活動に比べ，より前向きの感情，より多く蓄積された知識や価値を有する段階となる。特定の内容に，再度，従事する機会があることが重要であり，可能な場合，その活動を選択する。好奇心から生じた問いに対する回答を求め，長い期間にわたって生産的で創造的な取り組みを行う。第4段階においても，理解を増すために仲間や専門家といった外部の支援を受けることは有益である。この段階では，フラストレーションがあってもやり遂げるようになる。そのため，知識を構築するための相互交流や課題設定などの機会の提供や，発達を促す学習環境が重要となる。

　上記は，「興味発達の4段階モデル」と呼ばれ，四つの段階はそれぞれ異なるが連続するものとして考えられている。重要な点は，興味の発達のいずれの段階においても，個人の努力や他者の支援を失って興味を感じなくなったり，後退したり，完全になくなってしまったりする可能性があることである。このモデルにおいては，興味の発達の各段階において，感情，知識，価値の程度が変化していく。とりわけ，興味の発達とともに自分で学習過程に能動的に関与できる自己調整の程度が向上していき，知識と価値が高まっていくとする。自己調整の程度の高まりは，興味の発達の第3段階と第4段階において不可欠の部分となっている[7]。

---

[7] Hidi, S. & Renninger, K.A. "The Four-phase Model of Interest Development." *Educational Psychologist*, 2006, Vol.41, pp.111-116.

興味発達の4段階モデルは，興味が発達するにつれて，学習者が学習過程に能動的に関与するようになるという点で，内発的動機づけの持つ学習活動への肯定的側面を明らかにしている。

（3）楽しさ

　内発的動機に関係するもう一つの主要な概念は，「フロー」（flow）である。フローとは，もともと流れという意味である。この考えを提出した心理学者チクセントミハイ（Csikszentmihalyi, M.）は，時間の感覚がなくなり，わくわくした感情で満たされ，いつもとは異なる自己充足的で自己目的的経験を，フローという言葉で表現した。チクセントミハイがフローという概念にたどりついたのは，画家たちを観察し，彼らが絵の制作が順調に進んでいる時には空腹や疲労といった不快感を一切持たずに制作活動に没頭していることを発見したことによる。

　フローの状況での特徴としては，次のような要素が明らかにされている。
・通常，その経験は，達成できる見通しのある課題と取り組んでいる時に生じる。
・自分のしていることに集中できていなければならない。
・その集中ができるのは，一般に，行われている作業に明瞭な目標があり，直接的なフィードバックがあることによる。
・意識から日々の生活の気苦労や欲求不満を取り除く，深いけれども無理のない没入状態で行為をしている。
・楽しい経験は自分の行為を統制しているという感覚を伴う。
・フロー時には自己についての意識は消失するが，これに反してフロー後には自己感覚はより強く現れる。
・時間の経過の感覚が変わる。数時間は数分のうちに過ぎ，数分は数時間に伸びるように感じられることがある。

　これらの要素の組み合わせが，深い楽しさの感覚を生む。フローの状態では意識が強く集中しているので，その行為と無関係のことを考え，あれこれ悩むことに注意を割かれることはない。自意識は消え，時間の

感覚が変化する[8]。

　ところで，研究への動機というものの多くはその研究者の生まれ育った環境や経験からの興味・関心によって生じる。フローという概念を提出したチクセントミハイについては，次のようなエピソードがある。1944年，当時10歳のチクセントミハイは，ナチスドイツの占領下にありソビエト軍が侵攻しようとするハンガリーから離れるため，母と2人の兄弟とともに，ブダペスト駅から列車に乗り，外交官である父親の赴任先のイタリアに向かうところであった。しかし，その途中，ハンガリーの主要な橋が空爆によりすべて破壊されてしまう。親戚の半数以上は戦争下で亡くなり，兄弟からも戦死者が出た。そうした経験から，チクセントミハイは当時10歳だった自分を思い出しながら，次のように語ったという。「こんな生き方よりも，もっと良い生き方があるにちがいない」。チクセントミハイは高校を中退，もっと良い生き方があるのではないかという子どものころの疑問の答えを探し求めて心理学に出合い，22歳で心理学を学ぶため米国に渡る。英語もほとんどわからない中，米国の高校卒業資格検定試験に合格，働きながら大学に通い，その後，シカゴ大学大学院で博士号を取得した[9]。チクセントミハイは，人生をより豊かに充実して過ごすことを提唱する「ポジティブ心理学」（positive psychology）を起こした一人であるが，彼の人生を知るとその理論が出てくる背景が理解できるであろう。そして彼は，「こんな生き方よりも，もっと良い生き方があるにちがいない」と考え，働きながら学習を続けて研究者になった成人学習者でもある。

　フローの考えは，人間尊重を唱えた「人間性心理学」（humanistic psychology）につながるものである。この人間性心理学の代表的研究者であるマズロー（Maslow, A. H.）は，健康な人間は，欲求のヒエラルキーを下から上に登りながら内面の可能性を充足させ，自分がなるこ

---

[8] チクセントミハイ, M.（今村浩明訳）『フロー体験 喜びの現象学』世界思想社, 1996, p.62, pp.84-91.
[9] ピンク, D.（大前研一訳）『モチベーション3.0』講談社, 2010, pp.158-160, pp.162-163.

とができる最上の人,自己実現者になっていくという「欲求段階説」(hierarchy of needs)を唱えた。この人間的欲求のヒエラルキーは,低次のものから高次のもの,欠乏欲求としての「生理的欲求」(生命維持のための本能的・根源的欲求),「安全欲求」(安全な状態を得ようとする欲求),「所属と愛の欲求」(集団への帰属,誰かに愛されたいといった欲求),「承認の欲求」(価値ある存在として認められたり,尊敬されたりする欲求),「自己実現の欲求」(成長欲求)へと導かれる。マズローは人間性心理学の中心概念として,自己実現を達成している人の経験を「至高体験」と命名し,これを自己と状況とが一体化し,自己を意識しないほどに,自分を忘れて何かに没頭している状態としている。この至高体験は,チクセントミハイの言うフローと同じ状態を指すと考えられる。

成人学習は自発性に基づくものである。楽しいという感情が個人の学習を強く動機づける。その意味でも,成人の多くが何らかの学習活動を行う中で,学習において一種の遊びのように夢中になり,フロー体験をもたらす時間を忘れて没頭できるような興味ある内容にめぐり合うことは,ある種の僥倖と言えよう。

2. 成人学習者の特性

(1) 成人学習者の動機

さて,成人学習者はどのような動機により学習をしているのかも確認してみたい。成人の教育や学習に関する研究にいち早く取り組み,成人教育のパイオニアと呼ばれる米国のフール(Houle, C.O.)は,成人22人を対象に,学習歴,継続的学習要因,価値観などを聞く詳細なインタビューを実施し,その結果を1961年に発表した。それによれば,成人の学習動機は大きく三つに分類される。第一は目標達成のために学習する「目標志向」,第二は活動自体や人との交流のために学習する「活動志向」,第三は知識自体を求める「学習志向」であり,成人はこれらのうちのいずれか一つ以上によって学習が動機づけられるとした。そして,フールは,学習者が学習を行う要件として,学習の必要性や関心に対する的確な認識,学習の必要性や関心のために何かを行う意志,そして,

学習を行うことができる機会の三つが重要であること，また，学習を促す要因としては，両親との強い絆があること，教育年数に加え，学校の恩師や学校教育に関し肯定的やりとりがあること，成長過程で公共図書館を活用してきていること，職業を変えたいと願ったこと，学習を継続するよう他者から常に刺激を受けていたことを挙げた[10]。

　フールが成人学習者の動機を先駆的に分類した後，ボシャーとコリンズ（Boshier, R. & Collins, J. B.）らによって，成人を対象とする「教育参加尺度」（Education Participation Scale : EPS）が開発され，アフリカ，アジア，ニュージーランド，カナダ，米国から回収した1万人以上のデータに基づいて，フールの分類を前提に回答がクラスター分析された。それによれば，成人が学習する目的は六つのクラスター（かたまり）からなり，一つ目は職能獲得や職業上の進展といった職業的向上を目指すものでフールの「目標志向」と一致した。二つ目は退屈を紛らわすこと，家庭や仕事からの逃避や社会的刺激，三つ目は新しい友達や異性と出会うことといった社交的関係，四つ目は権威者の願いや指示といった期待，五つ目は地域奉仕活動にかかわる項目であり，これらはフールの「活動志向」と一致した。そして最後の六つ目は，知的関心によるもので，これもフールの「学習志向」と一致し，フールの分類はその後の大規模調査でも裏づけられることになった[11]（**図表5-1参照**）。

　一方，モースティンとスマート（Morstain, B. R. & Smart, J. C.）は，成人学習者を，①特定の目標を持たないで学習する「無志向型」，②社会的関心の充足や人とのかかわりを求めて学習する「社会型」，③日常の凡庸さや退屈から逃れるために学習する「刺激追求型」，④職業上の関心から学習する「キャリア志向型」，⑤キャリア，知的関心，社会的関心から人生の多様な点をより良くしようとして学習する「人生改善型」

---

[10] Houle, C. O. *The Inquiring Mind*. University of Wisconsin Press, 1961, pp. 68-82.
[11] Boshier, R. & Collins, J. B. "The Houle Typology After Twenty-Two Years: A Large-Scale Empirical Test." *Adult Education Quarterly*, 1985, Vol.35, No.3, pp.113-130.

図表 5 - 1　成人の学習目的

フール（Houle, C.O.）		ボシャー（Boshier, R.）とコリンズ（Collins, J.B.）	
目標志向	目標達成の手段	職業的向上	職能獲得や職業上の進展
活動志向	活動自体・人間関係	逃避・刺激	退屈を紛らわし，家庭や仕事からの逃避
学習志向	知識の追求	社交的関係	新しい友達や異性と出会うこと
		外部の期待	権威者の願いや指示
		社会奉仕	他者や地域に役立つため
		知的関心	学習それ自体のため

出典：（左）Houle, C.O. *The Inquiring Mind*. Universuty of Wisconsin Press, 1961.
　　　（右）Boshier, R. & Collins, J. B. "The Houle Typology After Twenty-Two Years: A Large-Scale Empirical Test." *Adult Education Quarterly*, 1985, 35 (3), pp.113-130. を訳出・図表化。

に分類している[12]。

　成人学習者のこの五つのタイプを性別，年齢，学歴，世帯収入別に見てみると，次のような結果が明らかになった。まず，性別では，女性は刺激追求型が多く，社会型と無志向型についても男性より若干多い。男性については，キャリア志向型と人生改善型が女性よりも若干多い。年齢では，無志向型は 20 歳代に多く，社会型は 21 歳よりも前と 20 歳代後半が多く，刺激追求型は 20 歳代前半と 30 歳代前半に多い。キャリア志向型はどの年代も変わりなく多く，人生改善型は 21 歳よりも前，次いで 20 歳代前半など若い段階に多い。学歴では，無志向型と刺激追求型は大学卒が多く，人生改善型は高校卒が多い。家庭収入では，無志向型，社会型，キャリア志向型，人生改善型の四つのタイプでは中間レベルの収入の者が多いが，刺激追求型では高収入の者が占める割合が高い（**図表 5 - 2 参照**）。

　もちろん，これらの要因は，フールが指摘したように単独とは限らず重複する場合もあり，時系列的にその目的の比重が変化することもある。

---

[12] Morstain, B. R. & Smart, J. C. "A Motivational Typology of Adult Learners." *Journal of Higher Education*, 1977, Vol.48, No.6, pp.665-667.

図表 5-2　成人学習者の属性と学習目的

属性	無志向型 (n = 324)	社会型 (n = 55)	刺激追求型 (n = 35)	キャリア志向型 (n = 155)	人生改善型 (n = 57)
性別					
男性	45.3%	43.6%	25.7%	57.8%	57.4%
女性	54.7	56.4	74.3	42.4	42.6
年齢					
< 21	7.5	38.2	2.9	11.0	31.5
21-25	23.3	14.5	25.7	16.1	25.9
26-30	23.3	29.1	17.1	15.5	13.0
31-35	14.6	7.3	20.0	13.5	16.7
36-40	10.6	3.6	5.7	12.9	5.6
41-45	9.9	---	11.4	13.5	5.6
46-50	7.5	3.6	14.3	11.0	1.9
> 50	3.4	3.6	2.9	6.5	---
学歴					
高校未修了	0.3	---	---	---	1.9
高校卒業	21.9	49.1	34.3	41.9	51.9
大学卒業	61.1	38.2	60.0	41.9	37.0
修士修了	16.6	12.7	5.7	16.1	9.3
家庭収入					
< $5,000	7.0	21.2	3.1	6.5	7.7
$5,000-$8,500	14.4	19.2	9.4	14.9	19.2
$8,501-$12,000	29.7	30.8	28.1	28.6	36.5
$12,001-$15,000	17.3	7.7	12.5	19.5	25.0
$15,001-$20,000	17.6	9.6	31.3	19.5	7.7
> $20,000	14.1	11.5	15.6	11.0	3.8

出典：Morstain, B.R. & Smart, J.C. "A Motivational Typology of Adult Learners." *Journal of Higher Education*, 1977, Vol.48, No.6, p.675. を訳出。

たとえば，夜間開講の資格講座や語学講座を受講する場合，その目的は，直接的には新しい知識や技能獲得といった知的関心や職業上で優遇される資格取得というキャリア・アップにあるかもしれないが，付随的には，他業種の人々との新しい出会いといった社交関係を求めるものであるかもしれない。あるいは，当初は，上司から資格取得のための学習を指示されるといった他者からの期待によるものであるかもしれないが，それは同時に自分の職業上のメリットとなるキャリア・アップが目的とも言える。また，資格専門学校に行くという大義名分のもと，残業や仕事から逃避することができるとともに，同じ資格を目指す人から学習の刺激

を受けることができるかもしれない。

(2) 生活におけるマージン理論

　成人の学習動機に関連した理論についても見てみよう。たとえば，成人が学習するためには，生活上の能力，人生における負荷，生活におけるマージン（余裕）といったものが重要とする「能力 ― 負荷 ― マージン」(the power-load-margin：PLM) に関する公式として知られる「マージン理論」(theory of margin) というものである。「能力 ― 負荷 ― マージン」に関するこの公式は，人生においては，いかに多くの資源を持つかにかかわる「能力」と自分に課せられた「負荷」との相殺によって，「生活におけるマージン」が生じるかどうかが決まる。成人は人生における課題，変化，そして危機といった負荷に対応するために十分なマージンが必要である。マージンのない状態では，人は過度のストレスや病気にさらされる。一方，過剰なマージンは，負荷がないために潜在的能力の達成につながらない。つまり，能力と人生上の負荷との間の比率によって，学習に向かう適度なマージンが規定される。

図表5-3　生活上の能力と人生における負荷の例

	能　力 （負荷に対応する学習者のリソース）	負　荷 （学習者自身と学習者への社会的要求）
外的要因	外部リソースと能力 ・身体的健康 ・経済的豊かさ ・社会的能力 ・社会的接触	外部による動機づけ ・家族の関与 ・職業的責任 ・社会的義務 ・市民としての責務
内的要因	個人のスキルや経験 ・レジリエンス ・対処能力 ・個人特性	個人的動機 ・自己に対する期待 ・理想 ・目標 ・価値観 ・態度

出典：Merriam, S. B. & Bierema, L. L. *Adult Learning: Linking Theory and Practice*. Jossey-Bass, 2014, p.154. を訳出・一部改編。

負荷と能力は内的要因と外的要因からなる（**図表 5 - 3 参照**）。このようなモデルは，学習に参加する成人と参加しない成人の状況を理解する一つの視点を与えてくれる。

(3) 動機づけの戦略

このように，成人学習者の学習動機は多様で複雑で，変化するものでもある。そのため，学習者のニーズを把握し，適切な学習プログラムを作成することは，成人の学習講座を企画する場合，特に重要な観点である。

成人教育の場を担う人々は，成人に対し学習への動機づけを促すことが求められるわけであるが，成人学習者の学習動機の状態と目的，そしてそれに応じた教育上の戦略について，ワロッドコウスキー（Wlodkowski, R. J.）による**図表 5 - 4** のような詳細な整理が提出されている。

図表 5 - 4　指導における動機づけの戦略

主な動機の状況	動機づけの目的	動機づけの戦略
包摂 （学習活動の始め）	・学習者間での認識とつながり感の創発 ・学習者間での尊重する雰囲気を創出	1．学習の始まり（入門）への配慮 2．多次元で共有できる機会の提供 3．成人の学習支援という協力的意図の具体的表明 4．学習者との価値の共有 5．協調学習や共同学習の活用 6．指導における学習目的・目標の明確な特定 7．何が学ばれているか個人の目的や学習者の個々の生活，現在の状況との関連性を重視 8．講座や訓練に関する学習者の現在の期待，ニーズ，目標，過去の経験の査定 9．重要な規範や参加ガイドラインの明確な紹介 10．義務的課題や訓練要件を出す場合の根拠の提示 11．学習者間の異なる認識方法，異なる言語，異なる知識やスキルの受け入れ
態度 （学習活動の始め）	・学習課題に対する肯定的な態度の構築 ・学習に対する自己肯定感の	12．学習課題を取り巻く否定的な条件を除去・最小化 13．否定的な学習者の態度の根底にある，誤った考え，期待，思い込みへの積極的対応 14．新しい内容への肯定的な学習強化のため分化し

（つづく）

	発見 ・取り組み達成可能な学習目標の設定 ・関連ある学習経験の付与	た指導方法の活用 15. 複合学習に足場をかけるために支援的学習の活用 16. 学習者の自己管理の促進 17. 成功を自分の能力，努力や知識へと効果的に帰属させるよう学習者への支援 18. 合理的な努力と知識が能力に沿った学習課題での失敗を避けさせることへの学習者の理解を促進 19. 予期された学習を論証する適切なモデルを活用 20. 学習者への自信付与 21. できるだけ公正で明確な評価基準の策定 22. 成功する学習に必要とされる時間量に向けて学習者の理解と計画立案の促進 23. 目標設定方法の活用 24. 学習契約の利用 25. トピックスや概念の学習方法として多重知能理論で示唆されたエントリーポイントの活用 26. 学習活動の魅力的な導入 27. 新しいトピックスや概念を導入するためにK-W-L戦略の活用（学習者は何を知っておりKNOW，何を知りたいかWANT TO KNOW，何を学習してきたかLEARNEDを特定する）
意味づけ （学習活動の途中）	・学習者の集中力の維持 ・学習者の興味を喚起し持続させる支援 ・学習者の没頭と意欲を深化 ・学習者の没頭と意欲，適応できる意思決定を強化	28. 公平を基本としてすべての学習者に頻繁に回答する機会を提供 29. 学習者が学んでいることに対するアカウンタビリティの付与 30. プレゼンテーションスタイル，指導のやり方，学習教材の多様性 31. 魅力的で明確な導入，つなぎ，終了する学習活動の企画 32. 休憩，時間設定の変更，体操などの適宜工夫 33. 個人の興味，関心，価値観への学習の関連づけ 34. 学習活動から生じる恩恵を明確に言葉で提示 35. 指導中に自由に頻繁にユーモアを用いる 36. 選択的に感情を誘発する 37. 選択的に事例，類似，メタファー，ストーリーを活用 38. 安心感を持って学習者が楽しめる程度の不確実性，予想，予期の活用 39. 興味深い考えや情報を展開しつなげる概念地図の活用 40. 興味をそそり，困難だがやりがいのある振り返りや議論の活気づけとなる批判的問いを使用

		41. 学習を促す適切な問題，研究，調査の活用
		42. 適切な教材をより意味あるものとするため好奇心をそそる問題や質問を導入
		43. 意味づけを強化するため事例研究法を利用
		44. 現実的でダイナミックな文脈で意味づけや新しい学習を具体化するためロールプレイングを導入
		45. 学習すべき現実生活の文脈と実践を求める多様な概念やスキルの学習を具体化するシミュレーションやゲームの活用
		46. 認識を高め，実践を提供し，実際の環境で概念やスキルの学習を具体化するため，視察，インターンシップ，サービスラーニングを導入
		47. 深い意味づけや学習における感情を表すため，発明，芸術性，イマジネーション，実演の取り入れ
能力 (学習活動の終わり)	・査定に対する能力の創出 ・移転に対する能力の創出 ・コミュニケーションと報酬に対する能力の創出	48. 効果的なフィードバックの提供
		49. 文化的バイアスを除去し査定手続きに公平さを促進
		50. 学習活動の前に学習者に査定課題と基準を明確に提示
		51. 新しい学習を深め，学習者の実際の生活に学習を上手に応用するため実際の遂行課題を提示
		52. 学習者の強みと学習の多様な情報源を反映する方法で学習実践の機会を提供
		53. （ルーブリックを使う場合）学習者が正確に自己評価できるよう，本質的，公平，かつ意図した効果がある，十分に明確な評価基準の提示
		54. 学習を改善し，妥当な洞察と関連性を築くための機会を学習者に提供するため自己評価方法を利用
		55. 学習を移転するため目的と能力の伸展
		56. 必要な場合，建設的な批判を活用
		57. 効果的な学習活動を称賛し報酬の付与
		58. 当初魅力はなくても個人にとって価値ある学習活動への動機づけや動機を維持するインセンティブの提供
		59. 学習者に結果やその影響についての通知
		60. 学習の重要なユニットの肯定的終了の実践

出典：Wlodkowski, R. J. *Enhancing Adult Motivation to Learn: A Comprehensive Guide for Teaching All Adults* (3rd ed.). Jossey-Basss, 2008, pp.382-385. を改編（Merriam, S. B. & Bierema, L. L. *Adult Learning: Linking Theory and Practice*. Jossey-Bass, 2014, pp.159-161.）を訳出。

3. 成人学習の阻害要因

(1) 外的要因

これまで、学習の動機について考えてきたが、成人学習においては、学習機会が提供されてもそれを享受する人は限られている。また、学習することが利益になるはずであっても学習を行わない一定の層がある。この理由はなぜなのか。

成人学習を阻む2大要因は、経済的制約と時間的制約である[13]。学習のための費用を自費で負担することは、経済的余裕や学習の必要度に依存する。時間については、生活や仕事の中で、学習する時間を確保する必要が生じる。そのため、成人の学習者にとっては、学習で得られる実利、あるいは対価が明確でない場合、学習意欲は喚起されず、当初は参加したとしても、学習は継続されず中断されることが多い。

このように、学習を阻む外的要因は、自分では統制できないものと、自分に帰するものに分けられる。たとえば、自分では統制できないものとしては、第一に、学習しようとしても、自分の通学可能な時間帯に開講される講座を提供する教育機関がない、一部を受講したいだけなのに授業料を全額支払う必要がある、開講場所が限られている、託児配慮のなさなど、さまざまな学習者を排除、もしくは遠ざけてしまう学習制度や機関による「制度的要因」がある。第二に、学習の経費負担や学習のための時間の捻出、学習をサポート、あるいは妨げる家族との関係や事情、あるいは学習を継続可能な健康状態、働いている職場での学習への無理解などの「状況的要因」があろう。第三に、教育機会に対する認識の欠如や情報がないなどの「情報的要因」もある。これらの外的要因は、公的支援などが介入できる領域である（**図表5-5**参照）。

---

[13] Cross, K.P. "A Critical Reviews of State and National Studies of the Needs and Interests of Adult Learners." In *Conference Report: Adult Learning Needs and Demand for Lifelong Learning*. Charles B. Stalford (ed.), National Institute of Education, U.S. Department of Health, Education, and Welfare. 1978, pp.14-16.

図表 5-5　成人学習の阻害要因

阻害要因の種類	内　容	例
1．制度的要因	成人が対象とならない制度	若年者などの限定された制度，教育システムの受容度
2．状況的要因	外的な影響であり個人では解決できない要因	経費，時間，家族との関係，健康
3．情報的要因	教育機会に対する認識の欠如	教育機会の認識，情報量
4．心理的要因	個人の気持ちや心理による要因	自信の欠如，年齢による抵抗感，価値観，認識

出典：メリアム，S.B.／カファレラ，R.S.（立田慶裕／三輪建二監訳）『成人期の学習―理論と実践』鳳書房，2005，pp.67-72.におけるレビューを摘記・要約。

（2）内的要因

　一方，自分に帰するものとしては，自信の欠如，特定の学習課題を継続して行うことへの自己効力感の低さ，これまでの学校教育での否定的な経験，教育に価値を置かない社会的集団への帰属[14]，自分より年齢の若い者と一緒に学習することへの心理的抵抗感，学校に行くことが億劫などの「心理的要因」がある。これらは，個人の属性に関するものであり，状況的要因の一つと考えられるが，教育機会の格差との関連が明らかにされている。たとえば，欧米では，学習への参加に社会階層（学歴や職業），人種，性別，年齢が影響しているとの仮説に立脚した研究が盛んになされ，成人学習が，常に，以前の教育での成功体験のある白人の中流階級を想定して実施されているとの批判的指摘がなされている[15]。そのため，学習への参加の問題を，個人に帰結するのではなく，社会の問題として考える必要があるとし，学習機会にアクセスすること

---

[14] Ahl, H. "Motivation in Adult Education: a Problem Solver or a Euphemism for Diretion and Control?" *International Journal of Lifelong Education*, 2006, Vol.25, No.4, pp.394-395.
[15] たとえば，Jarvis, P. *The Sociolgy of Adult and Continuing Education*. Croom Helm, 1985.

が難しい層に対して,どのように教育の情報と機会を提供できるかが,社会的な課題として問われている[16]。

　成人学習は学習者の自発性に基づくものである。学習動機は,成人学習者の学習活動の多寡や真剣さを左右する。学習を行うかどうかの意欲,内容,それによってもたらされる効果や利益の格差は大きく,そのことが,雇用の確保や維持,そして人生の豊かさの差になっているという現実は否めないのである。

---

[16] Johnstone, J.W.C. & Rivera, R.V. *Volunteers for Learning: A Study of the Educational Pursuits of American Adults.* Aldine, 1965.
Cross, K.P. *Adults as Learners: Increasing Participation and Facilitating Learning.* Jossey-Bass, 1981.

研究ノート

1. あなたにとって快適な学習環境とはどのようなものかを考えてみよう。
2. あなたにとって学習する目的は何かを，フールの分類に沿って振り返って整理してみよう。
3. あなたが学習を継続する場合，想定される阻害要因とその対応について箇条書きにしてみよう。

参考文献

市川伸一編著『学力と学習支援の心理学』放送大学教育振興会，2014年.
井上 俊(しゅん)『仕事と遊びの社会学』岩波書店，1995年.
オルデンバーグ，R.（忠平美幸訳）『サードプレイス—コミュニティの核になる「とびきり居心地よい場所」』みすず書房，2013年.
チクセントミハイ，M.（今村浩明訳）『楽しみの社会学〔改題新装版〕』新思索社，2001年.
ピンク，D.（大前研一訳）『モチベーション3.0—持続する「やる気！」をいかに引き出すか』講談社，2010年.

6 学習資源としての経験

　私たちは生きていく上で，さまざまな人生経験を経る。以下の章で扱う成人学習理論のいずれもが経験にかかわった学習を提示しているように，経験は成人期の学習を理解する鍵である。

　本章では，この経験に焦点を当て，成人の学習基盤となる経験の持つ意味を考える。そして，経験を資本として捉える考え方，学習資本としての経験の意義，学習プロセスにおける経験の活用といった点の検討を通じて，経験によってどのように成人の学習活動が規定されるのかを明らかにする。

1. キャリアと経験資本

（1）人生の資本としての経験

　経験は，遺伝という形で得た生得素因に，成育過程の中で，主に家庭環境，そして教育を媒介し新たに付加されていくものである。

　フランスの社会学者ブルデュー（Bourdieu, P.）は，社会的地位の獲得において，金銭・財力と同様に社会において一種の資本として機能する種々の文化的要素，学歴や文化的素養を「文化資本」（cultural capital）と名づけた。この文化資本の議論を参照すれば，経験もその蓄積が私たちの現在や将来の生活や生き方を決定づける資本的な要素を持つと言える。そして，経験は知覚されない身体的な振る舞い，習慣，態度などとなって表出し，記憶や実践体験は，その人の身体に内在する所有物となって蓄積していく。ここでは，このような経験の性質を考えるに当たり，経験の総体を人生に役立つ資本に例えて「経験資本」と名づけ，そして，この経験資本を「非金銭的ではあるが，その蓄積が人生を豊かにし，人生の方向性を決定づける個人的資産の一部」と定義し，経験の意義を考

えてみたい。

　ここで経験を資本として考える理由は，資本に例えることで経験の有用性を社会の中でのさまざまな諸要素と比較や類推することができること，資本の概念を用いることで，現在と未来が結び付き，長期的視野に立って，人生に役立つ資本蓄積の点から学習計画などの人生への投資戦略を考えることが可能になること，そして，成人学習理論では，経験は学習の基盤，かつ資源として考えられていることによる。

　経験資本は，文化資本の一部とも考えられ，共通の点がありながら異なる点もある。その特徴を明らかにするため，文化資本との比較の上で，その代表的な違いを三つ挙げてみよう。

　第一に，文化資本は生まれ育つ家庭によって規定されるが，経験資本は後天的に付加されるものである。文化資本には，能力主義に基づき，一見，公平かつ平等に見えても，家庭的に恵まれた者が教育で成功し，社会的に地位ある職業に就くことが世代を超えて継承されるという不平等や格差の議論が根底にある。つまり，学力選抜や職業をめぐる競争試験において，現実には，家庭における文化資本を持てる者と持たざる者に二極化し，社会階層が固定化するというのである。このことは，一部の経験にあっては同様の傾向が認められる。人と差異化を図れる有益な経験のいくつかは，経済資本，つまり家庭の経済力と密接に関係する。そして，望ましい経験の蓄積は文化資本の一部を形成し，その有無によって，人の進学，就職，キャリアを左右する。しかし，一方で，経験という考え方は，後天的に取得できる教育的作用を想定している。文化資本の考え方が，社会階級の差異が家庭の社会経済的背景とともに戦略的に教育・選抜に有利に働く点に目を向けるのに対し，経験資本は，家庭環境により質や量が異なることは否めないが，文化資本よりも，価値ある経験資本が家庭以外の学校教育や社会教育，あるいは体験活動による働きかけにより，付加されることも可能と考える。

　第二に，文化資本は，総量ならびに種類が多いに越したことはなく，誰がみてもプラスの資本である。それに対して経験資本は，経験のすべてがその直後，プラスの場合もマイナスの場合もある。友人との楽し

有意義な経験，受験に成功した経験などのプラスの経験もあれば，挫折，身近な人の闘病や死など辛く悲しいマイナスとも言える経験もあろう。しかし，その後，その出来事がプラスであれマイナスであれ，時間が経つことにより，その経験に対する意味づけや深まりがもたらされる。このような変容過程を伴う時間的概念は，文化資本ではあまり議論されてはいない。

第三に，経験資本は，性格特性に依存して機会の有無が左右され，その量の蓄積が加速される場合がある。経験には，1回経験したことが，連鎖的に次の経験を呼び，より大きな経験の蓄積となっていく性質がある。さらに，経験資本は，経験を意図的に支援するかどうかといった家庭環境の要因もあるが，文化資本以上に性格特性に依存する。キャンプや山歩きが好きな子どもは必然的に自然に接する経験が多くなり，リーダーシップをとるのが好きな子どもは学級委員や部活動のキャプテンなどになる機会が多くなるであろう。このように，その性格特性により，経験する機会やその質はおのずと異なってくる。しかし，性格特性による経験の分布の不均衡という点でも，経験資本は，文化資本よりも，教育の効果を想定できる概念である。日本の学校教育は，学校生活や行事を通じ，子どもたちにさまざまな経験の機会を提供してきた。このような学校教育によるさまざまな経験の機会の提供は，経験資本に対する家庭の影響力を是正する機能を有している[1]。

（2）経験の種類

それでは，私たちはどのような経験をしながら育つのだろうか。次に，その経験の種類についても目を向けてみよう。

現代は，絶え間ない変化を伴い予測不可能なリスクを内在させながら，流動的で不透明さが増す社会である。このような不安定，不確実，複雑，曖昧という言葉に代表される社会[2]では，状況に応じて，柔軟，迅速，

---

[1] 岩崎久美子「経験資本とは何か」岩崎久美子／下村英雄／柳澤文敬／伊藤素江／村田維沙／堀 一輝『経験資本と学習』明石書店，2016，pp.14-17.

そして適切に物事に処する能力が求められる。特に未知なる課題を解決する際，その課題が難問で，また状況が危機的であればあるほど，その危機を回避するために，自分の持つ知識，経験，そしてそこから導かれた知恵を総動員し対処するであろう。想定を超える事態で真の判断力の源となるのは，物事に処する知恵やさまざまな幅広い経験である。それまでに経験してきたことの種類・多様性が複眼的思考をもたらし，ひいてはサバイバルキットのように社会で生き抜く際に役立つものとなる。また，意識や考えを変えるような深い意味での経験は，人間の幅を広げ，人生に対するその人なりの哲学をもたらす[3]。この点からも，さまざまな，そして人と異なる経験をすることは，人生においても人と差異化を図ることになる。海外での生活経験者は外国語の習得のみならず，未知の環境に遭遇しても自然と適応する力が経験的に身に付くかもしれない。キャンプなどの経験が多い者は，火をおこすことや飯盒（はんごう）で炊くというスキルのみならず，天候の変化などに対応する危機管理能力を自然に学ぶかもしれない。学校の授業でのプレゼンテーションの度重なる訓練経験は，その後の職業人生でのプレゼンテーションスキルの優位性に結び付くかもしれない。このような経験は家庭環境に由来する場合もあるし，学校や地域社会を経由する場合もある。

　岩崎らは，**図表6-1**のように経験の種類を区分し，大学生を対象に経験と現在の大学生活についての調査を行っている。表に挙げた中で，コンクールでの受賞といった学習経験の顕示的な事象は，高校や大学の推薦入試等に有利な影響があると想定される。自律的かつ自己決定的に学習を計画・実行・評価できるスキルの獲得は，大学入試などの勉強を行う上でも有効であろうし，その後の雇用を維持・継続するために必要

2　不安定さ（Volatility），不確実さ（Uncertainty），複雑さ（Complexity），曖昧さ（Ambiguity）の頭文字を並べVUCAと呼ばれ，2007年の世界金融危機以降の状況を表す言葉として用いられる（「不安の時代を生き抜く働き方」Newsweek, April 18, 2012, pp.40-44）。
3　岩崎久美子「経験資本とは何か」岩崎久美子／下村英雄／柳澤文敬／伊藤素江／村田維沙／堀　一輝『経験資本と学習』明石書店，2016，p.11。

図表6-1　経験の種類

	経験の種類	具体例
1	学習経験	音楽・科学などのコンクールへの出場，習い事，学習スキルの獲得など
2	役割経験	学級委員や生徒会の役員，部活動の部長・副部長・マネージャー，文化祭や学園祭の企画・運営など
3	自然経験	登山やキャンプなどの自然体験など
4	社会的経験	部活動，地域のお祭りへの参加，寮生活など
5	海外経験	海外旅行，海外滞在経験（1カ月以上）など
6	職業経験	アルバイト，インターンシップなど
7	自立経験	ひとり暮らし，一人旅など
8	困難や挫折の経験	病気・入院，事故・天災，人間関係のトラブル，家庭内のトラブルなど

出典：岩崎久美子ほか『経験資本と学習』明石書店，2016, p.19. を図表化。

に応じて自ら学習する際の基盤となるであろう[4]。また，役割経験は，社会に出てから組織の中でのリーダーシップやチームで協働する力を獲得する機会になるかもしれない。自然経験は，判断力や問題解決能力を醸成し，社会的経験は，人間関係を介して社会関係資本を蓄積することにつながるであろう。海外経験は，異文化下での適応力や端的には語学力の獲得，そしてアルバイトやインターンシップなどの職業経験により，職業世界で働く技能を獲得するとも言える。ひとり暮らしや一人旅などの自立経験は，自立して生きていくことを生活や旅から学ぶことを象徴するものである。

　経験の大半がプラスの影響を持つ中で，否定的経験として取り上げた困難や挫折の経験は，調査結果によれば，人間関係のトラブルや自分の病気・入院といった個人に帰属することを経験した者よりも，両親の不仲，離婚，虐待などの家庭内のトラブルを経験した者の方が大学進学に

---

[4] 伊藤素江「学習のしかたに関する経験」岩崎久美子／下村英雄／柳澤文敬／伊藤素江／村田維沙／堀 一輝『経験資本と学習』明石書店，2016, p.18, p.68.

より大きなマイナスの影響があった。大学生という青年期において否定的経験はないに越したことはないのであろうが，このような辛い経験でも，「時間が過ぎ去ることを待つ」「考え方を変える」「努力し新しい展開を得る」など，その状況を乗り越えた現実的な対応についての回答も出されており興味深い[5]。

このように経験は，他者との比較優位性を高める場合もあるし，反対に経験したことが心理的にマイナスの影響をもたらす場合もある。経験は必ずしもプラスのものばかりではない。また，否定的な経験がすべてマイナスというわけでもない。たとえば，「変容的学習」(transformative learning) という概念を提出したメジロー (Mezirow, J.) は，成人が自分の経験をどのように解釈するかを問題とした。危機的ライフ・イベントや人生経験に遭遇した時，これまでの問題解決方法は役に立たない。罪悪感や羞恥心といった感情とともに自己分析を行いながら，前提となる考え方を批判的に評価し，異なる選択肢を探して新たな行動を起こすことが肝要なのである。経験のすべてが変容的であるわけではないが，意義深い変容的学習では，自己の前提についての批判的振り返りやそれによる洞察を確認するための議論，そして行動を経るとされている[6]。

大学生に至るまでの経験は，日本人の平均寿命が80歳を超える現在，平均的な人生を経る人々の四分の一以下のものに過ぎない。しかし，この青年期までは，その後の人生を展開させる資本蓄積を行う貴重な時期でもある。この調査は，この点で大学生までの経験の種類や量を明らかにし，そこでの経験の持つ意義をあらためて検討するものである。

(3) キャリアと経験資本との類似点

ところで，私たちが有する脳は，過去に生存や成功につながった役に立った経験と役に立たなかった経験を覚えていると言われ，経験だけを

---

[5] 岩崎久美子「経験資本とは何か」「困難や挫折の経験」岩崎久美子／下村英雄／柳澤文敬／伊藤素江／村田維沙／堀 一輝『経験資本と学習』明石書店，2016, pp.19-20, pp.113-126.
[6] Mezirow, J. *Transformative Dimensions of Adult Learning.* Jossey-Bass, 1991.

頼りに，脳は一番生き残る確率の高い反応を決めるとされる。このような判断をもたらす脳の短期な適応は「学習」，中期な適応は「発達」，長期な適応は「進化」と時間的に分類される。このように，脳は常に変化し，過去の経験の蓄積が脳の物理的構造を決定していく[7]。つまり，経験の種類や量の違いによって私たちの脳の構造も決定され，脳の一部は生涯にわたって発達し，そしてその判断に伴い私たちの人生そのものが異なったものとなっていくと言えよう。ここで言う人生の経歴をキャリアという言葉で表せば，経験の積み重ねこそがキャリアを形づくると言うこともできる。

　たとえば，経験資本は，次のような三つの性質をもってキャリアという概念と密接に結び付くと論ずる者もいる[8]。その類似点は，第一に，経験資本もキャリアも過去から現在に向かって時間的連鎖によって蓄積されたものであり，「継続的」な性質を有する。第二に，いずれも現時点から「回顧」されることで成立する概念である。そして第三に，その性質は共に「不可逆」である。経験資本とキャリアの継続的，回顧的，不可逆的といったこの三つの特徴が蓄積されるのは，時間軸に沿ってである。そして，この経験の蓄積が私たちの現在や将来の生活に影響を与えていくことになる。

　成人学習論では，学習を形づくるものは，それまで蓄積した知識と経験の量や質であり，それは，人生経験と深く結び付くものとされている。このことは，成人がキャリア展開をしていく上で経験資本の持つ意義を学習という観点から取り上げていることにほかならない。また，成人学習理論を唱える者は，人はみな本来，自分の人生で起こったことを意味づけたいという根源的な欲求を持っているとし，経験はすべて人生の糧と考える。このように，どのような経験にあっても，人はそれをその人

---

[7] ロット，B.（桜田直美訳）『脳は「ものの見方」で進化する』サンマーク出版，2017, pp.98-100, pp.110-112, p.142, p.146.
[8] 下村英雄「経験資本の含意—その後のキャリアとの関わり」岩崎久美子／下村英雄／柳澤文敬／伊藤素江／村田維沙／堀　一輝『経験資本と学習』明石書店，2016, pp.219-221.

固有の資本として蓄積し人生を展開していくということであろう。しかし，極端に経験の量が少ない，有益な経験が乏しいなど，キャリア展開のための資本がない場合には，有益な経験を付加するなどの機会の提供といった社会的支援が求められることになる。

2. 学習資源としての経験の意義

これまで人生における経験の資本的価値を述べてきたが，次に成人の学習における経験の活用に焦点を当てて考えてみたい。経験を用いた学習としては，大きく分ければ，第一に学習者の人生における新しい状況への対応に以前の学習を資源として用いる場合，第二に学習者の経験が学習の主な資源や刺激として用いられる学習プロセスの一部として取り上げられる場合がある。つまり，学習のために経験を用いること，そして経験から学ぶことの二つである。

ここでは最初に，第一の学習資源としての経験について取り上げることにしたい。

(1) 経験と既有知識の関係

教育学者のデューイ（Dewey, J.）は，「真実の教育はすべて，経験をとおして生じる」とし，「経験に根ざした教育の中心的課題は，継続して起こる経験のなかで，実り豊かに創造的に生きるような種類の現在の経験を選択することにかかっている」[9]としている。また，ヴィゴツキー（Vygotsky, L. S.）は，経験が意味を構築するという点で，学習における社会文化的文脈の役割の重要性を強調している。このような経験を学習において重視する考え方は，子どもの学習のみならず成人学習においても理論の中核を占める。たとえば，リンデマン（Lindeman, E. C.）やノールズ（Knowles, M. S.）など成人学習の概念化を試みる研究者は，学習者の持つ経験は生きたテキストで貴重な学習資源であるとし，経験の価値を高く評価する。また，前述の変容的学習を唱えるメジローも，

---

9 デューイ, J.（市村尚久訳）『経験と教育』講談社学術文庫，2004, p.30, pp.34-35.

成人教育のテーマは，学習者の経験から生じるとしている[10]。

経験とは，その人が見たり聞いたり行ったりしたその人固有のものであり，移転不可能な身体に染みこんだ知識である。また，経験は，IQ（知能指数）などの生得的要因ではなく後天的に形成されるものであり，アチーブメントテストに代表される認知能力以上に，意欲や社会的適応力などの非認知能力とかかわるものである。そして経験は，これまで得た知識，いわゆる既有知識を有効に活用する原動力でもある。

たとえば，すでに持っている知識を意味する既有知識（pre-existing knowledge）を新たな学習状況において有効に活用する能力は「適応的コンピテンス」（adaptive competence）と呼ばれ，次のようなものが挙げられる。

①うまく組織化され，柔軟にアクセス可能な分野特有の知識基盤
　事実，主張，概念，法則など。
②発見的問題解決法
　問題を分析し，理解するための類型化や図示化などの探究的な作業。
③メタ知識
　認知機能に関する知識であり，学習を改善するための動機づけや感性。
④自己調整スキル
　問題解決過程を自ら計画しモニタリングする認知的自己調整や自分の意思や活動を調整する動機的自己調整。
⑤肯定的信念
　学習に対する自己概念，学習環境，学習内容に対する肯定的信念[11]。

この既有知識を有効に活用するとされる適応的コンピテンスはどのよ

---

[10] Mezirow, J. "Transformation Theory of Adult Learning." In M. R. Welton (ed.), *In Defense of Lifeworld.* 1995, p.58.
[11] コルテ，E.「学習についての理解の歴史的発展」OECD教育研究革新センター編著（立田慶裕／平沢安政監訳）『学習の本質─研究の活用から実践へ』明石書店，2013，pp.56-58.

うに獲得されるのか。これまでの研究結果によれば，適応的コンピテンスの獲得のためには，教師が主導する指導型学習ではなく，経験や行動からの学習，「経験学習」(experiential learning) と「行動学習」(action learning) が重要とされている[12]。

このように，既有知識を活用するためには，これまでの経験や行動が少なからず役に立つ。それでは，既有知識を多く持ち，かつ適応的コンピテンスを有する者とそうでない者とでは，学習プロセスにおいて何がどのように異なるのであろうか。研究によれば，特定の知識や経験を蓄積している者は問題解決のために多くの知識を利用し，問題を早く，省力的なやり方で解き，深い水準で検討するとされる[13]。つまり，適応的コンピテンスは，学習プロセスにおいて，より早く，かつ深い学習を可能にするのに役立つのである。このように，成人の学習を考える場合，既有知識とその活用に資する経験の量と質はその後の学習の内容を規定すると言えよう。

(2) 経験を用いた指導

経験を学習資源とする者の中には，指導的観点から経験を捉え，「それ以前の経験」「現在の経験」「新しい経験」「経験からの学習」の四つに分類し，それぞれの特徴から成人教育に活用する者もいる。そこでは，経験は学習内容へと転化され指導における学習資源として捉えられている。

たとえば，それ以前の経験，現在の経験，新しい経験，経験からの学習は，それぞれ次のように取り扱われる。

それ以前の経験は，私たちが新しい学習を行う場合に思い返され，関係づけられ，さらに将来の学習も規定する。それ以前の経験は，自分について学ぶことや知ることでもある。私たちの欲求や関心をよりよく理

---

12 Simons, P. R. J., et al. "New Learning: Three Ways to Learn in a New Balance." In R. J. Simons, et al. (eds.), *New Learning*. 2000, pp.1-20.
13 Sternberg, R. J. "A Prototype View of Expert Teaching." *Educational Researcher*, 1995, 24 (6), pp. 9 -17.

解するため過去の諸経験の意味を明らかにすることは，自己認識への手段でもある[14]。現在の経験は，家庭，職場，地域などでの役割とかかわる場合が多い。そこでは，現在の生活の中で生じる役割に応じて学習機会が生じ，それに応じて学習がなされる。新しい経験としては，新しい学習は，その基盤を提供する，シミュレーション，ロール・プレイング，インターンシップ，実習などの指導技法を通じて創出される。経験からの学習では，それ以前の経験についての批判的検討がなされる。そこでは，学習者が有する経験の意味は，集団の中で批判的吟味にさらされる。成人教育者は，意図的に学習者がこれまでに有してきた世界観を揺さぶり，経験により過去において当然と考えてきた解釈が，不確実で不明確で疑念があることを認識させる。これにより，学習者に経験を超えるよう促し，学習者は経験を介し，経験を再構築することになる[15]。

このように，その内容を追えば，学習者の経験が過去から未来に向かって時系列的に，そして段階を追って，指導に用いられていることがわかる。

3. 学習プロセスにおける経験の活用

経験を用いた学習としての第二は，学習者の経験が学習の主な資源や刺激として用いられる学習プロセスの一部として取り上げられる場合である。

学習プロセスの中で経験を重視することを「経験学習」（experiential learning）という言葉で表現しようとする者は，いくつかのモデルを提出している。ここでは，その代表的なコルブ（Kolb, D. A.）のサイクルモデルとジャービス（Jarvis, P.）の学習的反応の分類を紹介する。そして併せて，経験にかかわる学習理論の点から，ショーン（Schön, D. A.）の省察的実践も取り上げたい。

---

[14] Tennant, M. *The Learning Self: Understanding the Potential for Transformation.* Jossey-Bass, 2012, p.112.
[15] Tennant, M. & Pogson, P. *Learning and Change in the Adult Years.* Jossey-Bass, 1995, p.151.

(1) コルブのサイクルモデル

　人生経験と学習との関係については，さまざまな研究者が言及しているが，この中で代表的モデルとしてよく取り上げられるのは，組織行動学者であるコルブの経験学習のサイクルモデルである。
　コルブは経験学習を裏づける次のような六つの定理を提示している[16]。
① 学習は，アウトカムの点ではなく，一つのプロセスとして考えることが最善である。
② 学習は，すべて再学習である。
③ 学習は，世の中への適応について対立する方法間の不一致への弁証法的解決を求める。
④ 学習は，世の中への適応の包括的なプロセスである。
⑤ 学習は，人と環境との相互作用により生じる。
⑥ 学習は，知識を生み出すプロセスである。

　コルブは，これらの定理に基づき，「学習とは経験の変容を通じて知識が生み出されるプロセスである」とし[17]，「具体的経験」(Concrete Experience：CE) からスタートし，「省察的客観視」(Reflective Observation：RO)，「抽象的概念化」(Abstract Conceptualization：AC) を経て，「実践的試行」(Active Experimention：AE) といった段階を踏む学習サイクルを理論化し概念化している（**図表6-2参照**）。この考えによれば，行動がどのようなものであっても「実践的試行」は，新しい「具体的経験」となり，それを受けて学習サイクルが始まる循環的なモデルとなっている。
　コルブらによれば，成人になってから効果的に学習しようとすれば，このサイクルの「具体的経験」「省察的客観視」「抽象的概念化」「実践的試行」にそれぞれ応じた能力が必要となる。具体的経験では，学習者

---

[16] Kolb, A. Y. & Kolb, D. A. *The Kolb Learning Style Inventory* Version 4.0. 2013, pp. 6-7.
[17] Kolb, D. A. *Experiential Learning: Experience as the Source of Learning and Development.* Prentice Hall, 1984, p.38.

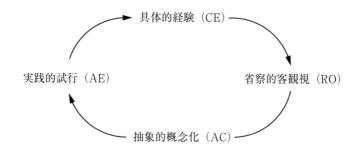

出典:Kolb, D. A. *Experiential Learning. Experience as the Source of Learning and Development.* Prentice Hall, Englewood Cliffs, 1984, p.21. を訳出。

図表6-2　経験学習のサイクルモデル

は新しい経験に遭遇した時，先入観を持たずに直視し素直に受け入れることが必要となる。その際には，腹式呼吸により生理的状態をリラックスさせ，精神をリセットし，触覚，聴覚，視覚，嗅覚などの新しく生じた感覚に集中することが必要である。次に省察的客観視では，この経験についてさまざまな観点から省察し客観視する。自分が衝動的となる場面に気づき，衝動的な考えや行動をいったん止め，思考や感情に沿って行動せずに静止し，判断する以前に受け止める。抽象的概念化では，この客観視から論理的に妥当な考えをまとめ上げ概念を生み出す。その瞬間に生じた思い込みを問い直し，他の人々のものの考え方を認め，自分の信念に疑問を持ち，白か黒かといった極端な考え方よりも曖昧さを許容する。そして，実践的試行では，これらの考えに判断や問題解決のために用いる可能性を生み出す今までにない問いかけを行い，異なる状況設定において評価される考え方や行動を検討し実践するなど，普段行わないやり方で人や物事に対応することを試してみる[18]。

---

[18] Kolb, D. A. *Experiential Learning: Experience as the Source of Learning and Development.* Prentice Hall, 1984, p.30.
Kolb, D. A. & Yaganeh, B. "Deliberate experiential learning." In K. Elsbach, C. D. Kayes, & A. Kayes (eds.), *Contemporary Organizational Behavior in Action.* Pearson Education, 2012, pp.10-11.

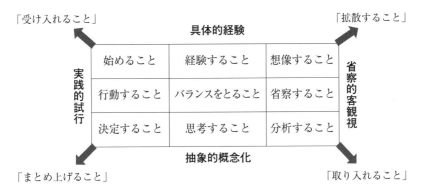

出典：Kolb, A. Y. & Kolb, D. A. *The Kolb Learning Style Inventory* Version 4.0. 2013, p.14, p.16. を訳出・改編。

図表 6 - 3　九つの学習スタイル

　経験学習の具体的経験，省察的客観視，抽象的概念化，実践的試行のサイクルに伴い，学習スタイルも，「拡散すること」（diverging）「取り入れること」（assimilating）「まとめ上げること」（converging）「受け入れること」（accomodating）と推移する。コルブらは，この学習スタイルを発展させ，サイクルに対応したマトリックスにより九つの学習スタイルに分類している（**図表 6 - 3** 参照）。このスタイルは次のとおりである。

・「始めること」は，経験や状況に対処する行動を開始することである。これには，実践的試行と具体的経験がかかわる。ここでは，文脈に沿った積極的な学習を「受け入れること」が求められる。
・「経験すること」は，経験に深くかかわることから意味を見いだすことである。このためには，実践的試行と省察的客観視のバランスをとりながら，具体的経験を活用することになる。
・「想像すること」は，経験を客観視し振り返る（省察する）ことで可能性を想定することである。ここでは，具体的経験と省察的客観視をつなげ，経験についての選択肢や考え方を広げるため，「拡散すること」が求められる。
・「省察すること」は，継続的な振り返りを通じて経験と考えをつなげ

ることである。ここでは，具体的経験と抽象的概念化のバランスをとりながら，省察的客観視を活用することになる。
・「分析すること」は，振り返り（省察）を通じて，簡潔なモデルやシステムに考えを統合することである。ここでは，省察的客観視と抽象的概念化をつなげ，省察的な概念的学習として，「取り入れること」が求められる。
・「思考すること」は，抽象的推論と論理的推論における訓練された関与である。ここでは，実践的試行と省察的客観視のバランスをとりながら，抽象的概念化を活用することになる。
・「決定すること」は，問題解決のためと行動方針のために，理論やモデルを用いることである。ここでは，抽象的概念化と実践的試行をつなげ，行動にとって最も良い唯一の選択肢を「まとめ上げること」が求められる。
・「行動すること」は，人と仕事を統合する目標志向的行動のための強い動機づけである。ここでは，具体的経験と抽象的概念化のバランスをとりながら，実践的試行を活用することになる。
・「バランスをとること」は，「行動すること」対「省察すること」，「経験すること」対「思考すること」を天秤にかけ適合させることである。つまり，具体的経験，抽象的概念化，実践的試行，省察的客観視のバランスをとることである[19]。

このようなコルブのモデルや学習スタイルの分類に対して，その妥当性や信頼性を問う批判もあるが，その一方で依然，コルブの学習サイクルモデルは経験学習の代表として扱われている。

（2）ジャービスの学習的反応の分類

コルブの4段階からなる学習サイクルに対し，英国の成人教育学者であるジャービスは，すべての学習が経験から始まり，学習とは，経験を

---

[19] Kolb, A. Y. & Kolb, D. A. *The Kolb Learning Style Inventory* Version 4.0. 2013, pp.9-10, pp.14-16.

図表 6-4　学習的反応の分類

学習段階	種　類		
非学習	憶測	非考慮	拒否
非省察的学習	前意識レベル	慣習	記憶
省察的学習	熟考	省察的実践	実験的学習

出典：ジャービスの内容を図表化。

　知識・スキルや態度へと変容させること[20]として，経験に対する学習的反応を分類している。ジャービスの分類では，一つの経験は，九つの反応（憶測，非考慮，拒否，前意識レベル，慣習，記憶，熟考，省察的実践，実験的学習）からなる。これらの反応の中には，学習の結果であるものもあれば，学習の結果ではないものもある。たとえば，この九つの反応は，非学習，非省察的学習，省察的学習の三つの段階に分類される。最初の非学習は，すでに知っていると仮定する「憶測」，学習する機会を検討しようとしない「非考慮」，あるいは状況から学習機会の完全な拒絶である「拒否」からなり，いずれも学習しないことを表す。次の三つの反応である非省察的学習は，「前意識レベル」「慣習」「記憶」である。最後の省察的学習は，経験を受け入れ変化させる「熟考」，状況について考え，確認あるいはイノベーションを起こすために行動する「省察的実践」，あるいは状況について考え，経験してきたことを肯定，あるいは否定する「実験的学習」からなるとされる（**図表 6-4 参照**）。

　この分類では，非学習，非省察的学習よりも省察的学習が高次なものとされている。ジャービスは，学習における経験の中心性を主張するとともに，学習が生じるためには，人と実社会の相互作用の理解，そして感情を通じることが重要としている[21]。

---

[20] Jarvis, P. *Adult Learning in the Social Context.* Croom Helm, 1987, p.31.
[21] Jarvis, P. *Towards a Comprehensive Theory of Human Learning.* Routledge, 2006, pp.10-13.

(3) 省察的実践

　ジャービスは，省察的学習の反応の一つとして，「省察的実践」(reflective practice) を挙げている。

　省察的実践とは，経験された実践，つまり行動に対し，省察を通じて行われる学習である。省察は，学んだことを復習し自問することであり，そのプロセスは最近学んだ知識を思い出す「想起」の一形態であり，次をどうするかを考えることで，新しい知識をすでに知っているものと結び付ける「精緻化」，そして，その内容を自分の言葉にし具体的にイメージする「生成」に至る。経験からの学びは，省察によって意味づけられ，その内容が深くなるとされる。

　省察的実践を唱える代表的な研究者である米国の哲学者ショーン (Schön, D.) は，現実社会は面倒で込み入っており，現実の社会への専門的な準備は単なる出発点であり，真に有益な学習が生じるのは実践自体にあるとする。そのため，有能で経験を積んだ専門家は，そのことを言語化できないかもしれないが，日常的に行動の振り返りを実践していると言う[22]。

　省察には，行為についての振り返りである「行為についての省察」(reflection-on-action) と，行為の中での振り返りである「行為の中の省察」(reflection-in-action) の二つがある。行為についての省察は，行為が生じた後に，過去に経験されたことに意識的に立ち戻り，これらの経験を再評価することである。これは経験によって新しいものの見方が生じ，行為の変化によって新たな行動への参加につながるという点で経験学習として捉えられるものである。行為の中の省察は，行為をしている間に振り返ることである。このことは実践と同時に生じるものであり，行動をしながらその場に応じ，また冷静に，行動をつくり変えていくことである。初心者と異なり，専門家は行為の中での振り返りを実践し，また，試み，方向を変え，即座に現場の変化する文脈に対応するこ

---

[22] ショーン, D.（佐藤 学／秋田喜代美訳）『専門家の知恵—反省的実践家は行為しながら考える』ゆみる出版, 2001.

とができる。行為の中の省察は，行為の中で知ること，つまり「行為の中の知」(knowing-in-action) と同義である。ショーンは，ポランニー (Polanyi, M.) が呼ぶところの「暗黙知」の例をひきつつ，実践に携わる専門家の知を，通常の活動を行う上で埋め込まれた，あるいは活動を行う対象の中に埋め込まれた無意識の知として扱う。この実践において，ほとんど意識せずに用いるこの無意識の知を認識することが省察的実践では重要となる[23]。

省察的実践はそのプロセスに問題発見と問題解決の両方を含み，特定の状況でどのような行動をとるかを判断し，また，何らかの行動に帰結させるものである。そこでは，判断が難しい状況において，既有知識や経験を用いることが奨励される。その考えの根底には，経験に根差した実践的知識は理論的・技術的知識と同様に，あるいはそれ以上に重要であるという考え方がある。このように，これまでの実践を踏まえて今後に生かすという点で，省察的実践は，特に医療や教育などの現場に立つ専門家に関心が持たれることが多い。

成人学習者は，経験に基づいて学習すると同時に，学習によって過去の経験を再評価し，意味づける。経験と学習は相補的な行為なのである。そのため，学習者の自己開示に基づいて経験を引き出し，学習者の日常的な問題・関心に近づく学習プログラムを意図する必要が生じる。ただし，留意すべきは，経験のすべてが学習資源になるとは限らず，学習の障害となる場合もある。また，成人の方が多くの経験や質の高い経験をしているという仮定を持ちがちであるが，特定の環境にいる子どもの方が成人よりもより質の高い経験や価値のある経験をしていることもある。経験の質や種類は，人によるため一様ではない。

経験は人それぞれの人生を形づくる。そして，経験は，成人が学習する場合，基本的な学習資源である。そのため，経験を用いる学習は，成人を対象にした講座のみならず，企業などでの職場研修や医師，教師，

---

[23] 秋田喜代美「解説 ショーンの歩み―専門家の知の認識論的展開」ショーン，D.（佐藤 学／秋田喜代美訳）『専門家の知恵―反省的実践家は行為しながら考える』ゆみる出版，2001，pp.215-271.

看護師などの専門継続教育の現場でも，広くその実践が行われるようになってきている。

研究ノート

1. 経験学習に関し，キーワード（experiential learning, learning from experience, Kolb など）でウェブサイトから資料を検索してみよう。
2. あなたの人生において，経験に基づいて行われた学習のエピソードを探し，それがコルブらの経験学習のモデルと合致していたか考えてみよう。
3. 経験学習の枠組みで，あなた自身の学習計画を立ててみよう。

参考文献

石井洋二郎『差異と欲望―ブルデュー「ディスタンクシオン」を読む』藤原書店，1993年．
岩崎久美子／下村英雄／柳澤文敬／伊藤素江／村田維沙／堀 一輝『経験資本と学習―首都圏大学生949人の大規模調査結果』明石書店，2016年．
コルブ，D. A.／ピーターソン，K.（中野眞由美訳）『最強の経験学習―ハーバード大卒の教授が教える，コルブ式学びのプロセス』辰巳出版，2018年．
ショーン，D.（佐藤 学／秋田喜代美訳）『専門家の知恵―反省的実践家は行為しながら考える』ゆみる出版，2001年．
ショーン，D.（柳沢昌一／三輪建二監訳）『省察的実践とは何か―プロフェッショナルの行為と思考』鳳書房，2007年．
デューイ，J.（市村尚久訳）『経験と教育』（講談社学術文庫） 講談社，2004年．

7 アンドラゴジー

　成人の学習は子どもの学習とは異なる。成人は自分で学習を決定し，自律的に学習を行うとされる。そのため，成人学習は成人特有の形態で行われる。
　アンドラゴジー（andragogy）とは，成人の学習を援助する技術と科学とされ，成人に対する教授法を指す言葉である。米国の成人教育者であるノールズは，子どもの教授法ペダゴジー（pedagogy）と対比的に，成人の教授法をアンドラゴジーという言葉を用いて，成人学習の特徴の特定を試みている。アンドラゴジーは，ノールズが紹介して以降，成人学習理論の代表として広く知られるようになった。
　本章では，このような成人学習の特徴を取り上げ，アンドラゴジーの観点から，成人学習をめぐる考え方や教授法の基本を学ぶ。

---

1. 成人学習の特徴

(1) 子どもと成人の学習の違い

　成人の有する経験はそれぞれ異なり，それが成人の個性，アイデンティティを形成する。このような経験の量と質の差異は，成人同士の差異のみならず，子どもと成人を区別するものでもある。成人の有する経験は学習を行う際の資源とされ，自分自身の経験を意味づけることは成人学習の大きな動機となる。成人は，過去の経験を学習で資源とする中で，その意味を修正・変容させ，再統合させる。「学習は（中略）毎日の経験を意味づける連続的なプロセス」[1]である。
　ジャービス（Jarvis, P.）は，子どもと成人の学習の違いについて，次のように説明をする。「『学校で，今日，何を学んできたかい』と子ど

---

[1] Jarvis, P. *Paradoxes of Learning: On Becoming an Individual in Society.* 1992, p.11.

もに聞く時，私たちは一定の回答を期待する。しかし，おとなに対して，『生活の中から，最近，何を学びましたか』と聞いても明確な回答をほとんど得ることはできない。おとなは偶発的で，無意識で無計画に日々多くの学習を行っている。私たちは社会的状況に規定されて生活しており，そのような場で学んでいるのである」[2]。

　成人の学習の多くが，ジャービスの言うように，偶発的で，無意識で無計画になされているとしても，成人が自発的に学習を行おうと考える場合もある。ここでは，子どもの学習を考えながら，成人の学習の特徴を確認したい。

　学習しようとする理由は，子どもと成人では明らかに異なる。子どもの場合，学校といったフォーマルな教育機関で，教師により教科書・教材を通じて標準化された内容を一律に学ぶ。子どもにとって主たる学習の目的は，社会に出るための能力の獲得である。他方，社会側から言えば，子どもに学習させること（教育）は，将来の社会の構成員を育成するための社会存続のために必然的になされる働きかけである。つまり，知識・能力を持つ成熟した社会人にするため，子どもに学習をしてもらわなければならないのである。このことは，子どもたちを社会へ適応させるために働きかける行為ということで社会化と呼ばれる。子どもの学習は，そのため，主体的というよりも受動的様相を持たざるを得ない。

　スキナー（Skinner, B. F.）ら行動主義と呼ばれる学習心理の理論家たちは，学習は行動の変化であると定義する。つまり，望ましい方向へ子どもの行動を変容させるため，適切な行動であったかどうか，望ましい反応を随時，子どもに知らせること（これをスキナーは「強化」や「報酬」と呼ぶ）により，望ましい行動を反復して行うように形成していく。S―R理論と呼ばれるこの考えによれば，行動とは，環境の中での刺激（Stimulus）に対する測定可能な反応（Response）である。ここでの教師の役割は，教室などでの強化や報酬で子どもに望ましい行動が起こ

---

[2] Javis, P. "Learning from everyday life." Javis, P.(ed.), *The Routledge International Handbook of Lifelong Learning.* Routledge, 2009, p.19.

よう調節することにある。この強化や報酬は，たとえば，子どもに与えられる情報としては学校の教育場面でのさまざまな評価という形をとる。それは，日ごろのテストの成績といった目に見える形での意図的強化の場合もあれば，「あの子はできる子だ」という教師の思い込みや友だちからの評価といった目に見えない形による非意図的強化の場合もある。

　そのため，子どもの学習への強い誘因の一つとしては，良い成績をとること，希望する学校の入試に合格することといった学習行動に対する評価，つまり，目に見える報酬といった「外発的動機づけ」（extrinsic motivation）が想定される。学校教育においてこのように子どもに働きかける理由は，そこでは，知的好奇心を喚起することは当然必要ではあるが，興味・関心を持てない教科や領域であっても社会人になる基礎として満遍なく学ばざるを得ないことによる。

　それでは，成人も，子どもと同様に学習行動への強化や報酬が必要なのであろうか。もちろん，仕事で必要とされる知識や技能の習得は外発的動機づけによることが多い。また，昇進のための知識・技能の習得や上司から「優秀な部下だ」といった評価を獲得することは，受験勉強や教師からのより良い評価を求める子どもの学習目的と類似するであろう。しかし，このような外部からの学習の誘因（刺激）よりも，成人の場合は，人間的成長，自己実現といった内面的充足や満足感といった「内発的動機づけ」（intrinsic motivation）に基づく学習が中心なのである。

　成人は学習活動の計画・実行・評価を自分で決定する。学習の多くは職業や生活上の差し迫った課題を解決するためといった明確な目的を持って行われる。そのため，学習の成果として現実的な解決方法や即座の応用など，目に見えるものを求める傾向が強い。

　以上のように，子どもと成人の学習は異なる。成人の学習目的は多様で複雑であり，また，学習者によって多様な学習方法を用いなければならず，学習ニーズの診断がことのほか重要となる。

（2）リンデマンの成人学習論

　子どもの学習が早くから学問的に取り上げられてきた中で，成人の学

習は長らくその必要性に着目されることは少なかった。そのような中で，その後の成人学習研究の基礎を築いたリンデマン（Lindeman, E. C.）による著書『成人教育の意味』（*The Meaning of Adult Education*）が刊行されたのは1926年のことである。1926年は，「アメリカ成人教育学会」（The American Association for Adult Education）が創設された年でもある。このころから，米国では成人を対象にした研究や出版に対する助成が行われるようになり，成人学習研究が興隆し始める[3]。その一つの例としては，心理学者のソーンダイク（Thorndike, E. L.）らによって成人の学習能力が質的・量的に測定され，その結果，成人が学習可能とされる科学的証拠とされるようになった[4]ことが挙げられる。

リンデマンは，成人教育の重要な資源は学習者の経験に求められる。経験は成人学習者の生きた教科書であると言っている[5]。成人について取り上げたリンデマンの著書は，後述するノールズが登場する1970年代まで，成人教育を担う人々の主要なテキストとされた。

（3）ノールズの成人学習論

リンデマンの後，成人学習の体系化を試みたのは米国の成人教育学者であるノールズ（Knowles, M. S.）である。ノールズは，子どもの教授法「ペダゴジー」に対して，成人学習を支援する技法と学問を「アンドラゴジー」という言葉で表し，両者を相対するものとして論じた『成人教育の現代的実践：アンドラゴジー対ペダゴジー』（*The Modern Practice of Adult Education: Andragogy versus Pedagogy*）を1970年に刊行する[6]。

---

[3] ノールズ, M. S.（堀薫夫／三輪建二監訳）『成人学習者とは何か—見過ごされてきた人たち』鳳書房, 2013, pp.34-35.
[4] Thorndike, E. L., Bregman, E. O., Tilton, J. W., Woodyard, E. *Adult Learning*. The Macmillan Company, 1928.
[5] Lindeman, E. C. *The Meaning of Adult Education*. Harvest House Ltd, 1961, pp.4-8.（First published by New Republic Inc., 1926.）
[6] その後，1980年の改訂版では，*The Modern Practice of Adult Education: From Pedagogy to Andragogy* と副題が改題されている。

アンドラゴジーという言葉は，ドイツの教育者であったカップ（Kapp, A.）が，その著書である 1833 年刊行の『プラトンの教育思想』の中で，生涯にわたる学習の必要性を説き，子どもの教授法であるペダゴジーに加えて成人の教育を説明する際に，アンドラゴジー（独語：andragogik）を使用したのが最初とされている。しかし，実際にこの言葉が成人教育や成人学習の分野において広く用いられるようになったのは，成人学習者の特徴を仮定し，成人期の学習について基本的な仮説を提出したノールズによってである。ノールズは，アンドラゴジーという言葉を，1960 年代半ばにボストン大学の夏季講習会に来ていたユーゴスラビアの成人教育学者によって知らされたとしている。そして，成人学習の理論を体系化しようとしていたノールズにとって，このアンドラゴジーという言葉が成人教育理論を包括する適切な統合的概念であった[7]ということであろう。

　ノールズによれば，アンドラゴジーは，理論というよりも成人の学習者に関する次のような仮説の束からなる。

① 成人学習者の自己概念は，成熟に伴い依存的なものから自己決定的なものになる。
② 成人学習者のそれまでの経験が学習の豊かな資源となる。
③ 学習へのレディネスは，社会的役割という発達課題の遂行に向けられる。
④ 学習への方向づけは即座に応用できるものや問題解決が志向される[8]。
⑤ 成人は，外発的よりも，むしろ内発的に動機づけられる[9]。
⑥ 成人は学ぶ理由を知っておく必要がある[10]。

---

7 ノールズ，M. S.（堀 薫夫／三輪建二監訳）『成人学習者とは何か―見過ごされてきた人たち』鳳書房，2013，p.66.
8 Knowles, M.S. *The Modern Practice of Adult Education: From Pedagogy to Andragogy*（2nd ed.）. Cambridge Books, 1988.〈邦訳〉堀 薫夫／三輪建二監訳『成人教育の現代的実践―ペダゴジーからアンドラゴジーへ』鳳書房，2002.
9 Knowles, M. S. & Associates. *Andragogy in Action: Applying Modern Principles of Adult Learning*. Jossey-Bass, 1984.
10 同書。

仮説は当初，四つであったが，その後，さらに二つ加えられた。これらの仮説において一貫する考え方は，時間的見通しは，知識を得てから後の応用というよりも，その場での活用といった即時性にあり，それゆえ，学習への方向づけ，学習の志向は，教科中心的なものから課題達成中心的なものになる[11]という点である。

　このような仮説に立脚し，子どもの学習の教授法であるペダゴジーと成人の学習の教授法であるアンドラゴジーとの違いを具体的に考えてみよう。ノールズの著作により，その内容をまとめると，**図表7-1**のとおりである。

　小学校時代の教室での授業風景を思い浮かべればわかるように，子どもに対する教育は，社会の構成員として自立した社会人を育てるために，同年齢集団に対して，教師により教室において教科書や教材を用いて，標準化されたカリキュラムにより教科内容の教授が行われる。ここで行われる学習は社会に対する将来への投資なのである。一方，成人の場合は，現実生活の課題や問題への対応を目的に，自分の意志で学習をする。

図表7-1　子どもの学習と成人の学習の違い

	子どもの学習（ペダゴジー）	成人の学習（アンドラゴジー）
1．自己概念	依存的	自己決定的
2．学習教材	教師，教科書，教材	経験（豊かな学習資源）
3．学習方法	同年齢対象の同内容教授（標準化されたカリキュラム）	討論，問題解決事例学習，シミュレーション，ワークショップなど
4．学習内容	教科内容の習得	現実生活の課題や問題への対応
5．学習の目的	将来への投資	生活への即座の活用

出典：Knowles, M. S. *The Modern Practice of Adult Education: From Pedagogy to Andragogy* (2nd ed.). Cambridge Books, 1988. から摘記，一部改編し図表化。

---

[11] Knowles, M. S. *The Modern Practice of Adult Education: From Pedagogy to Andragogy* (2nd ed.). Cambridge Books, 1988, pp.44-45.

その場合の学習資源はそれぞれが有する経験であり，それを生かすための学習方法として，討論，問題解決事例学習，シミュレーション，ワークショップなどが用いられる。このように子どもの学習と成人の学習とは異なり，教授法もそれに応じて違ってくるということなのである。

2．アンドラゴジーモデルとその論点

(1) アンドラゴジーモデル

それでは，具体的にノールズのアンドラゴジーモデルに基づく仮説をそれぞれ見ていこう[12]。

①学習者の自己概念：生まれたての子どもは生きていくために人に依存しなければならない。子どもはその後，社会で自立するために成長の過程を経る。その一つとして，義務教育段階では，本人が望む，望まないにかかわらず，学校で一律に教育を受けることになる。一方，成人になれば，自分の決定や自分の生活に対して責任を持ち，自発的，自己決定的で，自律的であり，自分の生き方を見つけることを好み，自分で判断し，自分で学習を管理することを望むようになる。このような個人による自律的・自発的学習を，ノールズは「自己決定学習」(self-directed learning) と呼んだ。

成人学習者は尊重されることを望み，能力のある学習者として見なされたいと考える。そのため，学習する場の雰囲気は，物理的にも心理的にも学習者にとって快適なものでなくてはならない。成人学習者にはそれぞれの学習ニーズに沿った学習の選択肢と個別の学習目標を提示し，自己決定的ではない学習者の場合，自己決定的に学習できるよう支援することが求められる。

②学習資源としての経験：学習者の人生における経験は，その学習に大きく影響する。このことが，成人になってからの学習に個人差が生じる

---

12 ノールズ, M. S.（堀薫夫／三輪建二監訳）『成人学習者とは何か―見過ごされてきた人たち』鳳書房，2013, pp.70-77.
Merriam, S. B. & Bierema, L. L. *Adult Learning: Linking Theory and Practice*. Jossey-Bass, 2014, pp.47-56.

大きな理由である。成人学習者は，社会経済的背景，学習スタイル，学習動機，学習ニーズ，学習関心，学習目標において多様である。そのため，成人学習の場面では，個人の背景や多様性に注目することになる。

学習者は，豊かで多様な知識や経験を持っており，学習者それぞれが貴重な学習資源を自分の内部に有する。このような知識や経験は，状況に応じ問題解決，内省や推理力として用いられる。学習者に対しては，この既に保有する知識や経験を新しい学習に応用するための支援が求められる。そのため，成人学習の場面では，知識を一方的に伝達するのではなく，学習者の経験を活用する集団討議法，シミュレーション，問題解決学習，事例研究などが推奨される。また，仲間同士の相互支援的活動も有効である。

経験の豊かさは，場合によってはマイナス効果をもたらすこともある。たとえば，経験を蓄積するにつれて，既存の考えに縛られたり先入観によって，新しいアイデアに気づけなくなったり，別のものの見方ができなくなることがある。学習者には，このような思い込みやバイアスを確認させ，新しいものの見方も取り入れることができるようになる支援が必要となる。また，学習者の経験は学習者のアイデンティティを形づくる。そのため，その経験が無視されたり見下されたりする状況では，その経験のみが拒否されただけであっても，自分の存在まで否定されたと思いがちである。成人にとって経験の持つ意味は，本人の存在証明であり，経験を学習資源として取り扱うには，その経験に配慮と尊重が求められる。ノールズは次のように言う。

「成人は，若者とは異なった経験の背景をもってさまざまな活動に参加する。より長く生きてきたこともあり，かれらはより多くの量の経験を蓄積している。…（略）…子どもにとっては，経験はかれらのもとに降りかかってくる何かである。それは，かれらに影響を与える外的な出来事であって，かれらの中核的な部分にあるものではない。もしあなたが子どもたちに，『あなたはだれですか？』とたずねたならば，かれらは，自分の両親や兄や姉がどんな人であるかとか，どこに住んでいるかとか，どこの学校に通っているかといった点から，自分を定義しようとするで

あろう。かれらの自己アイデンティティは，主として外的な出来事にもとづくものなのである。

　しかし，成人は，自分の経験から自己アイデンティティを引き出す。かれらは，自分たちが蓄積してきた，一連のユニークな経験という観点から自己定義を行う。したがって，もしあなたが成人に，『あなたはだれですか？』とたずねたならば，かれらは，自分の職業や労働経験，旅行の経験，あるいは，どんな訓練と経験の準備を行い，そして何を達成してきたのかといったことを述べることで，自己を定義づけようとするであろう。成人とは，かれらが行ってきたことそのものなのである。

　成人が主として自分の経験によって自己の定義づけをするからこそ，かれらはそれに深い価値づけを行う。したがって，かれらは，自分たちの経験が活用されないような状況にいることやその価値が見下されていることがわかると，単にその経験のみが拒絶されているのではなくて，人間としても拒絶されていると感じてしまうのである」[13]。

③**学習へのレディネス**：成人は，実生活で生じた課題に対応するために必要なことを学ぼうとする。つまり，成人は，知りたいことや習熟したいことが特定でき，生活の状況につながることを自覚し経験している場合，実際の状況に効果的に対応するために学習しようとするのである。成人は，職業人，配偶者，父親・母親，地域社会のメンバーなど多様な社会的役割を担うのであるが，このような社会的役割が学習のニーズをもたらすことが多い。また，人生上で社会的役割が変化する時，あるいは，ある発達段階から次の段階へと移行する際，成人は学習を行う強い動機を持つことが多い。そのため，学習の目標を特定し，適切な時機に学習することを望み，意義ある学習経験を可能とする明確な計画を必要とする。

④**学習への方向づけ**：子どもは学校教育において，教科中心的な学習に方向づけられているのに対し，成人の学習は，生活中心，課題・問題中

---

13 ノールズ, M. S.（堀 薫夫／三輪建二監訳）『成人教育の現代的実践―ペダゴジーからアンドラゴジーへ』鳳書房，2002, pp.49-50.

心であり、現実的な問題解決に焦点が当てられる。成人は、最も自分にとって有益である学習を重要視する。多くは、目の前の関心事である課題や問題に対処するために学習が動機づけられる。そのため、新しい知識やその理解、技能、価値観、態度など、学習で習得したものによって現在の生活における課題を達成し、問題を解決することが可能な場合、成人は最も効果的に学ぶことができ、また、そのための支援をしてもらうことを望む。つまり、学習は生活や仕事に即座に適用できる実践的なものであり、学習を計画することへの情報提供や選択肢の提示などのガイダンスといった形での支援を望むのである。成人の学習は実践的なものであり、学校や大学といった制度的な学習以上にインフォーマルな状況での実践による学びが重要である。

⑤**動機づけ**：成人は、学ぶ必要があると思ったことだけ学ぶ。成人の学習では、学びたいという思いが重要である。より良い職や給料が上がるといった外発的要因よりも、仕事の満足度が上がる、自尊心が高まる、生活の質が上がる、個人の成長や発達が見られるといった内発的要因によって学習の動機づけがなされる。

⑥**知る必要性**：成人は、ニーズに沿って適切で彼らの求める目標を達成するのに役立つものを学ぶ。しかし、そうではあっても、成人は何かを学び始める前に、なぜそれを学ばなければならないのかを知る必要がある。もし学習者が、学習を始める前に、学習することがなぜ必要かを考えていれば、学習に対する動機はより強くなるであろう。そのため、成人教育者や学習支援者には、学習者が学習の必要性を自覚する支援を行うことが求められる。

（2）アンドラゴジーをめぐる論点

ノールズによるアンドラゴジーの仮説は、成人学習の一面を的確に捉えており、成人学習の原理として、成人学習の実践家や人材開発部門で働く人々が講座を実施する際に広く用いられている。しかし、個々にはさまざまな異論もある。たとえば、アンドラゴジーは理論なのか、哲学、教授技法、学術的専門科目、ツールや技法なのか、あるいは、成人が学

ぶことを支援する方略なのか，このことに対するコンセンサスはとれていない。アンドラゴジーの考えは，識字教室，余暇活動，継続専門教育，高等教育，経済産業界などに至る成人学習の現場で教えるそれぞれの実践家の直観に訴えるアピール力はあるが，研究者はそれぞれの立場から，アンドラゴジーを理論とすることに対する批判を行ってきた[14]。それはどのような批判なのか。

　一つの大きな論点は，アンドラゴジーは実証的理論ではないとするものである。アンドラゴジーは，前述のとおり，場合によって理論，技法，方法，原理，仮説と，それぞれの立場に立つ人々によって異なる分類や表現がとられてきた。特に，アンドラゴジーが実証的理論ではないとする批判においては，アンドラゴジーが実践上で認められた良い実践の原理を記述しているにすぎず，学習理論や教育理論としての系統化について疑義があるとする[15]。また，前提とする自己決定についても，成人のすべてが自己決定的ではありえないという批判，あるいは成人学習においては自己決定的な孤独な学習者となることが最終的な教育的ゴールではなく，家族，地域社会，公民教育などにおける仲間による集団での学習が重要とする主張である。

　もう一つの論点は，子どもの教育学の技法であるペダゴジーと成人の教育学の技法であるアンドラゴジーを分離することで，子どもの教育と成人教育に断絶が生じるという批判である。実際に，アンドラゴジーを掲げることで成人教育学の研究者は青少年教育を扱う教育学の研究者と連携することができず，その研究蓄積を活用できないといった具体的な問題点もある[16]。あるいは，ノールズはペダゴジーとアンドラゴジーと

---

[14] Merriam, S. B. & Bierema, L. L. *Adult Learning: Linking Theory and Practice*. Jossey-Bass, 2014, pp.56-57.
[15] Hartree, A. "Malcolm Knowles' Theory of Andragogy: A Critique." *International Journal of Lifelong Education*, 1984, Vol.3, No.3, pp.203-210.
Brookfield, S. *Understanding and Facilitating Adult Learning*. Jossey-bass, 1986, p.98.
[16] Reischmann, J. "Andragogy." In Leona M. English (ed.), *International Encyclopedia of Adult Education*. Palgrave Macmillan, 2005, p.61.

を二項対立的に論じるが，子どもにも成人にも当てはまることがあるという批判がある。たとえば，子どもでも自己決定的に行動できる者はおり，一方，成人でも依存的な者もいる。経験についても，子どもであっても成人以上に学習資源となり得る貴重な経験をする場合もある。このように，必ずしも，ペダゴジーとアンドラゴジーは対立する概念ではないとする指摘である。

後にノールズも指摘するように，子どもの教育の現場である小・中学校，高等学校や大学においても，学習者が尊重・信頼されているような雰囲気の中で，アンドラゴジーの要素を取り込むことがより有効な場合もあることや，成人にとって完全に未知の内容を学ぶ場合には，ペダゴジーモデルが有益な場合もあることが明らかにされている[17]。ノールズはこの点から，1970年代に刊行した『成人教育の現代的実践：アンドラゴジー対ペダゴジー』（*The Modern Practice of Adult Education: Andragogy versus Pedagogy*）の「アンドラゴジー対ペダゴジー」という副題について，改訂版では，「ペダゴジーからアンドラゴジーへ」（*From Pedagogy to Andragogy*）と変更している。ノールズによれば，学校教育のカリキュラム改革に，生徒の関心事からスタートし，自己決定的な発見のプロセスに生徒をかかわらせるようなアンドラゴジーに類したアプローチが見られるという。そして，このような学校教育における包括的な考え方と新しい技術によって，これからの子どもたちは，生涯にわたって継続的な自己開発のプロセスにかかわることができる成人になるとしている[18]。このように，子どもと成人は連なっており，必ずしも機械的に二分できるものではないということであろう。

しかし，このような批判があるとしても，ノールズが子どもの学習と成人学習の違いを体系的に特徴づけ，成人学習の一つのモデルを提示したことは間違いない。

---

17 ノールズ, M. S.（堀 薫夫／三輪建二監訳）『成人学習者とは何か―見過ごされてきた人たち』鳳書房，2013，pp.77-79.
18 ノールズ, M. S.（堀 薫夫／三輪建二監訳）『成人教育の現代的実践―ペダゴジーからアンドラゴジーへ―』鳳書房，2002，p.64.

3. 成人の学習支援

このような成人の教授法とされるアンドラゴジーに基づき、成人に対する学習支援について紹介しよう。

（1）成人講座の持ち方

アンドラゴジーでは、教える内容に重点を置くのではなく、学習のプロセスを重視する。そのプロセスを具体的に見れば、学習につながる雰囲気の確立、学習の総合計画化の仕組みの構築、学習ニーズの診断、学習内容のプログラム目標の策定、学習経験のパターンのデザイン、適切な技法や学習内容を伴う学習の実施、学習成果の評価と学習ニーズの再診断の七つからなる[19]。アンドラゴジーは、成人学習の講座を行う際に留意すべき点を示唆するのであるが、それぞれを具体的に考えてみよう。

①**学習につながる雰囲気の確立**：たとえば、学習環境としては成人がくつろげる快適な雰囲気をつくることが大事である。調度や備品は成人向けのサイズとし、会議室は堅苦しくなく整備し、成人の嗜好に合うように装飾すべきである。高齢者のための視力や聴力の低下を考慮に入れた音響や照明の工夫も必要となる。

また、友好的でインフォーマルな心理的雰囲気の創出は非常に重要である。楽しい雰囲気づくりや相互交流ができるために、丸や楕円形などのテーブルの設置などの工夫も具体的に示唆される。

②**学習の総合計画化の仕組みの構築**：学習者自身を学習計画のプロセスに参加させることが重要となる。計画や意思決定への参加は、学習活動への積極的な関与につながる。

③**学習ニーズの診断**：現在の自分とそうありたいと思う自分との間にある距離を確認することで、自己改善への明確な方向性が生じ、現在の不適合状態における自己に対する不満が学習動機となる。学習ニーズは学

---

19 ノールズ, M. S.（堀 薫夫／三輪建二監訳）『成人学習者とは何か──見過ごされてきた人たち』鳳書房, 2013, pp.143-145.

習者自身で自己診断するものであるが，支援することで，より明確になる場合もある。

④**学習内容のプログラム目標の策定**：プログラムの目標は，学習者が自己診断したニーズに沿って設定される。

⑤**学習経験のパターンのデザイン**：学習 — 教授の場は，学習者と成人教育者との相互責任の場である。成人教育者の役割は，教育実践技術の熟達者，情報提供者，共同探求者である。そのため，学習は，学習者と成人教育者と協働で計画され，学習者主導のもとで進められる。学習者は人的資源や物的資源を利用して学習をデザインする。成人教育者には，学習プロセスに関する技術的熟練，学習主題への親和性，学習能力に対する理解，学習への適切なコミットメントが求められる。

⑥**適切な技法や学習内容を伴う学習の実施**：学習手法としては，成人学習者の経験を引き出す経験的技法，たとえば，集団討議法，シミュレーション，ロールプレイング，ワークショップなどを用い，学習者の日々の生活への実用的応用が強調されることが大切である。経験の解凍，つまり自分自身を客観的にながめ，先入観から自分の精神を解放できるような支援をし，経験から学ぶことを学習させる。

⑦**学習成果の評価と学習ニーズの再診断**：学習成果は，参加者の反応を見る，アンケート，インタビュー，グループ・ディスカッションなどを通して評価される。学習に関する評価では，事前と事後テストによる効果測定という方法もある。また，学習の前後で学習者の行動がどのように変化したかを，自己評定，日記，インタビュー，アンケートなどにより評価することもできよう。アンケートのような量的評価とともに，インタビューなどの質的評価を行うことは，学習成果の背景にある有用な情報を入手可能にする。

（2）成人学習者が望むこと

　成人対象であっても大学での講義や職業訓練は，教員による一方向の教授形態になることが多い。一方，成人学習講座などでは，学習者同士が学び合うという形態をとることも多い。この場合，その講座は，具体

的にどのように企画されるべきであろうか。

成人学習にとって効果ある講座には，テーマに関心を持つ，学習成果が目に見える（利用可能），課題を自主的に解決，役に立つと感じる，参加者のメンバーの協力がある[20]，といった条件が必要とされる。

また，**図表7-2**は，成人学習講座に対し参加者が望まないもの・望むものである。これによれば，成人学習講座参加者が望むものは，アンドラゴジーで提出された仮説と重なり合うところが多い。成人学習講座

図表7-2　学習講座に参加する成人学習者の望まないもの・望むもの

	望まないもの	望むもの
1．学習者としての扱われ方	・笑いものになること ・評価されること ・事前に干渉されること ・教えこまれること	・平等なパートナーとして扱われること ・生活経験や職業経験に注意が向けられること ・学習プロセスに積極的にかかわれること
2．学習方法	・講義形式による専門教科書での教授 ・実践から離れた抽象的理論 ・講師のモノローグ	・問題解決のための知識 ・課題と実践の結び付き ・対話的なコミュニケーション
3．教わり方	・一本調子の教え方 ・過度の注意 ・型にはまった教え方	・交互に繰り出される出し物 ・参加できる出会い ・知的な刺激 ・学習プロセスへの自主的なかかわり
4．講師の参加者へのかかわり方	・職業上の仮面をかぶった講師 ・無関心さ ・かかわりの少なさ ・動きの少なさ	・誠実さ ・親しみやすさ ・共同の参画 ・細やかな感情 ・柔軟性

出典：マイセル，K. ほか（三輪建二訳）『おとなの学びを支援する―講座の準備・実施・評価のために』鳳書房，2000, p.35. を一部改編。

---

[20] マイセル，K. ほか（三輪建二訳）『おとなの学びを支援する―講座の準備・実施・評価のために』鳳書房，2000, p.89.

の企画者は,図表7-2のような観点に留意が必要であろう。

(3) 成人学習者への配慮

　以上のように,成人を対象にした学習プログラムには,子どもとは異なる学習内容の提供や学習方法,そして配慮が必要となる。そのため,学習プログラムを企画・立案・実施する者は,成人学習者の特性に応じて支援を行う必要がある。また,学習プログラムの形態にあっては,これまで述べてきたように,講義形式の抽象的な理論よりも,実践的であることが意図されなければならない。学習プロセスに参加し,自主的に問題解決のための知識を獲得するためには,講師の一方的な講義形式ではなく,ワークショップなどの対話的なコミュニケーションスタイルの中で,参加者同士が学び合い,個人で問題解決の手掛かりを獲得することが重要である。読んだり聞いたりして学ぶ場合よりも,自分で困難を発見しその解決を模索しながら学ぶ方が,記憶は定着し,学習効果は高いと言われている。学習者が主体的・積極的に学習に参加できる形が成人の学習スタイルなのである。

　また,それぞれの個人が持つ経験が貴重な学習資源だとすれば,学習者の過去の経験に関連づけて学習プログラムが組まれるよう意図することも必要である。学習者本人に自らの経験を振り返るきっかけを与え,ほかの参加者とのグループでの話し合いを通じ経験を学習資源として共有し,新しい意味を見いだす。そのことが学習の成果が定着し生きる方法でもあろう。

　アンドラゴジーの前提には,人はみな成長欲求があり,自発的に学習活動を志向するとする考えがある。リンデマンやノールズの成人学習論のいずれもが,基本的に学習による人間の成長可能性に着目している。アンドラゴジーをめぐる諸説は,人それぞれに成長と発達の無限の可能性があるとする人間中心主義の心理学者の理論的前提と親和性が高いように思われる。たとえば,このような「人間性心理学」を発展させた研究者の例としては,人間の欲求の階層論を唱え,学習の到達目標を自己実現へのニーズとするマズロー(Maslow, A. H.)がいる。

マズローは「人間は自己実現に向かって絶えず成長する」と言う。このような自己実現の欲求に伴う自発的学習志向を持つ人々こそがアンドラゴジーの想定する成人学習者であろう。

　人間中心主義の心理学者としてはマズローのほかに，心理療法における「クライエント中心療法」によって有名となったロジャーズ（Rogers, C.）が挙げられる。ロジャーズは教育においても，マズローと同様，学習者中心主義をとり，個人の成長と発達を導く学習に関心を抱いている。ロジャーズは，学習への個人的かかわり合い，率先性，学習者への浸透性，学習者のニーズ，学習の意味づけなど，意味ある学習を提起している。

　しかし，このような人間性心理学を踏まえた上でアンドラゴジーを考えると，すべての学習者がマズローの言う自己実現といった高次の欲求を持ち自発的であるとは限らないことにもあらためて気づかされる。そこには，個人の関心，動機づけ，学習の価値観，参加へのレディネスといった個人的要因と同時に社会的な課題も存在する。逆に言えば，アンドラゴジーの枠組みから，成人学習者の特性の違いや置かれた社会的文脈を考慮することも重要なのである。たとえば，ノールズが導いたアンドラゴジーの仮説は，主に白人，男性，学歴があり，中流の背景を持った「持てる人々」を一般化し過ぎているのではないかとの批判もある[21]。また，OECD（経済協力開発機構）によれば，成人のための訓練休暇制度を社会的に整備したスウェーデン，デンマーク，ドイツ，韓国で，この休暇をとる者は，明らかに女性，高等教育を受けた者，公務員に偏っていることが明らかにされている[22]。成人学習者は多様であるがゆえに，人種，性別，学歴，収入など，属性ごとのニーズの把握が特に求められるということであろう。

---

21 Lee, M. "A Critical Analysis of Andragogy: The Perspective of Foreign-Born Adult learners." In L. M. Baumgartner, M. Lee, S. Birden, & D. Flowers (eds.), *Adult learning Theory: A Primer*. Information Series No.392, Center on Education and Training for Employment, 2003, p.21.
22 OECD *Promoting Adult Learning*. 2005, p.70.

アンドラゴジーの概念の登場は，子どもの学習とは異なる成人学習というものに光を当てるものであった。そして，それは同時に，成人学習者として見過ごされてきている「持たざる人々」に対する，個別のニーズに応じた学習支援，経済的な面で参加を促すための措置など，学習意欲や学習機会の格差是正のための社会的介入といった面に関心を向ける契機でもあったと言えよう。

研究ノート

1. 自分の学習経験における，充実した内容の経験とそうでなかった経験について簡単に書き出し，その二つの違いをアンドラゴジーの仮説に基づき，分析してみよう。
2. あなたが現在，生活上の課題で学習したいと思っている内容について列記してみよう。
3. 成人対象の6回にわたる連続講座の企画書を作成してみよう。

参考文献

ノールズ，M. S.（堀 薫夫(しげお)／三輪建二監訳）『成人教育の現代的実践―ペダゴジーからアンドラゴジーへ』鳳書房，2002年．

ノールズ，M. S.（渡邉洋子監訳）『学習者と教育者のための自己主導型学習ガイド―ともに創る学習のすすめ』明石書店，2011年．

ノールズ，M. S.（堀 薫夫／三輪建二監訳）『成人学習者とは何か―見過ごされてきた人たち』鳳書房，2013年．

マイセル，K. ほか（三輪建二訳）『おとなの学びを支援する―講座の準備・実施・評価のために』鳳書房，2000年．

リンデマン，E.（堀 薫夫訳）『成人教育の意味』学文社，1996年．

8 自己決定学習

　自己決定学習（self-directed learning）は，成人学習を規定する主要概念の一つである。自己決定学習では，成人は自発的に自分の学習を計画・実施・管理・評価を行うとされる。このような自己決定学習は，学習者の自発性に基づくものであり，成人学習の到達目標でもある。

　本章では，自己決定学習を，学習目標，学習プロセス，構成要素，学習者の個人特性などの点から取り上げ，自己決定学習における学習とは何か，そこでの学習支援とはどのようなものかを考える。

1. 自己決定学習とは

（1）自己決定学習の定義

　ノールズ（Knowles, M. S.）が提示するアンドラゴジーの代表的仮説の一つは，「成人学習者の自己概念は，成熟に伴い依存的なものから自己決定的なものになる」というものである。成人になってから学習する場合の多くは，自発的な行動に基づいて行われる。成人が，自己研鑽(けんさん)の目的で，本を購入する，ネットで検索する，資料を集める，図書館を利用するなど，自分で計画し一人で学習することは，日常的に行われるものかもしれない。

　ノールズは，「支援の有無は問わず，自ら主体的に自分の学習ニーズを診断し，学習目標に沿って学習を計画し，人的資源や物的資源を特定，適切な学習方略を選択・実行し，学習成果を評価するといったプロセス」を「自己決定学習」（Self-Directed Learning：SDL）と呼んだ[1]。自己

---

[1] Knowles, M. S. *Self-directed learning*. Association Press, 1975, p.18. self-directed

決定学習は，成人学習理論の一つの主要概念として捉えられてきているが，単一の統一的な定義はなく，「自律的学習」（autoromous learning）「独立学習」（independent learning）「独学」（autodidaxy）「自己教授法」（self-teaching）「自己学習」（self-study）「自己計画学習」（self-planned learning）「自己調整学習」（self-regulated learning）「学習プロジェクト」（learning projects）といった類義語と同義のものとして用いられる場合も多いため，その概念は曖昧で混乱を呼び起こすものである[2]。たとえば，米国の教育心理学者が提出している自己調整学習の理論は，学習者が自発的に学習目標を設定，学習をモニターし，評価するという点で，自己決定学習とほぼ重なる。自己調整学習によれば，自己調整に熟達した学習者は，優れた習得目標を設定，効果的な学習方略を実行，目標の進行をモニターおよび評価，学習を促進するための環境を整備，必要な援助を要請し，努力をし続け，方略を調整し，今の目標が達せられると，もっと効果的な新しい目標を設定するとされる[3]。自己決定学習と大きく異なるのは，自己調整学習が教育心理学の領域として，主に子どもの学習活動を想定して論じているのに対し，自己決定学習は，成人の学習活動を取り上げて論じられていることである。このように，自己決定性は成人固有の特性ではなく，自己調整学習に見られるように，年齢を問わず学習者すべてに適用される考えである。また，誰でも自己決定的に学習に取りかかる能力はあり，学習者が主導的に自分の学習を計画・実施・評価することが重要であるとの共通の認識は，子どもの学習にも成人の学習にも同様にある。

　自己決定学習について最初に体系だった研究を提出したのは，カナダのトロント大学オンタリオ教育学研究所（Ontario Institute for Studies

---

learning の訳は「自己主導型学習」「自己管理的学習」などいくつかあるが，本書では，「自己決定学習」の訳を用いることにする。
[2] Leach, L. "Self-Directed Learning." In Leona M. English（ed.）, *International Encyclopedia of Adult Education*. Palgrave Macmillan, 2005, p.565.
[3] シャンク, D. H. / ジマーマン, B. J.（塚野州一編訳）『自己調整学習と動機づけ』北大路書房，2009, pp.1-2.

in Education）の成人教育研究者であったタフ（Tough, A.）である。タフは，フール（Houle, C. O.）によって成人学習に参加する人々の動機について書かれた1961年の著作『探究する精神』（*The Inquiring Mind*）[4]での知見を敷衍し，1971年に『成人の学習計画』（*The Adult's Learning Projects: A Fresh Approach to Theory and Practice in Adult Learning*）[5]を刊行した。タフによれば，調査した成人66人のうち，約90％が毎年一つ以上の学習計画に従事し，70％が学習計画を自分で立て，90％以上が何らかのインフォーマルな学習計画に従事していた[6]。フールとタフのそれぞれの著作は10年ほどの時を隔てているが，成人教育に関するこの2冊の学術書が出されたことで，成人が学習を自己決定するという考え方が広まり，研究者の関心を引くことになった。そして，その後，ノールズが成人学習の仮説として，成人に対する教授法であるアンドラゴジーを提唱した際にも，自己決定学習の考え方は，その中核を占めたのである。

（2） 学習目標

　自己決定学習は，成人教育の到達目標でもある。それでは，成人学習の到達目標とは具体的に何であろうか。

　成人学習の理論を集約しレビューした書籍を多く世に出しているメリアム（Merriam, S. B.）とカファレラ（Caffarella, R. S.）は，自己決定学習の目標を俯瞰し，それを「個人の成長」（personal growth），「変容的学習」（transformative learning），「解放的学習」（emancipatory learning）による「社会的行為」（social action）の促進の三つに分類している[7]。

---

[4] Houle, C. O. *The Inquiring Mind.* University of Wisconsin Press, 1961.
[5] Tough, A. *The Adult's Learning Projects: A Fresh Approach to Theory and Practice in Adult Learning.* The Ontario Institute for Studies in Education, 1971.
[6] 同書。（2nd edition, 1979, pp.172-174.）
[7] メリアム, S. B.／カファレラ, R. S.（立田慶裕／三輪建二監訳）『成人期の学習―理論と実践』鳳書房，2005，pp.342-345.

第一の個人の成長は，自己決定能力を向上させ，学習者が自分で学習を計画・実施・評価することにかかわるものである。第二の目標は，学習によってものの見方が変容する変容的学習を育成することである。この変容的学習の代表的な研究者であるメジロー（Mezirow, J.）によれば，変容的学習とは，過去に無批判的に受け入れていた前提，信条，価値やものの見方を問い直し，より解放的で内面に浸透し，より良く認識されるようになるプロセス[8]とされる。また，成人が意味を求めて学習と省察を同時に行う時，自己決定学習の最も望ましい形式が生じる[9]と言う者もいる。つまり，学習を通じて，個人の自己認識やものの見方が変わることがここでの目標である。第三の目標は，自分のいる社会の前提を問い直し，学習によってものの見方を変容させる解放的学習を行うこと，そして，社会変革のために行動を起こすことである。解放的学習は，ブラジルの教育学者フレイレ（Freire, P.）に代表されるように，貧困，非識字といった生活状況や社会変化に対する認識を高め，行動し振り返ることで個人が解放される学習が実践されるとする考えである[10]。

　以上のように，自己決定学習の第一の目標は，自己決定能力などの個人の成長である。第二の目標である変容的学習は，個人の内部での価値観の変化である。そして，第三の目標である解放的学習は，変容を意識化した後，さらに進んで社会的に行動・実践することである。このように自己決定によって行われた学習の成果は，個人の内部の変化・変容から社会へと広がっていくのである。

（3）自己決定学習に関する誤解

　前述のとおり，自己決定学習には単一の統一的な定義がないため，自己決定学習に対する誤った捉え方も多くある。その誤解を解くために，

---

8 Mezirow, J. "Learning to Think like an Adult: Core Concepts of Transformation a Theory." In J. Mezirow & Associates, *Learning as Transformation: Critical Perspectives on a Theory in Progress*. Jossey-Bass, 2000.
9 Brookfield, S. *Understanding and Facilitating Adult Learning*. Jossey-Bass, 1986, p.38.
10 フレイレ，P.（小沢有作ほか訳）『被抑圧者の教育学』亜紀書房，1979.

また，自己決定学習を広く考えるために，自己決定学習をめぐる誤解を生じさせる10の通説と，それに対する研究者の見解を紹介しよう[11]。
　この通説のうち，第1から第6までは学習者自身や学習者の活動に関するものである。
　第1は「自己決定学習は，全か無かの概念である」という通説である。これは，自己決定学習者は，そうである者とそうでない者に二分されるという間違った考えである。実際には，学習者は自己決定のさまざまなレベルを有し，また多様であり，一概に自己決定学習者であるかそうでないかを特定することは難しい。自己決定学習はある種の連続体として，すべての人やすべての学習状況に存在する特質として考える方がより正確と言える。
　第2は「自己決定学習は，暗に孤立して学習することを意味する」というものである。これは，自己決定学習のためには，学習者は他の学習者と隔絶した学習環境で学ばなければならないといった誤ったステレオタイプの見方である。集中して個別的に学ぶとしても，その学習を他者と共有する，あるいは他者や指導者に質問したり，洞察・省察の方法について尋ねるといったことは必要であり，そのことで学習は強化される。
　第3は「自己決定学習は，成人にとって最も良いアプローチである」というものである。学習活動は，学習者の学習ニーズや目標を達成するために最適になるよう熟慮することが重要である。最適な学習のアプローチは学習者の特質により異なり，自己決定学習を短絡的に最良のアプローチと考えることはできない。
　第4は「自己決定学習は，主として，白人，中流階級の成人に限定される」という通説である。これは，自己決定学習の理論が提出された米

---

11 Brockett, R. G. "Resistance to Self-direction in Adult Learning: Myths and Misunderstandings." In R. Hiemstra & R. G. Brockett (eds.), *Overcoming Resistance to Self-direction in Adult Learning* (New Directions for Adult and Continuing Education, 1994, No.64, pp.5-12.).
Merriam, S. B. & Bierema, L. L. *Adult Learning: Linking Theory and Practice*. Jossey-Bass, 2014, pp.65-66.

国の主たる文化が学習方法にも反映されているという誤解である。このことについては，北米や西欧以外の多様な社会的集団や社会からも自己決定学習の事例が提出されていることに注目してほしい。

　第5は「自己決定学習には，学習が有効になるのに必要とされるだけの時間を費やす価値がない」という通説である。これは，学習目標に対して費やす時間と資源の費用対効果の分析からの指摘である。すべての学習が，必ずしも自己決定学習を用いることで最もよく遂行されるわけではないかもしれない。しかし，学習者は，自己決定学習において，学習の準備に力を注ぐことや，学習ニーズの診断，学習計画の決定，学習評価を行うことで，教員中心のアプローチよりも，より深い学習の結果をもたらす意味あるやり方で学習にかかわることができる。

　第6は「自己決定学習の活動は，主に読書やライティングに限られている」ということである。これは，学習のインフォーマルな性質を見過ごしており，料理，スポーツ，動物の飼育，外国語の習得など，多くのスキルは本だけで習得できるものではなく，実践を通じて行われている。

　続く，残りの第7から第10までは教員，教授法や制度にかかわるものである。

　第7は「自己決定学習を促し支援することは，講義するよりも簡単なやり方である」というものである。これは，最も広く思い込まれていることである。学習者を自己決定的になるよう支援することは，教育を行う者にとっては，学習者との間に能動的で個別化したアプローチを採用することであり，学習者とのやりとりを通じて自己決定学習の計画の展開を行うことである。学習者はさまざまなニーズや能力のもとに自己決定学習を行おうとするわけであり，伝統的な教育方法と同様に学習者を促し支援することには時間や努力を要する。

　第8は「自己決定学習は，自由と民主主義が広く行きわたっている状況に限定される」というものである。これは，自己決定学習を行うのに必要な理想的状況を仮定している。世界を見渡せば，政治的圧制の中でも自主的に学習し，その後，変革に力を尽くした人々の例が多くあることに気づくであろう。

第9は「自己決定学習は，単なる成人教育の流行の一つである」という誤解である。これについては，フールの『探究する精神』以降，自己決定学習が理論と実践において長い間取り上げられていることからも，一時期の流行でないことは自明である。

　第10は「自己決定学習は，教育機関の授業の質を損なう」というものである。学習者が学習を自分でより多く管理する場合，このようなことが生じることはない。授業の質に関する唯一のリスクは，十分に熟慮されない中で自己決定学習が運営される場合であろう。

　以上の第1〜10の自己決定学習をめぐる通説とそれに対する反論は，自己決定学習の性質をあらためて考える視点を提供してくれるものであろう。

2. 自己決定学習の内容

　次に自己決定学習がどのように行われるのか，その内容をいくつかのモデルから見てみたい。

(1) 学習プロセス

　自己決定学習の例として，最初に紹介するのは学習プロセスに関するものである。

　ノールズは，自己決定学習は，環境条件の設定，学習ニーズの診断，学習計画の立案，学習のための人的・物的資源の特定，学習の効果的方法や技法の選択・実行，学習結果の評価の六つから構成されるとする。その上でノールズは，**図表8-1**のとおり，学習者は，自己決定によって学習目標の到達に向かって一連の段階を踏んで進むとして学習プロセスのモデルを提示している。このモデルで重要なことは，学習者自身によって学習を成立するための意思決定が，それぞれ的確になされることである。

　ノールズは，この学習プロセスに即して，事前に学習者と指導者，仲間などとの間で，活動の目標，学習資源と方法，目標達成の裏づけ，評価といったものを明記した「学習契約」を書面化し，学習の実施におい

て，随時，その契約内容を検討することを例示している[12]。自己決定学習では，学習目標と学習プロセスにおいて，学習者の自律性と自己管理が求められる。学習契約は，学習の自律性と自己管理を促す一つの具体的な方法と言うことができよう。

第Ⅰ段階：環境条件の設定
　　　　　（学習阻害要因の特定，望ましい学習資源や学習の場・学習情報の獲得，学習のための時間確保）

↓

第Ⅱ段階：学習ニーズの診断
　　　　　（学習する知識・技能の決定，動機づけ）

↓

第Ⅲ段階：学習計画の立案
　　　　　（既存の知識・技能と獲得したい知識・技能の特定，学習終了期限や中期目標の策定）

↓

第Ⅳ段階：学習のための人的・物的資源の特定
　　　　　（人的・物的資源の活用，設備・備品や教材などの物的条件整備）

↓

第Ⅴ段階：学習の効果的方法や技法の選択・実行
　　　　　（学習方法や手段の決定，学習機関や施設の決定）

↓

第Ⅵ段階：学習結果の評価

出典：Knowles, M. S. *Self-Directed Learning*. Association Press, 1975. の内容を摘記・図式化。

図表8-1　学習プロセスと意思決定

---

12 ノールズ，M. S.（堀　薫夫／三輪建二監訳）『成人学習者とは何か―見過ごされてきた人たち』鳳書房，2013，pp.249-255.

(2) 構成要素，学習者の役割，動機づけ

　ノールズは，学習の到達目標に向かって学習プロセスが直線的に進むことを例示しているが，一方，環境，学習者のパーソナリティ，認知過程，学習の文脈などとの相互作用によって自己決定学習の内容を説明しようとするモデルがある。

＜自己決定学習の構成要素＞

　スペア（Spear, G. E.）は，人事研修・人材開発担当者10人へのインタビューによる探索的研究結果から，図表8-2のような七つの自己決定学習の構成要素を特定している。このモデルによれば，自己決定学習は，大きく知識・行為・環境の要素に分けられる。知識の種類としては「保有している知識」と「獲得された知識」，行為の種類としては「決定した行為」「探索的行為」「思いがけない行為」，そして，環境としては「通常の環境」と「偶発的環境」がある[13]。

　たとえば，Aさんが，市民活動に積極的にかかわっている高齢者を対象にしたインタビュー調査を行うことを思い立ったとしよう。Aさんは以前，市民活動センターでボランティアをしており，そこで積極的

図表8-2　自己決定学習の構成要素

	構成要素		内　容
1	知識	保有している知識	過去に学習して保有している中で学習課題に役立つ知識
		獲得された知識	学習課題で新たに獲得された知識
2	行為	決定した行為	特定の目的に向かって決定した行為
		探索的行為	結果の方向性は想定できないが，有益な結果が得られると考え行う行為
		思いがけない行為	学習課題と関連しない偶然の行為
3	環境	通常の環境	定期的に学習に利用できる人的・物的要素
		偶発的環境	偶発的に学習者や学習課題に影響を与える環境

出典：Spear, G. E. "Beyond the Oragnizing Circumstance: A Search for Methodology for the Study of Self-Directed Learning." 1988, pp.212-213.を訳出，一部改編し図表化。

にかかわっている人を数人知っていた（保有している知識）。研究のためにAさんは対象となる人々にインタビュー調査を行った（決定した行為）。インタビュー調査はどのような人々が市民活動を行うのかを知るために行うものであった（探索的行為）。その結果，そこに人とかかわる姿勢に共通のものがあることがわかった（獲得された知識）。インタビュー調査の後，インタビューを行った人と市民活動センターの近くの喫茶店に立ち寄った（思いがけない行為）。そこで偶然，市民活動をしている人々が打ち合わせをしている場面に遭遇し，その人々の考え方も知る機会を得た（偶発的環境）といった例である。

＜自己決定学習における学習者の役割＞

　自己決定学習のプロセスにおいて，学習者の役割を考えるモデルもある。その一つの例が「個人責務志向性」（Personal Responsibility Orientation：PRO）と呼ばれるモデルである。このモデルは，自己決定学習指導方法や学習プロセスとともに学習者の個人特性を考慮するものである。このモデルの根底には，人は成長への潜在性を秘めており，自分に対する責務を引き受けることによって，初めて学習プロセスへ積極的で主体的な取り組みを行うことができるという前提がある。自己決定学習では，学習する個人は自律的に学習を引き受け，主体的に取り組む責務と自由を有すると考える。

　このモデルは，自己決定学習の内容を規定する指導プロセスと，学習者の方向づけをする学習者の個人特性からなる。指導者は，学習を促し支援するファシリテーターとして，学習者の学習の計画・実行・評価を行う上で，学習ニーズを診断し，学習情報を探して提供し，学習方法や評価方法を選択する手助けを行う。一方，学習者は，学習が生じる状況要因を考慮しつつも，学習は個人の責任と考えるのである[14]。

---

[13] Spear, G. E. "Beyond the Oragnizing Circumstance: A Search for Methodology for the Study of Self-Directed Learning." In H. B. Long and others (eds.), *Self-Directed Learning: Application and Theory*. University of Georgia , 1988,

[14] Brockett, R. G. & Hiemstra, R. *Self-Direction in Adult Learning: Perspectives on Theory, Research, and Practice*. Routledge, 1991, pp.24-27.

このモデルはその後，人，プロセス，文脈が相互に交差するダイナミックなものとして，「人・プロセス・文脈」（Person Process Context：PPC）モデルという名称に変更されている。「人」としては，想像性，批判的内省，情熱，生活経験，生活の満足度，動機，これまでの教育歴，レジリエンス，自己概念など，「プロセス」としては，ファシリテーション，学習スキル，学習スタイル，学習の計画・実施・評価に関する能力，教授スタイル，テクノロジーの技能といった教授と学習の相互作用，そして「文脈」としては，文化，権力，学習環境，財政，ジェンダー，学習する雰囲気，組織的な施策，人種，政治環境，性的指向などの環境的・社会政治的雰囲気[15]が自己決定学習に影響する要因として挙げられている。

＜自己決定学習への動機づけ＞

自己決定学習を，学習活動への参加の「動機づけ」「自己管理」「自己モニタリング」といった認知面から説明するモデルもある。自己管理は，学習資源をどのように活用するか，いつ学習するかといったスケジュールなどの管理を含む。また，自己モニタリングとは，自分の行った学習を振り返り（省察），批判的に考えることであり，学習プロセスの中で最も比重が置かれるところである。

さらに，このような認知的側面を整理し，自己決定学習の動機づけに至るプロセスを表した**図表8-3**のような自己決定学習の統合モデルもある[16]。このモデルによれば，動機は，学習に対する参入と継続に最も重要な役割を果たすものである。そして，この動機づけがなされるには，個人のニーズと感情状態が結合することと，個人特性と文脈的特性が制御されて，望ましい成果が得られるという期待が持てることが必要なのである。

---

[15] Brockett, R. G. & Hiemstra, R. Reframing the Meaning of Self-directed Learning. *Proceedings of the Adult Education Research Conference*, USA, 2012, pp.155-162.

[16] Garrison, D. R. "Self-directed learning: Toward a comprehensive model." *Adult Education Quarterly*, 1997, Vol. 48, No.1, pp.22-29.

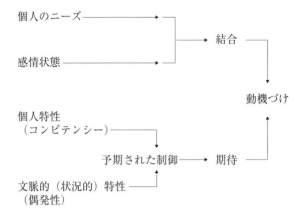

出典：Garrison, D. R. "Self-directed learning: Toward a comprehensive model." *Adult Education Quarterly*, 1997, Vol. 48, No.1, p.28. を訳出。

図表8-3　自己決定学習の統合モデル

　自己決定学習は，現実よりも理念を表し，成人学習者の到達目標を示していると考えられている。自分で学習を計画し，実行し，評価するというサイクルを自己管理しモニタリングすることは，かなり高度なことである。しかし，学校教育においても，この理念に基づき，探究型学習，アクティブ・ラーニングなど，主体的で自発的に学習できる者の育成に向けた新たな学習活動が重視されてきているように思われる。

（3）自己決定学習の評価
　自己決定学習の評価についても述べておこう。
　自己決定学習を効果的に行う学習者は，学習目標の設定に対し責任を持ち，学習の基準を設定し，フィードバックや自己認識に基づいて学習プロセスを適切に評価し修正することができる。
　学習を効果的に自己評価するためには「自己管理」「自己モニタリング」「自己修正」が重要とされる（**図表8-4参照**）。自己管理では，学習の管理や時間を効果的に使うためにこれまでの知識が活用される。自己モニタリングでは，自分の学習内容について他者とものの見方を共有

図表 8-4　自己決定学習の自己評価

自己管理	自己モニタリング	自己修正
・知識，感覚データ，行動を導き，磨き，改善することへの直観の利用 ・内的統制の所在の表明 ・熟慮された計画と行動の開始 ・効果的な時間管理 ・自分の研究や実験を通じた新しい知識の生産 ・明確で正確な言葉の使用 ・孤高と連帯，行動と内省，個人の成長と専門的成長のバランス ・ユーモアのセンスの表現	・熟慮した回答を得るための自己や他者を超えたものの見方の追求 ・新しくイノベーティブな考えや問題解決戦略の生成 ・新しい意味を創出する両義性と可能性の追求 ・集団に関連した自己の管理 ・知られていることと知られていないことについての問いかけと，そのギャップを埋める戦略の展開 ・仕事の質を向上させるための評価・修正・調整	・自己主張と他者との調整との間にある選択ポイントの探求 ・適切な資料に基づくフィードバックによるパフォーマンス改善への探求 ・経験についての内省と経験からの学習 ・新しい技能と戦略についての学習の継続性 ・熟慮したフィードバックとそれに基づく行動

出典：Costa, A. L. & Kallick, B. *Assessment Strategies for Self-directed Learning.* Corwin Press/ Sage, 2004. の改編（Merriam, S. B. & Bierema, L. L. *Adult Learning: Linking Theory and Practice.* Jossey-Bass, p.75.）を訳出。

することが必要とされる。また，自己修正では，学習について他者からのフィードバックを得，自分の成果を振り返る。このような過程を経て，学習者は自己決定学習に習熟していく。

　具体的な評価作業にあっては，仲間などと学習目標や学習の進捗状況のモニタリングや調整などの振り返りの機会を持つことや，振り返りシートの使用，学習課題に関連した主要な段階においてのチェックリストの使用，学習者の課題に沿ったポートフォリオの作成などの方法が挙げられている[17]。

---

[17] Costa, A. L. & Kallick, B. *Assessment Strategies for Self-directed Learning.* Corwin Press/ Sage, 2004, pp.93-95.

3. 自己決定学習と個人特性

(1) 学習レディネスと自律性

　ノールズは，学習者が年齢を経て成熟することで自己決定性が増すと考えた。このような年齢に応じた一般的な仮説の一方で，自己決定性は，学習者の価値観，態度，能力・資質や性格特性など，個人の特性に依存するとの指摘も多くなされてきた。学習する素地とも言える状況があるかないかは学習を左右する。心身ともに学習する準備が整っている状態をレディネスと言うが，このレディネスが学習者によって異なるということである。

　自己決定学習に関するレディネスについては，態度，価値観，能力から構成される 58 項目からなる「自己決定学習レディネス尺度」(Self-Directed Learning Readiness Scale) が開発されている。この尺度に基づいて，成人学習者の自己決定学習レディネスを測定したところ，得点が高い者には，次のような心理的特性があることが明らかにされている。つまり，学習に対するイニシアチブ，自立性，持続性，自分の学習に対する責任の受容，自律性，高い興味・関心，一人で学習する強固な意志，学習を楽しむ気質，目標志向性，課題を障害というよりは挑戦と考える傾向などである[18]。

　学習に対する肯定的価値観があるかどうかは，社会学においても検討されてきた。たとえば，受けてきた教育・学習歴，知能 (IQ)，成育家庭の「社会経済的地位」(socio economic status) や文化資本 (cultural capital)，つまり，家庭の持つ教養，蔵書数，教育への関心度，日常的な振る舞いなどの文化的な環境による影響が大きいことが明らかにされている[19]。

---

[18] Guglielmino, L. M. "*Contributions of the Self-Directed Learning Readiness Scale (SDLRS) and the Learning Preference Assessment (LPA) to the Definition and Measurement of Self-Direction in Learning.*" Paper presented at The First World Conference on Self-Directed Learning. Montreal, Canada. 1997.
[19] ブルデューの「文化資本論」の議論などが代表的である。

このような個人特性の中で,自己決定学習の中心となるものは学習者の自律性であろう。自律という言葉は自治を意味し,自由に自発的に行動することである。動機づけを研究する心理学者は,選択の機会を提供することが,人の自律性を支えるとする。学校教育においても,レポートのテーマを何にするかなど,子どもたちに選択の機会を提供することで,子どもたちは,自分の行為の根拠を意味づけ,納得して活動に取り組むことができるようになる。そして,その選択を適切に行うためには十分な情報が与えられなければならない[20]とされる。成人になってから自己決定学習ができるかどうかについては,学校教育において自律的に学習する経験があったかどうかによって,自己決定学習の技能の習熟度が異なることが予測される。このことは,成人学習から学校教育への示唆として,自律的学習が可能な「学び方の学び」が近年,学校教育に求められる根拠となっている。

(2) 学習者の学習成熟度

　自己決定学習が唱道するように,自律的に自ら決定し学習するようになることは理想であるが,そこに至る学習者の学習自律度には段階がある。

　グロウ(Grow, G. O.)は,学習者の理解の程度やそれに伴う自律度に注目し,自己決定学習について,学習者の依存,興味,関与,自己決定の段階説とそれに応じた支援のあり方を提示している(図表8-5参照)[21]。

　自己決定学習の学習者の段階を見れば,段階1では,自己決定性が乏しく,何を学習すべきか教えてくれる教師といった権威者が必要である。段階2では,自分で学習内容を決定できる場合もあり,学習への動機づけや自信があるとはいえ,学ぶ内容について知らないため,やる気を起こさせる人やガイドが必要である。段階3になると,自分で学習を決定

---

[20] デシ, E.L./フラスト, R.(桜井茂男監訳)『人を伸ばす力―内発と自律のすすめ』新曜社, 1999, p.3, pp.45-47.
[21] Grow, G.O. "Teaching Learners to be Self-directed." *Adult Education Quarterly*, 1991, Vol.41, No.3, pp.125-149.

図表 8-5　自己決定学習の段階モデル

段階	学習者	教育者の役割	例
段階 1	依存	権威者・コーチ	①随時フィードバックによるコーチング ②ドリル，情報提供的講義 ③欠点や抵抗の克服
段階 2	興味	やる気を起こさせる者・ガイド	①意欲を喚起させる講義に加え指導的な議論 ②目標設定と学習方略
段階 3	関与	ファシリテーター	①対等の立場に立つ教員によって促される議論 ②セミナー ③グループによるプロジェクト
段階 4	自己決定	コンサルタント・委託者	①インターンシップ ②学術論文 ③個人学習 ④自己決定的学習グループ

出典：Grow, G. O. "Teaching Learners to be Self-directed." *Adult Education Quarterly*, 1991, Vol. 41, No. 3, p.129. を訳出。

できることが多く，学習スキルや知識もあるが，ファシリテーターとしての学習支援者がいれば特定の内容を深く学ぶことができる。そして，段階4では，自分で学習内容を決定し，学習を計画・実施・評価できるが，あえて学習支援者を求めるとすればコンサルタントということになる。

　これらの段階に応じて，提示される教育内容も異なる。たとえば，段階1では，入門的な教材，科目中心の講義，ドリル，概念と応用を即座に関係づけられるような支援，即座のフィードバック，チュータリング（個人指導）などが有効である。段階2では，学習の動機づけや，学習目標を立てる手助け，学習方略の開発の支援，指導的な議論を伴うやる気を起こさせる講義，関心を引くやり方での基礎・基本の習熟，綿密な指導の提供が重要となる。段階3では，教材の応用，議論の促進，現実の課題への学習の応用，グループによるプロジェクトやプレゼンテーション，批判的思考の奨励，学習方略の提供，協働的学習が挙げられてい

る。自己決定学習の目標とされる段階4では，独自のプロジェクトや学習者主導の議論の奨励，探索を通じた学習，必要に応じた専門的助言，専門的相談，モニタリング，裁量の提供，学習者同士の学習内容共有の機会の組み入れ，学習のプロセスと成果の重視，サービスラーニング，コーチングといった学習方略が挙げられている[22]。

　グロウのモデルは，学習者に対する支援を考える場合，学習者の状況に応じた具体的なイメージが持てるため，成人学習講座などを行う人々にとって便利なものとされている。

(3) 学習者の特性と支援

　このように，学習者に学習欲求が生じた後，学習が計画され実施されるかについては，学習者に学習へのレディネスや自律性があるかどうか，そして学習自律度が大きな影響を持つ。自己決定学習は，学習者が自分で計画・実行・評価できることを前提とする。しかし，学習者が自己決定できるかどうかは，個人的特性とともに，状況的なことにも影響される。この学習を左右する自己決定性の度合いは一様ではない。学習プロセスの初めの段階で，学習者それぞれに，学習テーマへの関心や知識の有無，個人の能力，教育経験に基づく学習することへの慣れ，学習への適切なコミットメントといったことの確認や診断を行うことが，成人の学習を支援する際の基本となるであろう。

　成人の場合，自己決定に基づく学習が中心とはいえ，成人に学習機会を提供する者は，学習者の自己決定性の成熟度や，学習するテーマの知識の量により，支援する内容を判断する必要が生じる。たとえば，グロウのモデルにあるように，自己決定性が低い学習者に対しては，成人であっても，学習者が何をすべきかを教えられる教師や講師といった権威的な人物が必要となる。また，学習する意欲も動機もあるが，新しい法律制度や語学など，学ぼうとする内容について全く知らないという場合

---

[22] Grow, G.O. "In Defence of the Staged Self-Directed Learning Model." *Adult Education Quarterly*, 1994, Vol.44, No.2, pp.109-114.

も，知識的に優位な教師や講師が必要であろう。一方で，学習者が能力や基礎的知識，そして十分な経験を有している場合は，学習支援者や一緒に学ぶ仲間がいれば，自分で学習の大半を準備・計画できる。たとえば，医師，看護師，臨床検査技師など医療現場の者が体系的に生命倫理を学ぼうとする場合，成人対象の講座に参加し経験を共有し議論することが有益であろう。

　自己決定性や自発性は，成人になってから学習を行う際の鍵である。しかし，重要なことは，成人学習の機会が拡充され，生涯学習の環境基盤の整備がなされたとしても，その情報を入手でき，自己決定的に学習できる人ばかりではないという現実があることだ。これまでの成人に対する学習機会の多くは，グロウの言う最終段階，つまり，自分で学習を計画・実行・評価できる段階の人々を前提に提供されているように思われる。

　知識社会と呼ばれる現代は，知識が道具であり資本である。このような社会で生きていくには，学習することは必須であり，知識が雇用や収入に直結する。しかし，成人になってから学習をするか否かの決定を個人に委ねることで，個人の知識・技能の総体量の格差が，学習を介してますます広がっているように思われる。成人学習の基本的概念とされる自己決定学習の本質を深く考えれば考えるほど，学習機会に自らアクセスできない人々に，学習意欲を喚起し，情報を提供し，学習を動機づけるなど，学習を補償し支援する人々や組織が必要で重要なことに気づかされるのである。

研究ノート

1. 自分の能力開発について具体的な学習計画を立ててみよう。
2. グロウのモデルのどこの段階に自分がいるかを判断し，自己決定的になるために必要な準備について記述してみよう。
3. 具体的な学習計画に基づき，学習契約書を作成してみよう。

参考文献

赤尾勝己編著『学習社会学の構想』晃洋書房，2017年．

クラントン，P. A.（入江直子／三輪建二監訳）『おとなの学びを創る─専門職の省察的実践をめざして』鳳書房，2004年．

シャンク，D. H.／ジマーマン，B. J.（塚野州一編訳）『自己調整学習と動機づけ』北大路書房，2009年．

デシ，E. L.／フラスト，R.（桜井茂男監訳）『人を伸ばす力─内発と自律のすすめ』新曜社，1999年．

ライチェン，D. S.／サルガニク，R. H.（立田慶裕監訳）『キー・コンピテンシー─国際標準の学力をめざして』明石書店，2006年．

9 変容的学習

　ものの見方の変容をもたらす変容的学習は，ノールズのアンドラゴジーが提出されて以降，成人学習の中で最も注目を浴びている理論である。その内容は，自分の価値観を揺るがすような人生経験から人は新たなものの見方を学び，発達するというものである。
　本章では，変容的学習の概要を紹介し，自分の人生を振り返り，新たな意味づけをするための学習論について説明する。

1．変容的学習とは

(1) 変容的学習の定義

　死や死の受容に関する著作の多い精神科医のキューブラー＝ロス（Kübler-Ross, E.）は，人生で悲劇的な出来事に遭遇した場合の対処について次のように言う。「人生には偶然というものはありません。いつ，どこで，どんなふうに生まれてくるかということすら偶然ではありません。私たちが悲劇だと思っているものも，私たちがそれを悲劇にするから悲劇なのであって，私たちはそれをチャンスとか成長のための好機と見なすことだってできるのです。…（略）…いわば人生の嵐の時代を振り返ってみれば，いまの自分をつくりあげたのは，まさしくそのつらかった日々だということがわかるはずです。誰かがこんなことを言っていました。『つらい経験をするというのは，ちょうど大きな石を洗濯機で洗うようなものだ。ばらばらに壊れて出てくるか，ぴかぴかになって出てくるか，そのどちらかだ』」[1]。

---

[1] キューブラー・ロス，E.（鈴木　晶訳）『「死ぬ瞬間」と死後の生』中公文庫，2001，pp.17-18.

キューブラー＝ロスが言うように，遭遇した経験は，それがどんなに悲しく辛いことであっても，それをどう捉えるか，そして，そこから何を学び，その経験を人生にどのように生かすかが大事なのである。
　このように遭遇した経験からどのような認知的な変化があったのかを学習として捉える考え方がある。たとえば，メジロー（Mezirow, J.）は，遭遇した経験を乗り越え，新たなものの見方へと発展していくプロセスを扱った学習を「変容的学習」（transformative learning）[2]と名づけている。人生の経験，特に闘病，身近な者の死など，混乱をもたらすような人生で遭遇する辛い出来事の経験が，私たちのものの見方を変え，紆余曲折を経ながら，最終的に発達とされる新たな広いものの捉え方を可能にすることがある。メジローは，危機的状況を乗り越えて成長していくプロセスを学習と捉え，その変容について理論化を試みている。メジローによる変容的学習の理論は，1980年代後半以降，成人学習の中心的なテーマとして取り上げられるようになった。
　メジローによれば，変容的学習は「将来の行為を方向づけるために，以前の解釈を用いて，自分の経験の意味について新たな，あるいは修正された解釈を作り出すプロセスである」[3]と定義される。メジローのその後の著作では，変容的学習は「行動を導く，より正確で理にかなった考えや意見を生み出すために，当然視している価値基準（意味体系，思考習慣，思考態度）を，より包括的で識別能力があり，開放的で，感情的に変化を受け入れ，内省的に変容するプロセス」[4]とその定義が改訂されている。変容的学習とは，このように新しい知識が加わるといった表層的なことではなく，価値観が劇的に根本的に変化することにより，新しいものの見方や価値観を獲得することを意味する。

---

[2] 変容的学習は原文では transformative learning であり，「意識変容の学習」や「変容の学習」との訳が多く見られるが，ここでは，メジロー, J.（金澤　睦／三輪建二監訳），『おとなの学びと変容』鳳書房，2012，pp.xviii-xix に倣い，「変容的学習」とした。
[3] メジロー, J.（金澤　睦／三輪建二監訳）『おとなの学びと変容』鳳書房，2012，p.18.
[4] Mezirow, J. & Associates. *Learning as Transformation: Critical Perspectives on a Theory in Progress.* Jossey-Bass, 2000, p.8.

(2) 認知的変容

　変容的学習は，自分の経験をどのように解釈し，意味づけるかを個人に問うものである。変容するものは何か。それは，自分の内部に有する価値体系，ものの見方や価値基準である。たとえば，この価値基準は，メジローによれば，互いに重なり影響し合う六つの思考習慣からなる。つまり，①物事を知り知識を用いるやり方にかかわる「認識的思考習慣」，②社会規範，文化，言語の使用などの「社会言語的思考習慣」，③自己概念，性格特性，情動反応，個人のイメージや夢などの「心理的思考習慣」，④善悪の判断や倫理観などとかかわる「道徳倫理上の思考習慣」，⑤宗教的信条や世界観に基づく「哲学的思考習慣」，そして，⑥嗜好や美に対する基準などの「審美的思考習慣」である[5]。これらの価値基準に基づき，特定の知識，信念，価値判断，感情から構成される「意味体系」（meaning scheme）と，イデオロギー，学習スタイル，あるいは神経症的自己欺瞞によって生み出される「意味の捉え方」（meaning perspective）の二つの観点から，人は自分の経験の解釈を行う[6]。変容的学習は，経験によって，それまでの価値体系や意味の捉え方のレンズを変え，より広く全体的な捉え方やものの見方を可能にするための学習である。このレンズの変容によって，以前持っていた固定概念，これまでの態度，価値観，感情を超えて，深いものの見方やより良く生きるための新しい理解や統合的な考え方が可能になる。メジローは，人は自分の身に降りかかった出来事を理解し，その経験を意味づけたいという人間としての根源的ニーズがあるとする[7]。成人期の学習のすべてが変容を生じさせる学習ではない。しかし，メジローは，意義深い変容的学習は，自分に混乱を生じさせるような人の死，転職，病気といった危機的なライフ・イベント

---

[5] Mezirow, J. "Learning to Think like an Adult: Core Concepts of Transformation Theory." In Taylor, E. W. & Cranton, P. & Associates, *The Handbook of Transformative Learning: Theory, Research, and Practice*. Jossey-Bass, 2012, p.83.
[6] メジロー，J.（金澤　睦／三輪建二監訳）『おとなの学びと変容』鳳書房，2012，pp.7-10.
[7] Mezirow, J. & Associates. *Fostering Critical Reflection in Adulthood*. 1990, pp.1-20.

や人生の大きな出来事で生じる場合が多いと言う。

　変容的学習の鍵は人の内面の変化である。その変化とは，それまで気づかなかった思い込み，偏見，価値観などを批判的に振り返り，検討する中で生じる。それは，自分に対する見方や置かれた立場についての認識の変化である。

（3）社会的行動

　メジローとともに，変容的学習のもう一人の代表的理論家は，ブラジルの教育思想家のフレイレ（Freire, P.）である。メジローの変容的学習が，認知的・合理的にものの見方が変わる，いわゆる認知の変化といった個人内部の心理面に注目するのに対し，フレイレは，成人学習によってもたらされる個人の意識の変化が，最終的に社会の制度的・社会政治的変化につながるという社会変革の理論を唱える。ここでは，併せてフレイレの変容的学習についても紹介しておこう。

　フレイレが生まれたのは 1921 年。当時のブラジルは，貧困，飢餓，大地主制による搾取が横行していた。フレイレは，ブラジルの政治的不安定の中で亡命生活を余儀なくされながら，ブラジルの民主文化活動を推進し，第三世界において成人教育や識字教育の実践を行った。フレイレの著書『被抑圧者の教育学』は，1970 年に英語で出版された後，複数の言語に翻訳され，発展途上国をはじめ世界各国で広く読まれるものとなったが，その主張するところは，識字教育といった学習を通じ抑圧された人々をエンパワーすることで社会変革を目指す思想的なものである。

　フレイレの教育理論の中心には，「意識化」（conscientization）という概念がある。意識化とは，「みずからの生活のあり方を定めている社会文化的現実と，その現実を変革するみずからの能力とを深く自覚する」[8]プロセスである。フレイレの「文化サークル」と呼ばれる識字学習の集まりでは，自分たちの生活の一場面を切り取った写真を目の前に置いて，それをみんなで徹底的に読み込んで議論する。画像を媒介にし，

---

8 フレイレ, P.（柿沼秀雄訳）『自由のための文化行動』亜紀書房，1984，p.59.

自分たちの現実体験を対象化する。たとえば，スラム，ゴミ，掘っ立て小屋といった言葉が出てくるのは，議論がかなり進展してからである。このように社会と向き合い，そこに自らを再び位置づける過程がフレイレの言う意識化なのである[9]。

　フレイレは，第三世界における意識化について，四つの意識レベルの段階を特定する。一番下のレベルは，「非能動的意識」の状態で，基本的ニーズの充足の段階にあり，社会文化的状況や問題の所在に気づかない。二番目のレベルは，「半能動的意識」の状態である。このレベルは，独裁者に支配されている国や第三世界の新興国で多く見受けられる。このような国では，現存の社会文化が当然視され，人は沈黙を余儀なくされる。そのようなところでは，人生は運命や宿命と認識され，人的な力が及ばぬものとされる。抑圧された人々は支配者の価値観を内在化し，支配者への情緒的な依存と自己卑下という状況にある。三番目のレベルは，「未熟な能動的意識」の状態である。ここでは人生について問いを発し，社会文化的現実が自分たちの生活を規定していることを理解するようになる。このような状態にある場合，人は扇動に乗りやすい。四番目のレベルは，「批判的能動意識」の状態である。ここで初めて，既存の依存と抑圧のイデオロギーといった前提の妥当性を検討し，対話的な教育プロセスに参加可能となる。

　フレイレは，教師を預金者，そして生徒の頭を貯金箱に例え，教師の詰め込み教育を「銀行預金型教育」（banking education）と呼ぶ。その教育は，フレイレが目指す解放を求めて対話により行われる「課題提起型教育」とは正反対のものである。銀行預金型教育は，学習者を受動的で順応しやすくする。一方，フレイレが目指す課題提起型教育は，提示されるテーマや関心についての対話や話し合いを通じ，学習者は自分の生活状況への認識を高めて意識化していく。抑圧された人々は，教育によって支配者の価値観を内在化しがちであるが，この意識化のプロセス

---

[9] 里見 実『パウロ・フレイレ「被抑圧者の教育学」を読む』太郎次郎社エディタス，2010，pp.22-23，pp.255-256．

で批判的に振り返ることにより，公正な立場で社会的行動をとることへと自分自身を解放する。ここでの学習の目標は，学習者の意識の解放であり実践である。このように自分の生活状況について行動し振り返ることで，初めて人は自分を解放できるのである。フレイレの言う意識化は，生活への深い気づきとともに批判的意識を持つことで，抑圧されている社会構造と自分自身の意識に気づき，認識が変容していくプロセスである。このプロセスは学習者による変容的学習である。学習者は実践を通じ，省察と行為を結び付け，社会変革をもたらす行動にかかわるようになる。このような社会的行動はさらに批判的振り返りにより継続的な学習サイクルとなる。このサイクルが，フレイレの言う解放的学習の実践ということなのである。

2. 変容的学習のプロセス

(1) 変容的学習の構成要素

それでは具体的に，変容的学習とは，どのようなことから構成されるのか。変容的学習は，経験，批判的振り返り，発達の段階を踏み，これらが構成要素となる。

変容的学習の中心は，学習者の経験にある。経験は，成人学習において学習資源であり，学習の中核になるものである。しかし，同じ辛い経験でも，それにより学習を生じさせる人とそうでない人がおり，また，同様の経験でもすでに心理的に解決されている場合など，経験がいつも学習を刺激するわけではない。さらに当然ながら，経験に基づく学習がすべて変容的であるわけではない。そして，経験自体では変容をもたらすのに十分ではなく，重要なのは，その経験を批判的に振り返ることにある。批判的振り返りについて，ある研究者は，批判的思考は，問題の識別，問題の定義，問題を扱う方法の探求，問題への戦略適用の試行，新しいものの捉え方の統合からなるとしている[10]。

---

10 Garrison, D.R. "Critical Thinking and Adult Education: A Conceptual Model for Developing Critical Thinking in Adult Learners." *International Journal of*

このような批判的振り返りには，経験自体の「内容の振り返り」，問題解決の「プロセスの振り返り」，これまで抱いていた信念，価値観といった「前提に対する振り返り」の三つの種類がある。この中で変容的学習にかかわるのは，前提に対する振り返りである。

前提に対する振り返りは，従来の枠組みで受け入れることができない経験に遭遇した時に生じる。この場合には，これまでの思い込みを根底からくつがえす批判的思考や省察的実践が促され，変容的学習につながるのである。逆に言えば，変容的学習は，前提に対する振り返りによってのみ可能になる。

（2）変容的学習の段階

メジローは，変容的学習は，自分の遭遇した経験についての批判的振り返り，それを確認するための対話，そして行動の3段階を経る[11]と言う。そして，具体的に第1段階から第10段階に至る学習プロセスを示している。これらの段階を人は必ずしも直線的に進むわけではなく，順序どおりでない場合もあり得る。また，これらの段階を経るには半年から数年かかる場合もあり，触媒となるような経験が媒介することもある。その10段階は次のとおりである。

・第1段階：混乱するジレンマとの遭遇。

受験の失敗，身近な人の死，病気，離別，離婚，子どもの巣立ち，リストラ，定年など，外的にもたらされる危機的なライフ・イベントとの遭遇である。この危機は，これまでの人生では遭遇したことのない非常に大きな心理的危機をもたらすものである。このことがそれまでの価値観を揺さぶり，変容的学習の発端となる。

・第2段階：罪悪感や恥からの自己検討。

「なぜ自分がこのような目に遭うのであろう」といった動揺，不安，

Lifelong Education, 1991, Vol.10, No.4, pp.287-303.
[11] Mezirow, J. "Transformative Theory Out of Context." *Adult Education Quarterly*, 1997, Vol.48, No.1, p.60.

葛藤，そして他者の視線を気にするなどの恥の意識から自己検討を行う。
- 第3段階：認識的前提，社会文化的前提，あるいは精神的な前提についての批判的アセスメント。

　第2段階の自己検討を踏まえ，これまでの価値観の前提を内省的かつ批判的に評価する段階である。
- 第4段階：自分の不満と変容プロセスが共有できるものであり，その人たちも同様の変化を乗り越えたことへの気づき。

　自分以外の人も同じような境遇で同様の状況に直面し，その状況を受け入れ，乗り越えたことに気づく。
- 第5段階：新しい役割，関係，行動の選択肢の模索。

　新しい関係性を構築する，あるいは新たな行動を起こすために，新しいルール，新しい役割，関係，行動を選択する可能性を模索する。
- 第6段階：行動計画の検討。

　第5段階で模索し得た方向性について，行動を起こす計画を立てる。
- 第7段階：自己の計画を実行に移すための知識と技能の獲得。

　行動のための知識と技能を得るために，具体的な学習活動を行う。
- 第8段階：新しい役割の暫定的試行。

　自分の新たな役割を受け止め，可能かどうかを試行してみる。関係の修正や新しい関係を取り決める。
- 第9段階：新しい役割の中での能力と自信の獲得。

　これまでのプロセスを経て，新たに能力と自信を築く。
- 第10段階：自己の新しいものの見方に基づいた条件を土台にした自分の生活への再統合。

　新しく変容したものの見方を自分の生活に再統合する[12]。

　この変容的学習のプロセスを図示化したのが**図表9-1**である。

---

[12] Mezirow, J. "Learning to Think like an Adult: Core Concepts of Transformation Theory." In Taylor, E. W., Cranton, P. & Associates (eds.), *The Handbook of Transformative Learning: Theory, Research, and Practice*. Jossey-Bass, 2012, p.86. 10段階の訳はメジロー，J.（金澤　睦／三輪建二監訳）『おとなの学びと変容』鳳書房，2012，pp.235-236.を参考にし一部改編した。

図表 9−1　変容的学習のプロセス

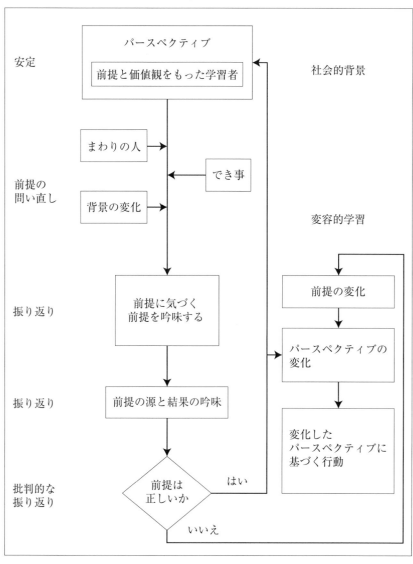

出典：クラントン，P. A.（入江直子／豊田千代子／三輪建二訳）『おとなの学びを拓く―自己決定と意識変容をめざして』鳳書房，2002，p.206．ただし，出典では「意識変容の学習」であるが，本書では統一的に「変容的学習」と改編した。

前述の変容的学習の段階を大きく捉えれば，人は，混乱を生じさせるジレンマの後に自己分析を行い，これまで前提としてきた考え方を批判的に検討する。続いて，他の人々が同様のプロセスを経ていることを理解し，これまでとは異なる選択肢を探し新しい行動を起こすようになる。新しい行動のためには知識と技能が必要となるため学習を行う。そして，その後，新しい行動規範を試し，人々との新しい関係を築き，能力と自信を獲得するといった手順を踏む。
　いずれにしても重要なのは，変容するプロセスにおいて，人は情報を求め，そして何らかの答えを求めて学習するということなのである。

3. 変容的学習の実践

(1) 変容的学習の例

　ところで，変容的学習の具体的な例としてはどのようなものがあるのだろうか。ここでは，グローバル能力の獲得，死の受容の二つの例を紹介しよう。

＜グローバル能力の獲得＞

　最初の例は，変容的学習の理論枠組みを用いて，グローバル能力獲得における学習プロセスと参加者の変容について取り上げたものである。変容的学習の事例の多くが病気を題材に取り上げているのに対し，この例は，グローバル能力の獲得過程を取り上げていて興味深い。ここでの研究対象は，25年以上米国の文化下で暮らし，その後，海外で2年以上生活や仕事をした経験を持つ者で，かつ，現地語を話し異文化経験に肯定的な感情を有している12人である。研究では，それぞれ60～90分にわたるインタビューを実施している。12人の内訳は男性8人，女性4人，人種構成はヨーロッパ系アメリカ人が8人，アフリカ系アメリカ人が3人，ヒスパニックの第二世代が1人であった。2年以上生活や仕事をした米国以外の国は，ブラジル，ブルキナファソ，エクアドル，ガボン，ドイツ，ホンジュラス，日本，インドネシア，メキシコ，ニカラグア，スペイン，スイスである。
　インタビュー調査の結果から，現地にうまく適応し，グローバル能力

を獲得する学習プロセスとして，「状況設定」「文化的不均衡」「非内省的適応」「内省的適応」「行動的学習方略」「グローバルアイデンティティの進化」の六つの構成要素が特定されている（**図表 9 - 2 参照**）。

　第1段階である「状況設定」は，以前の人生における危機的出来事や個人の目標，そして，学習プロセスに影響を与える異文化研修や異文化にかかわる経験である。これらの経験は，グローバル能力を獲得する以前にあった学習レディネスを付与する個人的状況である。たとえば，ヒスパニックの第二世代の者は，アメリカ文化に同化することを望む両親に家庭内でスペイン語を使うことを禁止されていた。彼は親の意に背いて高校でスペイン語を勉強し，さらに大学でスペイン語を専攻，中央アメリカの国で仕事に就いた。また，米国国際開発庁（USAID）の職員としてインドネシアで働いている者は，以前，発展途上国のボランティアとして，アフリカの象牙海岸で暮らした経験がある。

　調査対象者たちは，受入国に到着してからグローバル能力獲得の学習が始まるのではなく，それ以前の重要な個人的イベント，個人の目標，教育歴，異文化経験によって学習レディネスが創出されている。この段階はメジローのモデルでは，「混乱するジレンマとの遭遇」にあたる。

　第2段階の「文化的不均衡」は，受入国の文化に統合するまでの不適応の経験である。文化的不均衡は変化を促し，そこでは感情の揺らぎや激しい感情の起伏が生じる。このことは，受入国でグローバル能力を獲得させる原動力になる。自国の文化と異なる受入国の文化とのはざまで生じる不協和は，恐れ，孤独，不機嫌など不適応によるジレンマからの感情，いわゆるカルチャーショックをもたらす。これはメジローの「罪悪感や恥からの自己検討」に相当するであろう。

　第3段階では，文化的不均衡への対応として，「非内省的適応」と「内省的適応」といった人によって異なる認知的適応を試行する。非内省的適応は，以前の価値観や前提にほとんど疑問を持たないため，学習者は，文化的不均衡，そして行動上の学習方略とグローバルアイデンティティを成長させるために生じる現実的変化との間を意識的につなげることはしない。

図表 9-2　グローバル能力を獲得するための学習のプロセス

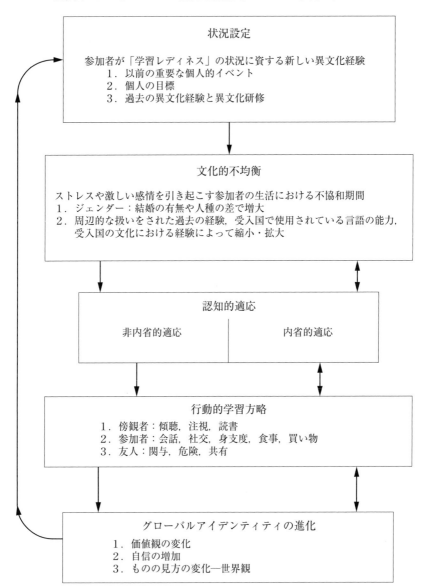

出典：Taylor, E. W. "Intercultural Competency: A Transformative Learning Process." *Adult Education Quarterly*, 1994, Vol. 44, No.3, p.162. を訳出。

一方，内省的適応では，成功感や文化的不均衡をめぐる個人的イベントや学習方略の特定を行い，そしてグローバル能力の獲得のための行動の変化とつなげ，以前の意味体系を問い直す，深い批判的思考を行う。内省的適応は，自分の信条・考えや感情の正統性を慎重に評価するものである。このプロセスは，それまでの前提を問い直す変容的学習とつながるところもある。しかし，大きく異なるのは，メジローがものの見方の変容に批判的振り返りを不可欠としたのに対し，この研究では，それを条件とは考えておらず，また非内省的適応においても意味の捉え方（パースペクティブ）の変容があるとする点である。

　第4段階の「行動的学習方略」では，学習方略として行動を選択し，学習者は文化的不均衡にあって均衡への努力を行う。学習者は，その学習方略において，傍観者，参加者，友人の三つの立場を選択する。この中で，傍観者は，受入国の情報を集めようとし，現地の新聞を読んだりラジオを聞いたりする。現地の人とコミュニケーションはとらないが，人々を注意深く観察する。参加者は，地域のマーケットで買い物をしたり，地元の人と一緒に働いたり，その国の衣装を着たり，現地の食事を食べたりして，人々と社交する。最後の友人の場合は，地元の人々と付き合い，親しい友人もでき，その国の暗黙知にアクセスでき，支援を受けられるようになる。そして，その間，グローバル能力を獲得していく。

　第5段階の「グローバルアイデンティティの進化」は，グローバル能力を獲得するプロセスであり，価値観の変化や自信の獲得，ものの見方などに現実的変化が見られる。この段階では，異文化経験によって，自国の文化的アイデンティティとともに，受入国の価値観も受け入れるようになる。学習者のものの見方が変化し，他の見方も包括的に受け入れ，同時に自分の有する文化を相対化し，すべての人が同様で共通であるという意識を獲得する。この段階に至って初めてグローバルアイデンティティの進化が見られる[13]のである。

---

[13] Taylor, E. W. "Intercultural Competency: A Transformative Learning Process." *Adult Education Quarterly*, 1994, Vol.44, No.3, pp.154-174. この論文における

このようなグローバル能力獲得のプロセスは，変容的学習の理論を用いて説明される一つの例であろう。

＜死の受容＞

グローバル能力獲得の例とは別に，変容的学習としてよく取り上げられるのは，病気の告知，そして闘病後，同様の病気に苦しむ患者の会などで，自分の経験を踏まえた啓発活動や支援活動で活躍するといった例である。深刻な病気の時に意味ある変容的学習がなされるのは，自分と対峙させられるからである。たとえば，次の文はそのさまを表している。

「健康で過ごしているとき，人は日常の生活や人間関係に流され，ほんとうの自分というものを意識し確認することはなかなかできない。

ところが，病気になると，日常的な生活や人間関係から引き離され，病苦という他人と共有しにくい心身の出来事に直面させられ，だれしも否応なく自分と向き合わざるを得なくなる。…（略）…

人は，その隠れた真の自己の発見に驚き，健康という日常性の中にいたときの自己との亀裂に愕然とする。そして，自分にとって何がいちばん大事なものであるかをあらためて知るのである」[14]。

ここでは，病気における変容的学習の例として，フランスの元大統領ミッテラン（Mitterrand, F.）の死の受容プロセスの様子について書かれたものを紹介しよう。ミッテランの死を受容していくプロセスは，変容的学習の視点からどのように捉えられるであろうか。

ミッテランは，大統領に初当選して半年の1981年にがんの告知を受けた。そして，1996年に死去するまでの間，長くがんを患う中で自分の死を問い続けたとされる。大統領であったミッテランは，死に対する仕事にとても興味を抱いており，心理学者エヌゼル（Hennezel, M.）の助言を得て，パリに1987年フランスで初の緩和ケア病棟を設立したと

---

interculturally competent, intercultural identity はそれぞれ直訳すれば異文化能力，異文化アイデンティティとなるが，ここでは意訳し，それぞれグローバル能力，グローバルアイデンティティとした。

[14] 立川昭二『病いの人間学』筑摩書房，1999，p.11.

いう。エヌゼルは，当初，ミッテランがなぜ死に対する仕事に関心を抱くのかがわからなかったが，その後，がんの告知を受けていたからだと理解したという[15]。

　「ミッテラン氏は用意周到に身辺を整理し，自分の死を準備していく。愛人との間に娘のマザリンさんがいることを認め，第二次世界大戦中に，ナチス・ドイツに協力したビシー政権に関与した事実も明かした。人生の最後に，自らの生涯の真実をさらけ出し，すべてを未来の歴史家の評価にゆだねる覚悟ができたというような潔さだった。

　そうした大統領の晩年をエヌゼルさんは身近に見ていた。『どうやって死を成功させるかが，大統領にとって大切なことでした。最後まですべてを自分の統制下に置き，きちんと死ぬプロセスを大切にした人だったと思う』…（略）…

　『大統領の死は美しい死だと思う。自分が望んでいた通りの，大統領にふさわしい死でした。非常な勇気と自由な意志を持続させ，命にしがみつきもしなかった。人生のさまざまな状況のなかで臨機応変に生きてこられたように，死に対することができたのでしょう』彼女はそれを大統領の生き方と似た『エレガントな死だ』と表現した」[16]。

　ミッテランは，クリスマスに愛人とその娘とエジプトを旅行し，年末年始は妻や家族と過ごし，愛する人たちに自分の最後の意思を伝えると，パリに戻ってからは治療をやめ，静かに死を迎えたという[17]。

　誰しもが避けられない死，それは大統領も市井の人も同じである。死に直面し，ミッテランはどのように自分の死を問い，受け入れ，死の準備をしたのであろうか。この問いとともに内面の苦しみ，そして，死を準備していくプロセスに至る心境の変化に思いを寄せ推測するのみである。

　ミッテランは，エヌゼルの著書に「人はいかに死ぬべきか」という言

---

[15] 粟村良一「大統領の旅立ち—死を成功させる執念」共同通信社編『生の時・死の時』共同通信社，1997，p.10.
[16] 同書，pp.12-13.
[17] 同書，p.13.

葉から始まる次のような序文を寄せている。

「はかり知れない孤独の中にいるとき，あるいは肉体が限界ぎりぎりまでくたびれ果てているとき，時間は通常とは違った流れ方をする。誰かがかたわらにいて自分の絶望や苦悩に耳を傾けてくれると，その人に助けられて，時にはわずか数日で患者は自分の人生を理解し，自分の人生を我がものとし，人生から真実を引き出すことができる。…（略）…

死によって人間は自分が本来そうなるべき姿に導かれる。…（略）…死はその言葉の意味どおり，≪成就≫になりうるのだ」[18]。

緩和病棟で「死にゆく人々」と接する経験を重ねて，エヌゼル自身は，人生について次のように語っている。

「人生は私に次の三つのことを教えてくれた。一つめは，自分の死は避けられないし，身近な人たちの死もまた避けられないということ。二つめは，人間は私たちに見えている，あるいは見えているような気がしているものよりも，はるかに大きい存在だということ。私たちの狭量な判断基準ではとても言い表わせないくらい，人間はいつもはかり知れないほど大きく，深いものなのだ。三つめは，人間は決して最後まであきらめないということ。人間は常に発展の途上にあり，自己を実現する潜在能力を持ち，人生の危機や試練を乗り越えて変わっていくことができるのだ」[19]。

死を安易に語ることは避けるべきことであるが，エヌゼルの言う「人生の危機や試練を乗り越えて変わっていくことができる」という点が，変容的学習を意味する神髄と言えるかもしれない。自分の遭遇した経験が危機的なものであればあるほど，批判的振り返りは辛く，心理的には負担のある作業となる。しかし，それゆえ，変容的学習では，人生の価値観は大きく変容し，精神的に豊かに充実した思考へと発達すると考えられるのである。

---

18 エヌゼル，M.（西岡美登利訳）『死にゆく人たちと共にいて』白水社，1997，pp.7-8. フランスの元大統領フランソワ・ミッテランによる序文。ミッテランは自身ががんの闘病において，ホスピスに勤務するエヌゼルと親交があった。
19 同書，p.37.

(2) 変容的学習の方法

　変容的学習は、学習と銘を打っており、この理論に関連した実践方法が、さまざまな研究者や実践家によって提出されている。

　たとえば、変容的学習の具体的方法としては、批判的振り返りを可能にするジャーナルライティング、事例研究、ロールプレイ、自分史執筆などがある[20]。

　この中で、ここではジャーナルライティングを取り上げてみよう。ジャーナルライティングは、書くことを通じて自分の内面を見つめることを目的としたものである[21]。ジャーナルという言葉は、「日記」という意味もあり、ジャーナルライティングには、日々の出来事のメモから、自分をいらいらさせることの「リストをつくる」、心の状態を描写する「意識の地図」、他者の立場で書く「ものの見方の変更」、表現できない怒りや死んだ人へ言いたかったことを書く「送られない手紙」など、さまざまな方法がある[22]。

　ジャーナルライティングでは、物事を書き留めることで記憶を呼び起こし、内省し、自分を客観視し、論理的な分析を可能とする。その目的は、具体的に次のとおりである。

・経験を記録し経験からの学習を促すこと
・理解と理解の表出を助けること
・批判的思考や懐疑的視点を発達させること
・メタ認知を奨励させること（自分の学習行動に気づくこと）
・学習への積極的関与と学習の当事者意識を増加させること
・省察、思考力、問題解決の能力を高めること

---

[20] クラントン，P. A.（入江直子／豊田千代子／三輪建二訳）『おとなの学びを拓く―自己決定と意識変容をめざして』鳳書房，2002，pp.213-241．
[21] 竹島由起「癒しの技術～心のモヤモヤ、書いて吐き出す～」『日経ビジネス』2002年4月22日号，p.73．に米国におけるジャーナルライティングによる学習が紹介されている。
[22] クラントン，P. A.（入江直子／豊田千代子／三輪建二訳）『おとなの学びを拓く―自己決定と意識変容をめざして』鳳書房，2002，pp.215-216．

・個人の発達や専門職としての職能発達のため省察的実践を強化すること
・心理療法の目的や行動変容の助けとすること
・想像性や自己表現を高め言葉に表すこと
・研究や計画の企画と進捗を後押しすること[23]

　変容的学習の実践として，このように振り返る方法を用いることで，自分が遭遇した辛い経験を自分の人生において意味づける作業が重要と言える。

(3) 変容的学習の課題

　最後に変容的学習についての課題を述べよう。その課題としては，たとえば，変容的学習によって実際に変容が起こるかどうかの特定ができるのか，変容的学習のプロセスの本質は何かといった問い，ものの見方は変容しない場合があること，変容的学習を教育場面で取り入れる場合の倫理的考慮などが挙がる。

　加えて，個人の経験を学習資源とすることは，成人学習にかかわる者が学習者の精神状態，ものの見方，パラダイム，意識状態に教育的目的とはいえ干渉することであると懸念を表す者もいる[24]。変容的学習は，人生を考える意義深い学習を可能にする一方で，痛みを伴った個人の経験を扱うために，学習者の感情を丁寧に扱う必要がある。

　しかし，課題はあるにしろ，変容的学習の意義は，人生で直面する辛い経験を乗り越え，新たに人生を前向きに捉え直し前進することにある。そして，変容的学習の成果は，個人の成長や発達にある。この考えの根底には，本書に何度も出てくるが，主体性や自己実現といった人間の肯定的な面を取り上げるマズロー（Maslow, A.）やロジャーズ（Rogers, C.）などの「人間性心理学」（humanistic psychology）に由来する考え

---

23 Moon, J. "Journal Writing." In Leone M. English (ed.), *International Encyclopedia of Adult Education*. Palgrave Macmillan, 2005, p.324.
24 メリアム, S. B. /カファレラ, R. S.（立田慶裕／三輪建二監訳）『成人期の学習──理論と実践』鳳書房，2005，pp.396-398.

が見てとれる。つまり、変容的学習では、すべての変化は、成長や発達のプロセスと肯定的に捉えられるのである。

　成人が、自分の人生を意味づけようとする場合、あるいは、時にとてつもない困難に直面した時、変容的学習はとても魅力的な理論に映る。変容的学習の理論が成人学習の場面で多く用いられるのは、人生に対してどのような経験も無駄ではなく、そこに学習の種があるといった前向きなメッセージを出しているからである。変容的学習は、難解な理論とされながらも、自分の人生を意味づけたいという人間が本来有する根源的ニーズを捉え、経験を成長や発達に結び付ける点で、多くの者が関心を持つ成人学習理論なのである。

研究ノート

1. あなたの人生において、変容的学習に当てはまる経験を取り上げ、メジローの理論に合致しているかを検討してみよう。
2. 人生がある経験で大きく転換した人の自伝や伝記を読み、変容的学習のプロセスと成果を明らかにしてみよう。
3. 1週間程度、毎日、日々の出来事をメモとして書き出して、自分の行動を振り返ってみよう。1週間続いたら、1カ月と続けてみよう。

参考文献

クラントン,P. A.(入江直子/豊田千代子/三輪建二訳)『おとなの学びを拓く――自己決定と意識変容をめざして』鳳書房,2002年.
里見 実『パウロ・フレイレ「被抑圧者の教育学」を読む』太郎次郎社エディタス,2010年.
立川昭二(たつかわ)『病いの人間学』筑摩書房,1999年.
フレイレ,P.(柿沼秀雄訳)『自由のための文化行動』亜紀書房,1984年.
メジロー,J.(金澤 睦(むつみ)/三輪建二監訳)『おとなの学びと変容――変容的学習とは何か』鳳書房,2012年.

10 ナラティヴ学習

　ナラティヴとは，語ることと語りから生み出された産物の両方を表す言葉である。私たちは自分の経験を物語ることで，その経験を意味づけようとする。このような自己に関する語りは省察の一つの方法であり，ナラティヴを用いた手法は，当初，医療，看護，心理など臨床の場面で注目された。近年では，人の理解を対象とする社会学，文化人類学，教育学などの研究領域でも広く用いられるようになってきている。
　本章では，ナラティヴの意味するところを把握した上で，成人学習の場面で用いられるナラティヴ学習とは何かを考える。

1. ナラティヴ学習とは

(1) ナラティヴの定義

　「ナラティヴ」(narrative) という言葉から何を思い浮かべるであろうか。もし答えを求められたら，自分・他者や物事について語ること，ストーリーを紡ぐこと，自分史を書くことなど，ナラティヴという言葉をさまざまな言い方で説明しようとするかもしれない。実はナラティヴの意味するところは多様であり，その定義も曖昧で統一的なものはない。ナラティヴは，語りとしてのライフ・ストーリー，書かれたものとしての神話，伝説，寓話，回想録，伝記，自伝，日誌，記録文書，そして民謡や写真など，さまざまなものを意味するのである。
　ナラティヴという言葉は，「語る」という行為を示すものとして「語り」と訳されることが多いが，「語られた」ものや「書かれた」ものも含まれ，作られたストーリーとして「物語」と訳される場合もある。あえて，ナラティヴの定義を試みれば，ナラティヴとは，「語る」という行為と「語

られたもの」という産物の両方を意味する。そして，それは時間的に異なる二つ以上の複数の出来事を時間軸上に並べて，その順序関係を示す[1]ものでもある。この「語り」と「物語」などのさまざまな要素を含むナラティヴという言葉を適切に表すことができる日本語がないため，カタカナによるナラティヴが主に用いられている。そのため，本章でもナラティヴというカタカナの用語を用いることにする。

ナラティヴの下位概念としてストーリーという言葉がある。このストーリーという言葉には，「ふたつ以上の出来事を結び付けて筋立てる行為」[2]という「筋立て」の意味が含まれ，ストーリーはナラティヴの一種であるが，自分で出来事を意味づけるという点で単なるナラティヴではない。ストーリーは，人が何かを語る場合，聞き手にわかってもらうために重要と考えた出来事を選別し，つなげ，その行動が当然で意味あるものであると示しながら話すという点で，ナラティヴの中でも，個々の出来事を関連づけ，体系化し，筋立てし，意味づけることを含むものである。ナラティヴをストーリーにすることで，私たちは体験や経験に意味を与え，意味をつくり出す。ナラティヴとストーリーという言葉は，場合によっては混在し，同じように用いられ，場合によっては明確に区別される。このように，ナラティヴは突き詰めると理解が難しい言葉である。

このナラティヴという言葉については，米国の心理学者のブルーナー(Bruner, J.) が，「論理科学様式」と「ナラティヴ様式」という二つの思考様式を用い対比的に論じている[3]。この二つの思考様式を対比的に

---

[1] 野口裕二「ナラティヴ・アプローチの展開」野口裕二編『ナラティヴ・アプローチ』勁草書房，2009，pp.1-2.
[2] やまだようこ「人生を物語ることの意味—ライフストーリーの心理学」やまだようこ編著『人生を物語る』ミネルヴァ書房，2000, p.1. ただし，やまだは引用個所を「物語」の定義としているが，ライフ・ストーリーを「人生の物語」としていることから，ここでは「ストーリー」の定義として使用した。
[3] Bruner, J. *The Culture of Education.* Cambridge University Press, 1996.
Bruner, J. *Actual Minds, Possible Worlds.* Harvard University Press, 1986.〈邦訳〉田中一彦訳『可能世界の心理』みすず書房，1998.

見ることで，ナラティヴの特徴を確認してみよう。

　最初の論理科学様式は，論理的議論や演繹法を扱い，数学や論理学など，客観的・普遍的な真理の探究に用いられる思考様式である。一方，ナラティヴ様式は，人の意図や行動，時間的連鎖を扱うが，それが必然か偶然かといった因果関係や普遍性・客観性は問わず，語りからもたらされる迫真性や真実味を求めるにすぎない。ナラティヴ様式の目的は，体験や経験を意味づけることにある。

　実はブルーナーは，知識の構造化を説く1960年に刊行された著書『教育の過程』（*The Process of Education*）で有名であり，「教育の現代化」と呼ばれる教育水準の向上を求める活動において理論的支柱となった人物である。当時，教育の現代化が叫ばれた背景には，1957年の旧ソビエト連邦による世界初の人工衛星「スプートニク1号」の打ち上げが米国などに衝撃を与え，「スプートニクショック」という言葉によって，科学技術推進のための学校教育による学力向上が強く意識されたことがある。この『教育の過程』という著書により認知心理学者としてのイメージの強いブルーナーであるが，後に彼は心理学が過度に情報処理的なものに依存する方向を憂い，ナラティヴや日常性の心理を扱う「フォーク・サイコロジー」（folk psychology）を提唱するようになった。ナラティヴやフォーク・サイコロジーは，参与観察，インタビューなどの質的研究に依拠するものであり，ブルーナーは研究者としての人生を歩む過程で，定量的研究と定性的研究との間，あるいは論理・客観と感情・主観との間でバランスを取ろうとしたのではないだろうか。

　ブルーナーによれば，ストーリーは，頭の中ではなく現実社会の中で生じる。それは起きたことを記録したものではなく，経験の継続的な解釈と再解釈と考えられるべきものである[4]。そして，ナラティヴは，記憶を組織化し，断片化した人生の重大な出来事を，特定の目的のために再度組み立て直す自伝的作業[5]とされるのである。

---

[4] Bruner, J. "Life as Narrative." *Social Research*, 2004, Vol.71, No.3, pp.691-692.
[5] 同書，pp.691-710.

客観的・普遍的視点で法則を規範とする論理科学様式は，人間科学の諸領域で限界を呈しており，それを補う新たなものとして，個人のアイデンティティ形成における語りの重要性，認知研究における語りの役割，そして生涯発達過程における語りの貢献といった点が着目されるようになったと言えよう。

（2）ナラティヴの構造

　さて，ナラティヴについて，いくつかの観点からその構造を分類してみよう。

　ナラティヴは第一に，その内容として，出来事，場面，心的状態，登場人物あるいは役者，これらの者がかかわって生じる事態，そして聞き手から構成される[6]。

　ナラティヴは第二に，語りの流れから構造的に分解できる。それは，①「導入」②「複雑化／複雑化させる行為」③「評価」④「解決／結果」⑤「終結」という5段階を経るとされる。これは，「物語」の起承転結といった流れに相当する。最初の「導入」は，「登場人物や場所，時間などを聞き手に伝える前置き的部分」であり，「複雑化／複雑化させる行為」は，「出来事が発展する部分」であり，話の展開が見られる。次の「評価」は，「出来事についての話し手の感情や判断が示される部分」であり，「解決／結果」は，「出来事がどう解決し，どのような結果が生じたのかを提示する部分」である。そして，最後の「終結」は，「視点を現在に引き戻して，話をまとめる部分」となる。

　ナラティヴは第三に，社会的意義の観点から，時間性，意味性，社会性の三つの特徴で表現できる[7]。

　社会的意義の最初の「時間性」とは，出来事の時間的順序ということ

6　森岡正芳「ナラティヴとは」森岡正芳編著『臨床ナラティヴアプローチ』ミネルヴァ書房，2015，p.10.
7　野口裕二「ナラティヴ・アプローチの展開」野口裕二編『ナラティヴ・アプローチ』勁草書房，2009，pp.8-10.〈原著〉Elliott, J. *Using Narrative in Social Research*. Sage, 2005.

図表10-1　語り手・主題・聞き手によるナラティヴの連鎖

	語り手	主題	聞き手	主語の人称	例
A	自分	自分	他人	一人称	自伝，セラピー，宗教的告白
B	自分	他人	他人	二人称・三人称	相手へのコメント，噂話
C	他人	自分	自分	二人称・三人称	セラピー，リフレクティング・チーム（自分のことを他人同士が語り合うのを聞くという人工的セッティング）
D	他人	他人	自分	三人称	歴史，小説，ドラマ，ニュース，噂話

出典：野口裕二「ナラティヴ・アプローチの展開」野口裕二編『ナラティヴ・アプローチ』勁草書房，2009，p.16.を一部改編。

である。出来事を他者に語りながら，その連鎖に因果関係を見いだしたり見いださなかったりする。次の「意味性」とは，筋立て（プロット）を得ることで意味を伝えるということである。複数の出来事が筋立てによって意味づけられ，ひとまとまりのストーリーとなる。最後の「社会性」とは，誰に向かって語るかという聞き手の想定である。

　ここまで述べた三つの観点からのほかに，ナラティヴは，第四に語り手と主題と聞き手で分類できる。これについては，**図表10-1**のとおり，個人が自分について解釈的に他人に対し語るもの，個人が他人について他人に対し語るもの，他人が自分について自分に対し語るもの，他人が他人について自分に対し語るものの四つに分けられる。

　たとえば，下記は東日本大震災を小学校5年生で体験した高校生の文章である。これを語りとして捉え，前述のナラティヴの内容，語りの流れ，社会的意義，語り手・主題・聞き手の分類の観点から考えながら読んでみてほしい。

　　「あの日，あのとき。
　　僕は，小学5年生だった。体育館で体育の授業を受けていた。
　　学校に迫り来る津波を見た。目の前で人が流されていった。

がれきの山に遺体を見た。自宅はヘドロに埋もれていた。
行方不明の友だちは帰ってこなかった。
僕たちは震災のことを口にしないように気をつけて，
何もなかったかのようにふるまった。

あれから5年。僕は語り伝えたい。
あの日のことを，自分自身の言葉で。
二度と悲しみが繰り返されることのないように。」[8]

（3）ナラティヴの階層

　ナラティヴには階層性がある。ミクロレベルでは個人をめぐる自己物語，メゾレベルでは特定の集団や組織が持つ固有の物語，そしてマクロレベルでは社会全体で共有される社会的言説[9]といったようにである。

　本章で取り上げる主たるナラティヴは，ミクロレベルの個人をめぐるものである。このレベルでのナラティヴは，アイデンティティにかかわるものであり，自己物語と言われるそれぞれの人生におけるストーリーである。ナラティヴに基づく心理臨床やキャリアデザインなど，自己の語りに注目するものはミクロレベルのナラティヴである。

　精神学者のレイン（Laing, R. D.）は，「自己のアイデンティティは，自分が何者であるかを，自己に語って聞かせる説話（ストーリー）である」[10]と表現した。アイデンティティが自己物語であるとするレインの言葉を考えれば，ナラティヴは自分が何者であるかを自分や他者に対して語るものであり，アイデンティティが紡がれ表出したものである。それは，今ある自分と願望を抱き合わせて，新たなるアイデンティティをつくり上げる流動的な生成のストーリー[11]である。アイデンティティは

8　雁部那由多（がんべなゆた）／津田穂乃果（つだほのか）／相澤朱音（あいざわあかね）『16歳の語り部』ポプラ社，2016，p.15.
9　野口裕二「ナラティヴ・アプローチの展開」野口裕二編『ナラティヴ・アプローチ』勁草書房，2009，pp.22-24.
10　レイン，R. D.（志貴春彦／笠原嘉（よしみ）訳）『自己と他者』みすず書房，1975，p.110.
11　リースマン，C. K.（大久保功子／宮坂道夫監訳）『人間科学のためのナラティヴ

状況に埋め込まれており，聞き手とされる想定された聴衆とともに完成されるものであり，人は自分のみでは「自己」になることはできず，他者に向けられたパフォーマンスによって初めてアイデンティティは構築される[12]。

　私たちのアイデンティティは慎重につくり変えられ，書き直される。「私たちが人生のストーリーを語り直し，書き直すとき，人生に関する事実は変わらないが，その意味は変わりうる。どの出来事が強調されるかも変わる。また，私たちが自分自身について語るストーリーが変化すれば，将来私たちに可能なことにも影響が及ぶ」[13]のである。心理療法では，人生を語り直すことで，人が新たなアイデンティティをつくり出すことに注目する。

　メゾレベルでのナラティヴは，集団や組織が持つ固有の物語である。組織の中での変化を引き起こすために，意図的にストーリーの形式を活用し，自らのアイデアを他者に物語るストーリーテリングも一種のナラティヴであろう。また，マクロレベルのナラティヴとは，社会全体で共有する「大きな物語」である。大きな物語とは，たとえば，リオタール（Lyotard, J. F.）が言う近代を支えてきた「解放の物語」「進歩の物語」といったもので[14]，社会の中で語られるさまざまな物語を背後から正当化するものである。しかし，近年，大きな物語が分断され，また，新しいアイデアを出すことを目的として，このように大きな物語の支えがなくても成り立つ小さな物語が多く現出するようになってきており，マクロレベルでのナラティヴは，社会の中に明確には見いだせなくなっている。

研究法』クオリティケア，2014，p.15.
12 リースマン，C. K.（大久保功子／宮坂道夫監訳）『人間科学のためのナラティヴ研究法』クオリティケア，2014，p.201.
13 デンボロウ，D.（小森康永／奥野光訳）『ふだん使いのナラティヴ・セラピー——人生のストーリーを語り直し，希望を呼び戻す』北大路書房，2016，pp.21-23.
14 リオタール，J. F.（小林康夫訳）『ポスト・モダンの条件——知・社会・言語ゲーム（叢書言語の政治（1））』水声社，1989.

（4）ナラティヴの機能

これまで述べたように，ミクロレベルが個人を対象にするとすれば，メゾレベル，マクロレベルは集団を対象としたナラティヴである。ナラティヴについて，個人と集団に見られる共通の機能は，次のとおりである[15]。

①過去を記憶する：現在の自分のアイデンティティと調和させるよう記憶の中の過去を書き換え編集することで，過去を理解し過去の経験を組み立てる。

②ストーリーを使って主張する：法廷ドラマで見られるように，弁護士は弁護する人に有利な主張をするため事実を組み立てる。

③説得する：法廷，議会，セラピールームなどにおいて，語り手は真実であると主張し懐疑的な聞き手に真実と確信させるように働きかける。真実だという主張自体は疑いの余地もある。

④語り手の経験に引き込む：読者，聴衆，観衆を語り手のものの見方に引き込む。

⑤楽しませる：落語や漫才などの例があるように，語り手によるエンターテインメントの機能がある。

⑥人を欺く：詐欺や民衆を扇動するために政治的な意図でナラティヴをつくり上げるなどの例である。

⑦進歩的社会変革のための行動へと他の人を促す：20世紀の公民権運動，フェミニスト運動など，差別に挑む運動が挙げられる。

これらの「ナラティヴ」の機能は互いに重複するとされる。また，これらの七つの機能とともに，「生きるために自らストーリーを語る」という機能を挙げる者もいる。そこで引用されるのは，ディーネーセン（Dinesen, I.）の自伝的小説『アフリカの日々』での次の一文である。

「その悲しみの物語を話して……物語の中にそれが収まれば，あらゆ

---

15 リースマン，C. K.（大久保功子／宮坂道夫監訳）『人間科学のためのナラティヴ研究法』クオリティケア，2014, pp.16-20.

る悲しみは耐え忍ぶことができる。」[16]
　いかがであろうか。

2．ナラティヴの諸相

　次に，ナラティヴの諸相として，心理療法におけるナラティヴ，疾患における語り，そして，成人学習理論との関係といった三つの観点に目を向けてみよう。

（1）心理療法におけるナラティヴ

　心理療法では，語ることを通じてどのような体験世界をその場に構成していくかに注目する。「様々な種類の治療的介入は，主観的，道徳的，社会的な逆境に直面した人の，回復のナラティヴを共に構成することを意味する。治療とは，混沌とした生活に調和と一定の筋道を作り出すナラティヴを育む過程である」[17]と言われる。

　心理療法では，語り手が問題とすることを自分の言葉で語ることが重要であり，そのような語る場や機会をつくり支援することが治療的とされる。つまり，自分の生活や問題についてまとまった物語を獲得することで情緒の安定がもたらされる。臨床における現実と対象は，たえず構成され，いったん崩され，再構成される，揺さぶりとまとまりの繰り返しの過程を経る[18]。

　治療プロセスの過程で生じたことを再現し，構成していくプロセスと

---

[16] Dienesen, I. *Out of Africa*. Modern Library, 1937.〈邦訳〉横山貞子訳『アフリカの日々』昌文社，1981. 引用はリースマン，C. K.（大久保功子／宮坂道夫監訳）『人間科学のためのナラティヴ研究法』クオリティケア，2014，p.20.
[17] Lieblich, A., McAdams, D. P., & Josselson, R. (eds.), *Healing Plots: The Narrative Basis of Psychotherapy*. APA, 2004, p.3. ただし引用は，クラーク，M. C.（荻野亮吾訳）「ナラティヴ学習：その輪郭と可能性」ロシター，M.／クラーク，M. C.（立田慶裕／岩崎久美子／金藤ふゆ子／佐藤智子／荻野亮吾訳）『成人のナラティヴ学習―人生の可能性を開くアプローチ』福村出版，2012，pp.24-25.
[18] 森岡正芳「語りを生む力：臨床実践の場をどう記述するか」能智正博編『〈語り〉と出会う』ミネルヴァ書房，2006，p.165.

記述し伝えていく行為それ自体が質の高い創造的な体験となる。適切なストーリーには真実味があると言われる。個人のストーリーを心地よい筋の通ったものにするためには，自分に実際に起きた出来事を無視や否定したりせずに真実と折り合いつけることが重要である。そしてこのことは，自分の価値観との折り合いを求める作業であり，ナラティヴのつくり直しという作業でもある[19]。治療のナラティヴにあっては，語り手は，実際に起きた過去の出来事と現実を見据えた将来展望を含むものとして自分の人生を再度ストーリー化する。そして，それによって問題のあるストーリーを改訂し，新たな可能性とアイデンティティをもたらすもう一つ別のストーリーに変換することになる。

(2) 疾患における語り

医療の現場では，ナラティヴは，治療に向けた取り組みや実践には必然的なものとして，その必要性は顕在化する。たとえば，治療のためには，疾患を内部に内在化してしまいがちな慢性疾患患者は，語りによって，問題，症状，疾患自体を外在化することが必要とされる。慢性疾患においては，病気（sickness）という体調の悪さについて医療専門職がエビデンスに基づき説明する疾患（disease）と，患者が当事者として語る病(やまい)（illness）とは区別して説明される[20]。ナラティヴが注目するのは，患者の語りとしての病である。

「病む」という経験の「語り」について，「物語」という視点からの捉え直しを試みる研究者は，「身体—自己」の統一感に決定的な亀裂が生じる命にかかわるような重い病の経験は，日常的に構成され定着していたそれぞれの「自己物語」の中断を余儀なくし，それまでの海図や目的地を無用のものに変えてしまうと言う。このような状況は，航海に例えて，「語りの難破」という言葉で表現される。この語りの難破を経験し

---

[19] 森岡正芳「語りを生む力：臨床実践の場をどう記述するか」能智正博編『〈語り〉と出会う』ミネルヴァ書房，2006，pp.110-111.
[20] クラインマン, A.（江口重幸／五木田 紳／上野豪志訳）『病いの語り―慢性の病いをめぐる臨床人類学』誠信書房，1996.

た時に，患者はこれに換わる航海の指針，新たな物語の筋立てを容易に見いだせない。つまり，重い病気にかかると，人は人生の「目的地や海図」を喪失してしまい，自分と世界との関係の新たな，それまでとは違う考え方を学ぶ必要性を突き付けられるのである。病む人々が新しい海図を描き，自分と世界との関係に新しい見方を打ち立てるためには，自らの物語を語ることが必要である。そして，そうした物語が身体を通して形を現すためには，自らの言葉で語り直し自己を見つめ直すことが必要なのである。この自己物語の回復途中の記録こそが，自らの声を取り戻すための作業過程となる。そこで紡がれるものは，疾患を負った個々の人間が，社会的関係の中で，自らの経験を振り返り，過去 ― 現在 ― 未来へと連なる時間的秩序を組み入れながら，たえず構成し直していく物語である。

　慢性疾患の患者を語り手とすれば，その語りは「回復の語り」「混沌の語り」「探求の語り」の三つとして捉えられる[21]。回復の語りとは，良い状態に回復するという目的が中心である。回復の語りは，病によって混乱させられることのない未来を描く。しかし，死や慢性的疾患を患い回復の物語が機能しない場合，他の物語の準備をしなければ，語りの難破が現実化してしまう。混沌の語りは統制が欠落する。統制が前提の回復の語りとは対比的に，一貫した継続性を欠落しており，混沌の物語は患者の不安をかき立てる。本当の混沌を現に生きている人々は，言葉によって何かを語ることはできない。混沌を言語化された物語へと転換させるには，何らかの形で内省的に物事を把握することが求められる。探求の語りは，その人自身に物語の語り手としての声を付与する。それは病の中から意義あるものを得ようとする試みでもある。探求の語りにおいて病は旅として描かれる。症状の出現の自覚は，旅立ちに例えられる。探求の語りは，身体 ― 自己の新たな統合を追求するものである。

21　フランク，A. W.（鈴木智之訳）『傷ついた物語の語り手―身体・病い・倫理』ゆみる出版，2002.

(3) 成人学習理論との関係

　ナラティヴを通じた学習は，探求の語りのように経験を言語化することである。また経験を語ることを通じて，経験に近づき，理解する試みである。そして，語ることで経験から学ぶことでもある[22]。

　経験は成人が学習する場合の学習資源である。断片化されている経験について振り返り，それを意味づけて，ナラティヴを介して一つのストーリーとする時，そこでの気づきは変容的学習となる。それは，探求の語りの特徴である病(やまい)の中から何か意義あるものを見いだそうとするプロセスであり，そこにおいてものの見方が変容していくのである。この意味で，ナラティヴは変容的学習の起点となる。

　変容的学習の理論をめぐっては多様なアプローチがあるが，確実に言えることは，ナラティヴによるアプローチは，変容的学習に対する自分自身への解釈のプロセスに不可欠であるということなのである。

3. ナラティヴを通じた学習

　これまで，ナラティヴとは何か，ナラティヴの諸相について述べてきた。最後にナラティヴを通じた学習の例として，自伝的学習とストーリーワークを挙げたい。

(1) 自伝的学習

　ナラティヴを通じた学習は三つからなる。つまり，第一にストーリーを聞くことによる学習，第二にストーリーを語ることによる学習，そして第三にナラティヴについて理解することによる学習である[23]。

　ここで取り上げるのは，「自伝的学習」（autobiographical learning）である。自伝的学習は，書き手の立場では自分の人生を文字にしてテク

---

[22] クラーク，M. C.（荻野亮吾訳）「ナラティヴ学習：その輪郭と可能性」ロシター，M./クラーク，M. C.（立田慶裕/岩崎久美子/金藤ふゆ子/佐藤智子/荻野亮吾訳）『成人のナラティヴ学習—人生の可能性を開くアプローチ』福村出版，2012, p.20.
[23] 同書，pp.20-22.

ストとして語ることによる学習であり，読み手や聞き手の立場ではストーリーを聞くことによる学習である。

納得のいく目的を持った存在として自分を見なすために，誰もが，自分の中にあるさまざまなものを一つのまとまりにしようとしてストーリーを紡ぐ。ナラティヴを通して自分の人生を構築するためには，人生を「記憶の中にある過去と，現に知覚できる現在，そして，予測の中にある未来に統合しようとする創造力の動き」が必要であり，それは，ナラティヴを通して自分を創造することである[24]。

それでは，自伝的学習をする場合，どのような枠組みで考えたらよいのであろうか。次の七つの質問はその柱立てである[25]。

・質問1：人生の章立て

自分の人生を1冊の書物に見立てて考えてみる。章立てを考え，各章にタイトルをつけ，その概要を素描する。

・質問2：鍵となる出来事

過去に起きた特別な出来事や決定的に影響があった出来事，重要なエピソードなど，鍵となる出来事を挙げる。それは次の八つである。

①絶頂体験：自分の人生で一番輝いていた時。

②どん底体験：自分の人生で最悪だと思われた時。

③ターニング・ポイント：自分の中で，自己理解に大きな変化が生じた時のエピソード。

④最も古い記憶：思い出せる中で，最も幼い頃の記憶。

⑤幼児期の記憶で大事なもの：幼児期の記憶として際立ったもの（プラス・イメージのものと，マイナス・イメージのものを含む）。

⑥思春期・青年期の記憶で大事なもの：10代の記憶で今でもよく思い出すこと（プラス・イメージのものと，マイナス・イメージのものを含む）。

---

[24] McAdams, D. *The Stories We Live By: Personal Myths and the Making of the Self*. Morrow, 1993, pp.12-13.

[25] クロスリー, M. L.（角山富雄／田中勝博監訳）『ナラティブ心理学セミナー――自己・トラウマ・意味の構築』金剛出版, 2009, pp.125-128.

⑦成人して以降の記憶で大事なもの：21歳以降の記憶でよく思い出すこと（プラス・イメージのものと，マイナス・イメージのものを含む）。
⑧それ以外の記憶で大事だと思うこと：最近のこと，遠い昔のことでも何か特別なこと（プラス・イメージのものと，マイナス・イメージのものを含む）。

・質問3：重要人物
　自分のライフ・ストーリーにとって，最も重要だと思われる人物を4人以上挙げて，今までの関係や現在の関係がどのようなものであり，自分のライフ・ストーリーにどのような影響を与えたかを考える。
・質問4：未来の筋書き
　自分の将来についての全体計画，そのアウトラインや夢を描く。
・質問5：ストレス課題
　生活全般を見渡し，深刻なストレス，大きな葛藤，難問，解決すべき課題のどれかと関連していそうな領域について二つを想起し，それらがどう変化し，どう対処したか，背景にどんな原因が考えられるのかを描写する。
・質問6：個人的イデオロギー
　創造主や神の存在，宗教的信念，政治姿勢，人間にとっての価値など，自分を支える基本信条や価値観を考える。
・質問7：人生のテーマ
　自分のライフ・ストーリーを1冊の書物を読むように振り返り，自分にとって中核となるテーマがあれば，それは何かを考える。
　このように自伝的学習は，自分の過去を振り返り，自分の人生を客観視し，意味づけることで，人生の統合へ導く一助となるであろう。

（2）ストーリーワーク

　自伝的学習における自分のストーリーを学ぶ作業は「ストーリーワーク」(story work) と呼ばれる。ストーリーワークは，どの年代でも行うことはできるが，特に過渡期，そしてその中でも晩年において，この

作業への欲求が高まるとされている。ストーリーワークを通じ，人は加齢に対する悲観的認識を創造的認識へと転換し，加齢を自分の人生に積極的にかかわり目的を持って年齢を重ねるプロセスとすることができる[26]。このプロセスは，晩年の発達課題である人生統合の哲学的作業でもある。

　このストーリーワークは，テクスト，時間，変容という三つの要素からなる。

　第一の要素はテクストである。私たちは，前述の自伝的学習の手順にもあるように，家族，地域社会，文化，階級，宗教上の信条など，さまざまに張り巡らされた状況の中で，自分の人生を内面でテクスト化する。自分の人生のストーリーとは，空白で始まり人生の終わりに完成する1冊の本である。第二の要素は時間である。ストーリーワークにおける時間は，その長さではなく，時間の奥深さといった質が重要になる。そこでの時間は，流れゆく物理的で客観的な時計によるクロノス時間ではなく，特定の意味を持つ内面的な時間，自分の内部で経験される主観的な時間であるカイロス時間であり，それは，ストーリーの時間に例えることができるものである。ストーリーの中で私たちが経験する時間感覚は，ストーリーの初めはゆっくりと進み，プロットが進展するにつれてテンポが速くなり，先に進めば「何かが終わる感覚」が差し迫ったものになる[27]。第三の要素は変容である。ストーリーワークでは，過去は変更可能という前提に立つ。過去の出来事を変えることはできないが，過去の出来事に対する認識は変えることができる。ストーリー化の過程では，過去は絶え間なく改訂され，再ストーリー化も可能である。内面のテクストは常に変容する潜在性を有し，過去の出来事を思い出すたびに記憶は変化する。物語る内容も，聞き手との関係や背景で変わり真実の

---

[26] ランドール，W.（岩崎久美子訳）「ストーリーワーク：晩年における自伝的学習」ロシター，M./クラーク，M. C.（立田慶裕/岩崎久美子/金藤ふゆ子/佐藤智子/荻野亮吾訳）『成人のナラティヴ学習―人生の可能性を開くアプローチ』福村出版，2012，pp.52-53.
[27] 同書，pp.53-56.

意味するところも変化する。ストーリーを再検討し再解釈する機会が多ければ多いほど，ストーリーは進展していく[28]。

晩年は，ストーリーワークに最適な時期である[29]。なぜなら，高齢期は人生の回顧と呼ぶ過程を開始させ，過去の経験の中で未解決の課題（未完の行為）を解決しようとする時期[30]だからである。エリクソン（Erikson, E. H.）は，自分自身の人生を振り返り，すべての未解決の問題を処理し，人生の要素を統合することが高齢期の発達課題であると強調する。回想録や自叙伝執筆の過程は，このような人生回顧の一部であり，高齢期についての不安を解決する上で特に有効とされる[31]。高齢者にとって自伝的学習は人生を統合し意味づける作業であり，人生の最終段階を豊かにするものなのである。加齢は生物学的には機能の衰えを意味するが，ナラティヴでは加齢はストーリーを彩る題材であり美学と考える。

「ひとは，かつての自分，自分がかつて持っていたもの，かつて行ってきた全てに向き合う十分な時間がたっぷりある。それらを全て取り込み，最後にそれらを本当の意味で自分のものにする時間がある」[32]。この自分のものにする時間は晩年に与えられ，晩年こそが人生の解釈・理解の時期なのである。ストーリーワークを通じ自分と現実社会との関係

---

[28] ランドール，W.（岩崎久美子訳）「ストーリーワーク：晩年における自伝的学習」ロシター，M.／クラーク，M. C.（立田慶裕／岩崎久美子／金藤ふゆ子／佐藤智子／荻野亮吾訳）『成人のナラティヴ学習―人生の可能性を開くアプローチ』福村出版，2012，pp.60-62.
[29] 同書，pp.49-51.
[30] バトラー，R.（内薗耕二監訳／グレッグ・中村文子訳）『老後はなぜ悲劇なのか？―アメリカの老人たちの生活』メヂカルフレンド社，1991，p.473.
[31] シャイエ，K. W.／ウィリス，S. L.（岡林秀樹訳）『第5版 成人発達とエイジング』ブレーン出版，2006，p.105.
[32] Scott-Maxwell, F. *The Measure of My Days*. Penguin, 1968, p.54.〈邦訳〉亀井よし子訳『八十歳，わが日々を生きる』草思社，2000．ただし，引用はランドール，W.（岩崎久美子訳）「ストーリーワーク：晩年における自伝的学習」ロシター，M.／クラーク，M. C.（立田慶裕／岩崎久美子／金藤ふゆ子／佐藤智子／荻野亮吾訳）『成人のナラティヴ学習―人生の可能性を開くアプローチ』福村出版，2012，p.54.

に折り合いをつけながら，人は晩年にあっても継続的に発達していくとされるのである。

　私たちの人生は「進化する物語」であり，成人になってからも創り出され改訂される物語である[33]。内面化され進化する物語は，統合的な自己に対する語りによって自分の人生の過去を再構築し，現在を認識し，そして未来を規定するものとなる。それは過去の事実に基づきながら，事実を超えたものでもある。そして，それまで経験した諸側面を選択的に使って過去や未来について想像力を用いて理解し，自分や他者に対して筋がとおったものとして人生を統合し人生を意味あるものにすることでもある[34]。ある者は，「有意義な人生を送った後での死はそんなに恐ろしくないかもしれない。なぜなら，我々が最も恐れるのは，本当は死ではなく，無意味なばからしい一生なのである」[35]。生きていくことはすべての人に公平であり，私たちは最後まで自分の人生を芸術品にする可能性があると言う。自分の人生をまとめるストーリーワークは，最終的に自分を肯定し人生を芸術品にするための作業と言ってもよいであろう。

　これまで述べてきたように，ナラティヴは個人の人生を形づくる力を持つ。語りを通じて私たちは，自分のありさまを明確に把握する。人は自己アイデンティティを解釈し定義づけ，それに基づき人生設計を具現化したライフ・スタイルを選び，そのことが自分の物語に実質的な形を与える。そして，それは，最終的には自己のアイデンティティを再び定義づけることになる。

---

[33] McAdams, D. P. "Can Personality Change? Levels of Stability and Growth in Personality Across the Life Span." In T. F. Heatherton and J. L. Weinberger (eds.), *Can Personality Change?* American Psychological Association, 1994, pp.306-307.
[34] McAdams, D. P. "The Psychology of Life Stories." *Review of General Psychology,* 2001, Vol.5, No.2, p.101.
[35] バトラー，R.（内薗耕二監訳／グレッグ・中村文子訳）『老後はなぜ悲劇なのか？―アメリカの老人たちの生活』メヂカルフレンド社，1991，p.483.

研究ノート

1．好きな本や映画を一つ選び，そのストーリーを誰かに話してみよう。
2．「私の育ったまち」というテーマで写真を3枚選んで，簡単なストーリーの原稿を書いてみよう。
3．自分の人生を1冊の書物に見立てて，ライフ・ストーリーの章立てを考えてみよう。その中に登場する重要人物を5人挙げて，なぜそれらの人々が重要であったか振り返って考えてみよう。

参考文献

能智（のうち）正博編『〈語り〉と出会う――質的研究の新たな展開に向けて』ミネルヴァ書房，2006年．
野口裕二編『ナラティヴ・アプローチ』勁草書房，2009年．
ブルーナー, J. S.（田中一彦訳）『可能世界の心理』みすず書房，1998年．
ロシター, M.／クラーク, M. C.（立田慶裕／岩崎久美子／金藤ふゆ子／佐藤智子／荻野亮吾訳）『成人のナラティヴ学習――人生の可能性を開くアプローチ』福村出版，2012年．
やまだようこ編著『人生を物語る――生成のライフストーリー』ミネルヴァ書房，2000年．

11　身体化された学習

　身体化された学習とは，身体の有する知識に目を向けることである。身体は脳や心と密接に結び付き，情緒などの感情を介して学習に影響を与える。私たちは，身体により，また身体を介して知識を有している。
　本章では，身体に保有される知識や身体を通じて獲得される知識とは何かを検討し，また，ヨガ，ダンス，演劇，スポーツ，音楽，野外活動など身近に経験できるものを例として取り上げ，身体化された学習の実践について考える。

1. 身体に保有される知識

（1）心身一如（いちにょ）

　デカルト（Descartes, R.）の「心身二元論」に代表される西洋の伝統的身体観では，心的なものと身体的・物質的なものを区分し，身体よりも精神の優位性が強調される。そこでは，合理的知識を正当とし，身体に基づく知識を低く見る傾向がある。一方，東洋の思想では長らく心と身体は一体のものとして考えられてきた。たとえば，禅僧の栄西（えいさい）が用いたとされる「心身一如」という言葉がある。それは，舞台でわれを忘れて舞っている達人のように，心と身体の動きの間に一分のすきもない昂揚した状態を表し，内面的瞑想と外面的行動の両者が向かう理想的境地とされる。東洋の思想では，その根底に"修行"の考えが置かれ，真の哲学的知は，「体得」あるいは「体認」によってのみ認識でき，自己の心身のすべてを用い身体で覚えこむことで，知は初めて得られるとする[1]。身体化された学習とは，この東洋的な考えに則して捉えると理解しやすい。
　まずは身体に保有される知識の身近な例として，自転車に乗るための

---

[1] 湯浅泰雄『身体論―東洋的心身論と現代』講談社学術文庫，1990，pp.19-26.

練習を考えてみよう。私たちは，自転車に乗れるようになるため，何度か練習をする。そして，繰り返された動作や反応の結果として，身体がある技を体得すると，身体を制御するための意識はなくなる。このことを，心理学では，「自動化」（automaticity）という概念で説明する。このように，意識せずに身体を自由に使いこなせるよう，スポーツ，音楽，芸術領域での指導者は，次のような指導を行う。

「高校生の世代に必要な技術，たとえば，ボールコントロール，パスの精度，両足で蹴れる，多様性，判断力を身体に染み込ませるように指導します（サッカー指導者）」。

「知識とか，経験とか，趣味とか，自分の個性とか，そういうものを併せてこういうものをつくるとか，こういう風に弾きたいと思った時に，自分の手や身体，足も全部が言うことをきくように訓練することが必要です（ピアノ指導者）」。[2]

さらに，この先のわざという到達的な状態になると，単に動きが自動化された状態ではなく，外見においては同一の動きに見えるとしても，学習者の知的判断が根底に働くようになる[3]。このような自動化，そして，さらにわざと呼ばれる到達した状態での意識化されない判断は，身体に保有される知識によってなされる。専門家としてのわざを身に付けるためには，頭での理解ではなく，身体で覚えこむことが大事であり，それは，長い間の厳しい練習，訓練，稽古を行うことで体得される。そのための稽古とは，自己の身体を一定の「形」にはめこんでゆく訓練であり，その積み重ねによって身体で覚えこむこと，つまり，「心」の動きと「身体」の動きを一致させる心身一如にしていく過程とも言える[4]。

---

[2] 北村勝朗「熟達化の視点から捉える『わざ言語』の作用―フロー体験に至る感覚の共有を通した学び」生田久美子/北村勝朗編著『わざ言語―感覚の共有を通しての「学び」へ』慶應義塾大学出版会，2011，p.35.

[3] 生田久美子「『わざ』の伝承は何を目指すのか― Task か Achievement か」生田久美子/北村勝朗編著『わざ言語―感覚の共有を通しての「学び」へ』慶應義塾大学出版会，2011，pp.12-13.

[4] 湯浅泰雄『身体論―東洋的心身論と現代』講談社学術文庫，1990，pp.132-133.

私たちは，頭で知識として覚えたことは忘れてしまっても，身体で覚えたことは忘れない。ピアノやサッカーなどの練習，能や舞踊の稽古などの厳しく長い訓練で身に付けたものは，その人の一部となっていく。
　このような身体化された学習は，神経科学や認知科学の観点からも注目されてきている。たとえば，シュワルツ（Swarts, A. L.）は，身体化された学習を，「時間や空間を超えて，神経細胞や，知覚データ，記憶，イメージ，アイディアなどのつながりのパターンが発生し定着する，脳の影響を大きく受けた過程である。このつながりのパターンは，身体化された精神から生じる。身体化された精神は，身体のシステムの中の，とりわけ神経系と内分泌器系の相互連結によって神経生物学的に構築されるものである。身体化された精神は，生涯にわたる再帰的な神経生物学的な過程を通じて生じる。この過程は，個人間の相互作用や感情が継続されることを必要とする。この過程の最も重要な目標は，身体化された精神を一貫したものにすることで，過去，現在，未来を統合することにある」と言う[5]。このような考えに関連し，神経生理学者のダマシオ（Damasio, A.）は，身体（ソマティック）を介して受け入れる感覚刺激が感情をつくり出し，人間に意思判断・決定を起こさせるという「ソマティック・マーカー」（somatic maker）説を主張している。この説は，身体なくして私たちは感情を有せず，また考えることができないこと，そして，身体が知識や学習の重要な場であり，情報源であることをあらためて教えてくれる。聴覚・視覚を失ったヘレン・ケラーが，サリバン先生によって，水の噴出口から出る冷たい水が W-a-t-e-r（水）という言葉で表されることを知り，ひたすら両手でものに触れ，手に触れたものの名前を憶えていったように，身体によって学習がなされ知識が保有されるということなのだろう。
　このような身体と心との関係をめぐって，「身体化された学習とは，

---

[5] シュワルツ，A. L.（荻野亮吾訳）「身体化された学習と患者教育：看護師の自覚から患者のセルフケアへ」ローレンス，R. L.（立田慶裕／岩崎久美子／金藤ふゆ子／佐藤智子／荻野亮吾／園部友里恵訳）『身体知―成人教育における身体化された学習』福村出版，2016，p.32.

心身の一体感を取り戻すために，私たちが身体と心を用いて『知識を得る』ことを受け入れる方法である」と言う研究者もいる[6]。

（2）文化の表出としての身体

社会学的に身体を捉えれば，身体は保有する知識を表出するものでもある。たとえば，フランスの社会学者ブルデュー（Bourdieu, P.）は，非金銭的な学歴や文化的素養というものを資本に例え，「文化資本」（cultural capital）と呼んだ。この文化資本には，書籍，絵画，道具などの「客体化された文化資本」，学歴や資格などの「制度化された文化資本」，立ち居・振る舞い，言葉遣い，行動様式，趣味や教養などの「身体化された文化資本」の三つの形態がある。親から子への世代を超えた文化的再生産の過程は，これらの文化資本を持つ者に有利な形で，家庭環境や教育などの文化・制度的メカニズムを介し，合理化・正当化されて継承される[7]。

ブルデューは，その著書『ディスタンクシオン』（*La Distinction*）において，子どもの社会化の過程で習得され，個人が獲得する思考や行動を方向づける性向を「ハビトゥス」（habitus）という概念で説明する。このハビトゥスとは，立ち居・振る舞い，言葉遣い，行動様式，趣味や教養など，日常生活における身体化された実践（慣習行動）であり，身体化された文化資本の一部である。そして，このハビトゥスは，意識されずに階級間における趣味や教養の差異となって現れるとされる。

「マイ・フェア・レディ」という映画をご存じだろうか。オードリー・ヘプバーンが演じる主人公のイライザは，貧しく粗野で下品な言葉遣いしかできないロンドンの下町の花売り娘。偶然，通りかかった言語学が専門のヒギンズ教授は，半年後の舞踏会までにイライザの訛りを直し，

---

[6] Clark, M. C. "Embodied Learning" In Leona M. English (ed.), *International Encyclopedia of Adult Education.* Palgrave Macmillan, 2005, p.210.

[7] ブルデュー，P.（石井洋二郎訳）『ディスタンクシオン I』『ディスタンクシオン II』藤原書店，1990. 石井洋二郎『差異と欲望―ブルデュー「ディスタンクシオン」を読む』藤原書店，1993.

レディに仕立て上げることを断言，友人と賭(かけ)をする。ヒギンズ教授は，イライザを自宅に住まわせレディになるための教育を施す。イライザはそのかいがあって舞踏会で完璧なレディとして振る舞うことに成功するのである。花売り娘であったイライザのハビトゥスは労働者階級のもの，そして，教育によって得た教養や身のこなしというものは，上流階級におけるハビトゥスの内在化と表出であろう。この映画はハッピーエンドを期待させて終わるが，英国社会において上流階級と労働者階級ごとに用いる言葉や，立ち居・振る舞いといったものが異なることを象徴的に取り上げ，階級ごとの身体から表出する知識の差異を表してもいる。

身体化された学習の一部は，このように言葉遣い，立ち居・振る舞いなどの知識として身体化されて実践され表出する。上品さ，育ちの良さなどと漠然と語られるその人の雰囲気が，育つ過程における家庭環境などがハビトゥスとして身体の中へと学習され，身に付き，社会的に人を差異化させる要因となっている。

（3）自己感覚

成人学習に感情が果たす役割に言及する研究者は，個人的に重要で意義深い学習は，自己や広範な実社会の中での成人の感情的・創造的なつながりに根差しており，またそこから派生していると言う。このような身体の中にある感情は，自己認識を発達させる方法を提供し，日々の出来事の解釈やその意味を明らかにするのに不可欠なものである[8]。私たちの身体は，私たちの感情を反映し，私たちは自分の身体に注意を向けることで自分自身と向き合う。

トラウマ（心的外傷）を抱えている人々の例を挙げてみよう。

健全な精神状態にある場合，人は，自分で自分を取り仕切っているという自己の所有権を持つ。この所有権は身体と心を自分のものとする感

---

8 Dirkx, J. M. "The power of feelings: Emotion, imagination and the construction of meaning in adult learning." In S. B. Merriam(ed.), *The New Update on Adult Learning Theory, New Directions for Adult and Continuing Education*, 2001, No.89, Jossey-Bass, pp.64-65.

覚である。自分がどのぐらい主導権を握っているのかという主体感覚は，自分の身体やそのリズムとの関係で決まる。つまり，覚醒や睡眠，あるいは食べ方，座り方，歩き方といったことが日々の輪郭を定める。自分自身の声を見つけるためには，身体の中にいる必要がある。深呼吸ができて，内部感覚がつかめる状態が大事とされる。これは，解離，つまり「身体の外」に出て自分自身を消し去るのとは逆の状態である。トラウマを抱えている人々は，まずは自分の体内の感覚になじみ，その後に回復が可能になる。また，解離した情動，思考，身体感覚と自分自身が結び付いて，それで初めて他者とも結び付くことができる。自己感覚は身体とのつながりがよりどころであり，自分を本当に知るには，身体的感覚を感じなければならない[9]のだ。

身体を自分の思うとおりに動かすには，精神的にも身体的にも自分をリラックスさせることが必要となる。このことが，学習がリラックスした雰囲気の中で行われることが重要とされる理由であろう。たとえば，学習環境を選択できる成人は快適な空間を求める。図書館やカフェなど，人それぞれに落ち着く場所があり，仕事がはかどる場所がある。ざわめきがあるかないかは人それぞれ好みがあるが，気持ちが落ち着く場所が学習場所として選択されることが多い。インフォーマルな公共生活の中核に存在する，家庭，職場とは異なる第三の居場所（サードプレイス）[10]は，とびきり居心地の良い場所であるべきとされるが，成人は，このような快適な学習環境を嗜好する。居心地の良さを求めるということは，身体が快適な学習環境を期待しているということではないだろうか。

2. 身体を通じて獲得される知識

身体化された学習とは，身体を道具として学習することでもある。こ

---

9 ヴァン・デア・コーク，B.（柴田裕之訳）『身体はトラウマを記録する―脳・心・体のつながりと回復のための手法』紀伊國屋書店，2016，pp.169-172，p.449，pp.552-553.
10 オルデンバーグ，R.（忠平美幸訳）『サードプレイス―コミュニティの核になる「とびきり居心地よい場所」』みすず書房，2013，pp.59-60，p.63，p.97.

こでは，身体を通じて獲得される知識として，直観，スピリチュアリティ，暗黙知の三つを取り上げよう。

（1） 直観

身体を通じて獲得される知識の一つ目の例は，直観ということである。**図表11-1**は，身体，精神，心，霊性（sprit）といったものとホリスティック（全体的）な直観的認識との関係をモデル化したものである。

この逆三角形の図においては，身体は底辺に置かれ，身体を通じた知識はその中でも基盤として一番底辺に置かれている。この例として幼児の学習を考えてみよう。幼児は，言葉を学ぶ以前に身体を通じて学ぶ。この図の右に置かれている精神は認知的知識である。それに対して，左に位置する心は情動などの感性によるもので感情的知識である。身体を基盤に私たちは精神や心を発達させる。この図によれば，直観は，身体，精神，心のいずれにもかかわる。

直観とは，意識的推論や知性・理性を超えて，瞬間的・直接的に物事の本質を捉えることである。

私たちが暗闇で道に迷ったとしよう。突然，道が二つに分かれていた時に意味もなく右が正しいと思うことがある。それは，正しいか正しくないかはわからないもので，意識的に知識を動員して判断したり，推論するのではなく，とっさの判断として「こちらが正しい」と感じるといったたぐいのものである。実は，このようなとっさの判断で災害時に生死が分かれたりする。たとえば，ある医師は，医師の直観は，経験に裏打ちされたもの，医師自身の本気度，「虚心坦懐」（純粋でわだかまりがないこと）の三つにより形づくられると考えており，この直観によって，医師がとっさの判断でやり方を変えたことで患者の命が助かることがあると言っている[11]。この医師が言う，経験に裏打ちされたもの，身体にしみついたものが，直観というものの本質であろう。

あるいは，創作和太鼓の作曲家は次のように言う。

---

11 矢作直樹『世界一美しい日本のことば』イースト・プレス，2015, pp.126-127.

「弟子が『ある言葉の意味に日にちが経った後で気づく』とか『前に聞いた話が積み重なって，こういうことか！と気づく瞬間がある』と言っていました。 …（略）… 『あっ！』と気づく直観みたいなことですね。直観っていうとすごく曖昧に聞こえますが，これは自分と向き合ったりいろいろなことを突き詰めたりしないと生まれません。ゼロから一が生まれるのではなく，総合的にいろいろなものが自分の周りにあり，言葉や経験が積み重なって，それらが結びついたときに新しい組み合わせができる。私はそれが直観であり創造だと思っています。ですから，その直観を導けるような言葉をかけたり方向性を示したりしています」[12]。

音楽家やスポーツ選手は，予想を超えた素晴らしい演奏やわざを披露することがある。技術の習得という身体が自分の思うように動くための自動化を目指す訓練の後，わざといった到達した状態になると，言葉や経験が総合的に組み合わさり身体に宿る知識が直観として意識を超えた見事な演奏やプレーとして結実するということなのであろう。

（2）スピリチュアリティ

身体を通じて獲得される知識の二つ目の例は，スピリチュアリティである。**図表11-1**を再度見てほしい。ここでは，身体，精神，心の中心に霊性が置かれている。

スピリチュアリティとは，日本人にはわかりづらい言葉である。ここでは，物理学者で哲学者でもあるボーム（Bohm, D.）による定義を例として挙げておこう。ボームは，スピリチュアリティを，「目に見えない力，それは深いところで私たちを突き動かす生きる力を与える霊的実在，あるいは内からすべてを突き動かす源である」と定義する[13]。

---

[12] 佐藤三昭「しむける言葉・入り込む言葉・誘い出す言葉—創作和太鼓の指導実践から」生田久美子／北村勝朗編著『わざ言語—感覚の共有を通しての「学び」へ』慶應義塾大学出版会，2011, pp.268-269.
[13] David Bohm, 1993. ただし引用はLemkow, A. F. "Reflections on our common lifelong learning journey." In J. P. Miller, S. Karsten, D. Denton, D. Orr, & I. C. Kates（eds.）, *Holistic Learning and Spirituality in Education*. State University of

スピリチュアリティは，ラテン語で「息」や「風」を意味する'*spiritus*'につながる言葉である。この言葉は，魂（soul），神の恵み（grace），フロー（flow），生命力（life flow）と同様に用いられ肉体を超越したものとして捉えられる[14]。元来，キリスト教にかかわるものであり，物質を超えた神が人間の精神に働きかけることを意味する。信仰とはこの精霊の働きとそれに応える人間の共同作業であり，このような精神活動は精霊の働きなのである[15]。

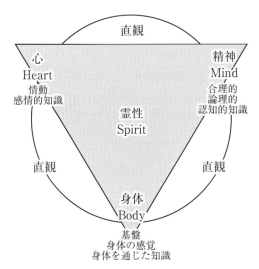

注：出典では intuition を「直感」，sprit を「魂」と訳しているが，本書では統一的に，それぞれ「直観」，「霊性」の語を用いるため，図中の表記を改編。
出典：ローレンス，R. L.（立田慶裕／岩崎久美子／金藤ふゆ子／佐藤智子／荻野亮吾／園部友里恵訳）『身体知―成人教育における身体化された学習』福村出版，2016，p.20.

図表11-1　ホリスティックな直観的認識

New York Press, 2005, p.24.
[14] Merriam, S. B. & Bierema, L. L. *Adult Learning: Linking Theory and Practice*. Jossey-Bass, 2014, p.137.
[15] 橋爪大三郎「アメリカは物質文明の国か」（日本経済新聞 2017年10月31日），橋爪大三郎「霊と聖霊は，どこが違う」（日本経済新聞 2017年11月7日），橋爪大三郎「信じる者は救われる，のか」（日本経済新聞 2017年11月14日）

米国など，キリスト教が文化の根底にある国では，スピリチュアリティとは，身体や精神を超えて，外界とつながる感覚であり，人生の意味，死の捉え方など，生きていく価値，認識，行為の上でのよりどころになっている。スピリチュアルな経験として挙げられている例を見ると，子どもの出産，荘厳な沈む夕日の眺め，音楽を聴いての感動などがある。

　このスピリチュアリティという言葉は，場合によっては宗教と混同されることもあるため，成人学習理論の主流として学問的に取り上げられることは少なかった。しかし，近年，積極的に成人学習で取り上げられるようになってきている[16]。その背景には，1970年代以降，欧米では，スピリチュアリティが末期がん患者の終末期のホスピス，緩和ケアの全人的医療の臨床場面，福祉などで盛んに取り上げられ[17]，わが国においても人間を対象とし，その尊厳や生活の質を考える看護，心理学，教育学など健康，生活の質，人生を考える領域において注目されるようになったことがある。

　たとえば，1998年に世界保健機構（WHO）はWHO憲章において「健康とは，肉体的，精神的及び社会的に完全に良好な状態であり，単に疾病又は病弱の存在しないことではない」[18]としているが，執行理事会は，この健康定義に，スピリチュアルな側面を入れることを提案している。WHOによれば，健康とは，身体的なもののみならず，精神的，社会的，そしてスピリチュアルな面においても良好であることを意味する。しかし，スピリチュアリティの言葉に対し抵抗を示す国もあり，この提案は可決に至っていない。

　WHOは，その後，このスピリチュアリティの概念を明らかにするため，具体的検討を行い，その下位概念を検討している。**図表11-2**を見れば，スピリチュアリティという言葉が，「個人的な人間関係」「生きて

---

[16] Tisdell, E. J. "Spirituality in Adult and Higher Education." ERIC Digest [ED459370] 2001, p.2.
[17] 岡本宣雄「高齢者のSpiritual well-beingの概念の位置づけとその特徴」『川崎医療福祉学会誌』2013, Vol.23, No.1, pp.37-38.
[18] 厚生労働省『平成26年度版厚生労働白書』p.2の訳。

図表11-2　WHOの健康概念：スピリチュアリティの4領域と18下位領域

第1領域 　個人的な人間関係	1．親切，利己的でないこと 2．周囲の人を受容すること 3．許すこと
第2領域 　生きていく上での規範	4．生きていく上での規範 5．信念や儀礼を行う自由 6．信仰
第3領域 　超越性	7．希望，楽観主義 8．畏敬の念 9．内的な強さ 10．人生を自分でコントロールすること 11．心の平穏，安寧，和 12．人生の意味 13．絶対的存在との連帯感 14．統合性，一体感 15．諦念，愛着 16．死と死にゆくこと 17．無償の愛
第4領域 　宗教に対する信仰	18．宗教に対する信仰

出典：藤井美和／李 政元／田崎美弥子／松田正己／中根允文「日本人のスピリチュアリティの表すもの：WHOQOLのスピリチュアリティ予備調査から」『日本社会精神医学会雑誌』2005, 14(1), p.6.

いく上での規範」「超越性」「宗教に対する信仰」といった四つの領域から構成され，それぞれに具体的な内容が規定されていることがわかる。

　スピリチュアリティとは，自然への畏敬や，他者，自分の周りの世界，自分を超えた力につながる言葉である。ある研究者は，「スピリチュアリティとは，知識や意味をつくりあげる方法の一つであり，情動，理性すなわち認知，そして無意識で象徴的なものが調和して生じるものである。個人的・社会的変容を教える場面では特に，スピリチュアリティを勘案しないことは，人生経験，そして学習と意味づけの方法の重要な部分を無視することになる。それゆえ，成人学習研究においては，スピリ

チュアリティが重要なのである」[19]と言っている。

（3）暗黙知

身体を通じて獲得される知識の三つ目の例は，暗黙知である。

言語化できない知識を，ポランニー（Polanyi, M.）は「暗黙知」（tacit knowledge）と名づけた。暗黙知は言語化されない直観的知識であり，身体化された知識である。ポランニーによれば，「私たちの身体は，それが知的なものであれ実践的なものであれ，すべての外界の認識にとって，究極の道具である」[20]。暗黙知は私たちの身体の内部にあり，身体化された認識の表現と考えられる。このような身体化された認識は，推論がないものであり，認識を超えるものであり，思考よりも経験によるものであり，直観的なプロセスである[21]。

たとえば，リーダーシップ研修では，それは主に認知的・概念的になる傾向がある場合が多いのだが，身体によって暗黙知レベルで変化を生み出す経験をすることで，より効果が上がると言われる。ここで言う暗黙知とは，どのようにしたかを完全に表現できないが，効果的に振る舞い熟知している状態である[22]とされている。

私たちの身体には，このような暗黙知があるとはいえ，より良く生活するために身体をうまく御する状態を得るには，その手段として言葉の力を借りて理解することが重要である[23]。特に，日本の伝統芸能，スポーツ，職人の世界にあって，暗黙知として存在する指導者の知識やその

---

[19] Tisdell, E. J. "Spirituality in Adult and Higher Education." ERIC Digest [ED459370] 2001, p.5.
[20] ポランニー, M.（高橋勇夫訳）『暗黙知の次元』ちくま学芸文庫，2003，p.36.
[21] Merriam, S. B. & Bierema, L. L. *Adult Learning: Linking Theory and Practice*. Jossey-Bass, 2014, p.130.
[22] Schuyler, K. G. "Increasing leadership integrity through mind training and embodied learning." *Counseling Psychology Journal: Practice and Research*, 2010, Vol.62, No.1, pp.21-38.
[23] 諏訪正樹『「こつ」と「スランプ」の研究―身体知の認知科学』講談社，2016，pp.38-39，p.41.

わざの伝承のためには，明示的な言語を介して，指導者の持つある種の身体感覚を学習者が身体的に感得し，共有していく過程や作用が必要であることが明らかにされている[24]。

身体化を通じて獲得される，このような直観，スピリチュアリティ，暗黙知といった知識や知恵は，総じて身体知と呼ばれる。身体知とは，私たちが生きる上で必要な知識やスキル，社会的もしくは学問上の概念などの総称であり，そうした知は，自分自身の身体の感覚や生活の実態，つまり生活で生じるさまざまな物事と自分自身の経験に根差して存在している。

わざの伝承などの言語化にあって，自分の感覚を再現性あるものとして表現するには身体知が必要である。身体知がないうちは，言語能力があっても表現できない[25]のも事実なのである。

3. 身体化された学習の実践

次に身体化された学習の実践について，野外活動，アート，ダンス，演劇，そして呼吸法や素読から考えてみよう。

（1） 野外活動

身体化された学習の実践の一つ目の例として，野外活動を取り上げたい。

運動の感覚は経験がないと育たず，その経験はよく遊びの中で培われると言われる[26]。遊びの中には身体知をもたらすものが多くある。旧ソビエト連邦の心理学者ヴィゴツキー（Vygotsky, L. S.）は，遊びは教育の最上の手段で，本能的なものと情動的なものに基づいて生じる意識的

---

[24] 生田久美子「はじめに―『わざ言語』と『学び』」生田久美子／北村勝朗編著『わざ言語―感覚の共有を通しての「学び」へ』慶應義塾大学出版会，2011，pp.ii-iii.
[25] 結城匡啓（まさひろ）「スピードスケート指導者が選手とつくりあげる『わざ』世界―積み上げ，潜入し，共有する」生田久美子／北村勝朗編著『わざ言語―感覚の共有を通しての「学び」へ』慶應義塾大学出版会，2011，p.313.
[26] 同書，p.330.

行動の最初の形態であると言う。遊びはそのありとあらゆる形態を統合し，それらの間の正しい協調と結合を実現するとしている[27]。

　遊びの先にある身体化された学習の実践の一つとしては，野外活動がある。野外での身体知の例では，炭鉱で働く人々が肌で危険や安全を判断することや，登山などに習熟している人が天候の急変を察知することなどが挙げられるが，青少年の人格形成のために積極的に野外活動を教育に取り入れることもある。

　野外でのアウトドア教育，冒険教育を，先駆的に青少年教育に取り入れた者としては，ドイツの教育者ハーン（Hahn, K.）が有名である。ハーンは，彼がかかわった全寮制のいずれの学校においても野外活動を重視する教育を行った。ハーンの経歴を簡単に紹介しよう。

　ハーンは，ユダヤ人の両親のもとベルリンに生を受けた。オックスフォード大学，そしてハイデルベルグ，ベルリン，フライブルク，ゲッティンゲンなどのドイツ国内の各大学で学問を積み，その後，ドイツ帝国最後の宰相であったマックス・フォン・バーデン公の私設秘書を務めた。ハーンは，青少年教育を重要とする信念をバーデン公と共有し，バーデン公の支援のもと，ドイツ，ボーデン湖の辺にリーダーとしての人格形成を目指す全寮制のザーレム・スクール（Schule Schloss Salem）を創設し，1920年から10数年間，校長を務めた。しかし，ハーンは，第一次世界大戦後のドイツにおけるナチスの台頭に対し，反ナチスを掲げ投獄される。その後，バーデン公の働きかけや，時の英国首相のマクドナルドの介入で釈放されるが，それと同時に国外追放となり英国に渡ることになった。

　英国に渡ったハーンは，スコットランドに再び全寮制のゴードンストウン・スクール（Gordonstoun School）を設立する。この学校は，設立当初は私塾のようなもので財政難などに見舞われるが，現在では，英国王室関係者も進学し，卒業生にはエジンバラ公やウェールズ公チャール

---

[27] ヴィゴツキー，L. S.（柴田義松／宮坂琇子訳）『ヴィゴツキー教育心理学講義』新読書社，2005．

ズなどの名前が挙がる名門校に発展する。ハーンは，この学校で，彼の掲げる教育理念を次々と具現化する。たとえば，アウトワード・バウンド（Outward Bound）と呼ばれるアウトドア活動の短期講習（学校）の開講，また，ラウンド・スクエア（Round Square）という学生による国際会議を設け，青少年の国際交流を試みる[28]。

その後ハーンは，世界各国から高校生を選抜して2年間の寄宿舎生活によって教育を行う学校として，英国サウス・ウェールズにユナイティッド・ワールドカレッジ（United World College：UWC）アトランティック・カレッジ（Atlantic College）を開校する。これは，ハーンが「人は平和に共存するため，互いに知り合う必要がある」との理想を掲げ，空軍中将ダーボル卿とともに設立した実験的学校である。当時，ロンドンタイムスが「第二次世界大戦後，最も興奮を呼び起こす教育における試み」と称賛したように[29]，冷戦期にあっても，教育には国際理解や平和の理念を求める機運があったのである。このように，ハーンは，野外教育，冒険教育などの体験を通じた人格形成を柱に，ドイツのザーレム・スクール，スコットランドのゴードンストウン・スクール，そしてUWCといった全寮制の学校を構想し，それぞれの場で自身の教育への理想と強い信念を実現していく。青少年教育において，身体的経験を重視したハーンは，直接的な経験を通して学んだ教訓が，その後の人生で有効に活用されるという信念を持っていたのであろう。ハーンの野外活動を取り入れた教育の取り組みは，心身の鍛錬という点で身体化された学習を重視した実践の例である。

---

28 ハーンについては，下記を参照されたい。

Sutcliffe, D. *Kurt Hahn and the United World Colleges with other Founding Figures.* 2012.

Knoll, M. "School reform through experiential therapy: Kurt Hahn-an efficious educator."〈http://mi-knoll.de/117401.html〉（検索日：2017/ 5 /27）

Peterson, A. D. C. *Schools Across Frontiers: The Story of the International Baccalaureate and the United World Colleges.* Open Court, 1987, pp.1-3.

29 UWC History & Founding Ideas
〈http://www.uwc.org/news/?pid=22&nid=23〉（検索日：2017/ 6 /27）

(2) アート,ダンス,演劇

　身体化された学習の二つ目の例は,アート,ダンス,演劇である。
　身体,精神,心,霊性を統合することは,創造的行為の本質である。アート,ダンス,演劇では,身体,精神,心,霊性といった全人格的なかかわりにより自己を表現する方法があり,心と身体を一体とすることが重要とされる。
　たとえば,ダンスは子どものころには自然なものであるが,成長に伴い,成人期にはその自然さを喪失してしまう。子ども時代には,身体と心が未分化であるが,成長とともに身体を客体化していき分化する。成人になってからダンスをすることは,この分化した身体と心を再度統一する試みである。成人学習におけるダンスは,自分自身を探求する方法である。身体を通じていろいろな問題を問う時,ダンスは情緒的でスピリチュアルな知性を呼び覚ます。身体を根拠とし,自分の知性すべてを拡張し,感情的,身体感覚的,概念的に自分の完全な人間性と一体化できるというのである[30]。
　トラウマを抱えている人々は,演劇プログラムで一緒に動いたり歌ったりする集団の行動を通して辛い現実と向き合い,象徴的な変化を遂げるという[31]。トラウマは身体が記憶したストーリーである。これを消し去るには,ダンス,演劇などで身体を使って陰に潜む感情を表出・表現し,ストーリーを作り直すことが有効とされる。身体が記憶したストーリーを塗り替えるということであろう。
　アート,ダンス,演劇などの自己表現は,自己解放の方法であり,また,心理的療法の一つでもある。

---

30 スノーバー,S.(金藤ふゆ子訳)「認識の方法としてのダンス」ローレンス,R. L.(立田慶裕/岩崎久美子/金藤ふゆ子/佐藤智子/荻野亮吾/園部友里恵訳)『身体知—成人教育における身体化された学習』福村出版,2016,pp.90-93.
31 ヴァン・デア・コーク,B.(柴田裕之訳)『身体はトラウマを記録する—脳・心・体のつながりと回復のための手法』紀伊國屋書店,2016,pp.559-561.

（３）呼吸法，素読

　身体化された学習の実践の三つ目の例としては，呼吸法や素読を挙げよう。

　呼吸は心身全体の状態の一つの表現であると同時に，心身のあり方を変える手段でもある。呼息は心身の状態の端的な表現であり，場の雰囲気や空気と身体の状態感は不可分のものである。呼息は最も敏感ではっきりしたセンサーで，感情のあり方は端的に呼息として現れる[32]。

　呼吸によって心身のあり方を変える手段としてはヨガの例がある。ヨガは呼吸法，ポーズ，瞑想の組み合わせであるが，心身訓練の技術であり健康法でもある。ヨガはその時々の呼吸と感覚に注意を集中することで，情動と身体のつながりに気づくきっかけを与える。ヨガの呼吸は鼻で行う。「鼻から息を吸ってお腹を膨らませ，息を吐いてお腹をへこませる」腹式呼吸，「胸を膨らませ，息を吐くことで元に戻す」胸式呼吸のほか，さまざまな呼吸法がある。ヨガなどを通じて呼吸を整えることは，自分の身体を意識することであり，自分を見つめる時間を与えてくれる。

　もう一つの例である古典や外国語の素読による暗誦は，身体を使って知識を獲得する試みである。たとえば，漢文の素読を推奨する者は，素読とは，リズムの体験，聴覚の体験，漢字を見る体験，声を出して唱えるという身体の動きの体験，つまり，総合的感覚の体験であるとし，素読という一見単純な動作を繰り返すことによって，丸ごとの文章の暗誦という複雑な（＝総合的な）知識が，無意識に記憶のうちに蓄えられると言う。そして，このことが重要なのは，感性の方が知性より物事を深く捉えるからであるとされる。素読は脳を活性化する感性的なプロセスであると同時に，そうした強靭（きょうじん）かつ根本的な「索引」を自らのうちに刻んでいく知的作業でもある[33]。この素読により索引を刻んでいくとい

---

[32] 斎藤孝『身体感覚を取り戻す─腰・ハラ文化の再生』日本放送出版協会，2000，pp.152-153.
[33] 安達忠雄『素読のすすめ』ちくま学芸文庫，2017，pp.232-237.

う言葉は，身体化された学習を説明する個所であろう。

　身体化された学習を考えることは，学習において精神だけに注目するのではなく身体にも目を向けることである。それは暗黙知として無意識である場合もあれば，感情として表出される場合もある。私たちは，演劇，芸術作品，ダンス，ヨガ，瞑想，黙考，自然に浸ることなどで直観にアクセスできる。このようなプロセスが身体化された認識なのである[34]。身体化された学習は，身体，精神，心，霊性がかかわる全人的発達への統合的なプロセスである。このプロセスで獲得されていく身体化された知識は，通常，私たちの日々の生活経験の中で気づかれずに用いられているのである。

---

[34] ローレンス，R. L.（立田慶裕訳）「直感的認識と身体化された意識」ローレンス，R. L.（立田慶裕／岩崎久美子／金藤ふゆ子／佐藤智子／荻野亮吾／園部友里恵訳）『身体知—成人教育における身体化された学習』福村出版，2016，p.18.

研究ノート

1. 呼吸を整え静かに深い呼吸をし，自分を振り返ってみよう。
2. 自分にとって居心地の良い空間は，そうではない空間と何が違うのかを五感（視覚，聴覚，触覚，味覚，嗅覚）の観点から分析してみよう。
3. 身近なスポーツ，演劇，舞踊，ダンス，音楽などに習熟している人に，パフォーマンスを上げるための工夫についてインタビューをしてみよう。

参考文献

安達忠雄『素読のすすめ』（ちくま学芸文庫）筑摩書房，2017年．
生田久美子／北村勝朗編著『わざ言語―感覚の共有を通しての「学び」へ』慶應義塾大学出版会，2011年．
斎藤 孝『身体感覚を取り戻す―腰・ハラ文化の再生』日本放送出版協会，2000年．
湯浅泰雄『身体論―東洋的心身論と現代』（講談社学術文庫）講談社，1990年．
ローレンス，R. L.（立田慶裕／岩崎久美子／金藤ふゆ子／佐藤智子／荻野亮吾／園部友里恵訳）『身体知―成人教育における身体化された学習』福村出版，2016年．

12 組織における学習

　本章では，組織において意図的，あるいは無意図的に行われている学習に注目する。仕事をするため組織に属する場合，私たちはそこでの役割や立場から学習し成長する。仕事に関する知識や技能の獲得に関する学習は，本来個人が行うものであるが，組織全体に注目すれば，個人の職業的発達はそれぞれの個人が属する組織全体の学習やイノベーションにつながり，組織にとっても利益をもたらすものである。

　本章では，組織を通じた個人の学習，組織による組織全体の改善を目指す学習といった，個人と組織の双方の視点に立ち，組織の中で人との相互作用によって行われる学習について検討する。そして，さらにそこから既存の組織を超えた学習についても目を向ける。

1. 組織を通じた個人の学習

　人は社会的動物と言われる。学校・大学といったフォーマルな学習の場から離れた後，私たちは，日常生活の状況や仕事の場などで，意識するかしないかにかかわらず，その状況に応用される知識の多くを学ぶ。

　ここでは，最初に組織といった文脈の中で私たちがどのように学ぶのかについて，認知心理学に由来する「状況的学習」(situated learning) 論の中の「実践コミュニティ」(community of practice) と「認知的徒弟」(cognitive apprenticeship) という考えを紹介する。

(1) 実践コミュニティ

　あることを学習することと学習したことを実際に活用することとは異なり，「何であるかを知ること (know what)」と「どのようにするのか知ること (know how)」との間には断絶があると言われる。実際の場面

で知識を有効に活用するには，後者のどのようにするのかを知ることが重要となる。

　振り返って仕事を考えれば，研修などのフォーマルな教育だけではなく，現場で仲間や先輩たちと一緒に仕事に従事する中で，無意識かもしれないが学習がなされ，個人の行動や考え方が変容していくことがある。このように，社会的活動に参加し，状況の中で知識や技能を習得することに注目するのが，状況的学習の考え方である。

　この状況的学習について明らかにするため，ゼロックス・パルアルト学習研究所（Institute for Research on Learning：IRL）の研究員であったレイヴ（Lave, J.）とウェンガー（Wenger, E.）は，徒弟制に注目した。彼らは，リベリアのヴァイ族やゴラ族の仕立屋が，教え込まれたり，試験を受けたり，機会的模倣をせずに，どのようにして徒弟制度の中で仕事を覚え，技能に長けた尊敬される仕立屋の親方になっていくのかに疑問を持ち，参与観察を行った。そして，どんな組織にも必ず人々が共に学ぶための単位があることを見いだし，この構成主体を「実践コミュニティ」（実践共同体）と呼んだ。

　実践コミュニティの考えによれば，学習者は，自分が正統であると考える文化，社会，共同体に周辺的に参加する。たとえば，徒弟制の中で見習いとして職場の作業に参加するとしよう。見習いは，初めは周辺的な参加から，最終的には親方として共同体の中心的活動に至る職能的成長の過程を踏む。この過程において，当初ゆるやかな条件のもとで実際の仕事の過程に従事することは，「正統的周辺参加」（Legitimate Peripheral Participation：LPP）と呼ばれる。ここでは，見習いは熟練者の実際の仕事の過程に参加はするが，最終的な生産物に対し限られた責任しか負わない。しかしその後，状況的学習の深度により，正統的周辺参加は，完全な参加を意味する「十全参加」に移行する[1]。このように，見習いは仕事に参加し，この共同体にいることで，業務を遂行する技能

---

1 レイヴ，J. ／ウェンガー，E.（佐伯　胖訳）『状況に埋め込まれた学習―正統的周辺参加』産業図書，1993．

を獲得し，行動や技能が変容していく。

　実践コミュニティとは，この正統的周辺参加が成立するための場である。実践コミュニティでは，協調を通じて，インフォーマルにアイデアや複雑な活動に関する解釈の仕方が共有される。学ぶのは個人ではなく共同体であり，学習の流れに参加しているすべての人たちである。特定の専門的技術や知識の習得は，初心者から熟練者，新参者から古参者へ至る一方的な変化のプロセスと捉えられがちであるが，実は，それぞれのメンバーが，いくつかの文脈やコミュニティの相互的な組織化や過去と現在の相互的構成の中で仕事を行っているのである[2]。このように，状況的学習論によれば，学習は，個人の頭の中で生じるのではなく，共同参加などの社会的かかわりといった状況の中に埋め込まれている。このことは，裏返せば，学習によって獲得される技能が極めて相互作用的で，生産的な役割を持っていることを意味するものである。

（2）認知的徒弟

　前述の実践コミュニティのような状況的学習論に大きな影響を与えたのは，旧ソビエト連邦の心理学者ヴィゴツキー（Vygotsky, L. S.）による「発達の最近接領域」（zone of proximal development）の考え方である。ヴィゴツキーの言う発達の最近接領域とは，一人でできることと，他者の助けがあってできることとの差を意味する。つまり，この差は，当初は誰かの支援がないと解決ができないが，やがては一人で解決できるようになる可能性を持つ領域である。

　この一人でできることとできないことの差である発達の最近接領域について，その後，認知心理学者であるブルーナー（Bruner, J.）らは，この差を埋めるための働きかけや支援を，スキャフォルディング，つまり足場かけという言葉を用いて説明した。スキャフォルディング（scaffolding）とは，高所の作業の際，鋼管などで組み立ててつくる足

---

[2] 上野直樹『仕事の中での学習―状況論的アプローチ』東京大学出版会，1999，pp.125-127.

場を意味する。住居の外装塗装作業などで目にしたことがあるかもしれないが，足場かけは，前述の実践コミュニティ論においても，見習いが一人前になるために必要とされるものであり，見習いが持っている能力を最大限に伸ばすための段階を踏んだ支援は重要なのである。

　さて，状況的学習論の中で，このような認知的観点から組織の中での学習プロセスを取り上げた学習理論の一つとして，「認知的徒弟」がある。認知的徒弟においても，この足場かけの考えが見られる。まずはその内容を見てみよう。

　認知的徒弟とは，米国の認知心理学者であるコリンズ（Collins, A.）やブラウン（Brown, J. S.）らによって，仕事を学ぶ徒弟制といった見習い修行の学習過程を認知の面でモデルにしたものである。その過程は，①モデリング（modeling），②コーチング（coaching），③スキャフォルディング（足場かけ），④フェーディング（fading）という四つの段階からなる[3]。たとえば，これまでやったことのない新しい作業をするために，ある新しい職場に入ったとしよう。その作業に慣れ一人前になるための教授プロセスとしては，たとえば次の5段階がある（**図表12-1参照**）。

　第1段階では，見習いである学習者は仕事をするのに必要な作業をモデリングする。モデリングは，まず行動に対するモデリングから始まり，その後，認知的モデリングに至る。行動のモデリングとは，実際の作業がどのようなものかといったメンタル・モデル，つまり見通しをつけるために，こうなったらこうするといった頭の中に形成されるモデルを発達させることであり，認知的モデリングは作業に役立つコツや方略などの本質的な考え方を得ることである。

　第2段階は，接近化と呼ばれるものであり，この段階では実際の作業に近づき，その考え方の本質を明確に把握することになる。学習者の作

---

[3] ブラウン, J. S./コリンズ, A./ドゥグイッド, P.（杉本 卓訳）「状況に埋め込まれた認知と，学習の文化」安西祐一郎／大津由紀雄／溝口文雄ほか（編）『認知科学ハンドブック』共立出版, 1992, pp.35-51.

図表12-1 認知的徒弟の段階

	モデルとしての指導者の役割	学習者の役割	鍵となる概念
第1段階 モデリング	学習者が満足できる行動をするための作業のモデル。その活動の仕事上のコツなどの本質的要素を明瞭化。	全体のパフォーマンスの観察。実際の作業についてのメンタル・モデルの発達。	モデリング（明確な表現・領域固有の発見への支援）
第2段階 接近化	学習者へのコーチングや必要に応じた支援。	実際の作業に近づく本質の把握。モデルの者のパフォーマンスの振り返り（省察）。自己モニタリングや自己修正。個人もしくは集団での作業。	コーチング スキャッフォルディング
第3段階 フェーディング	コーチングや足場かけの低減。	実際の作業への近接。複雑で危険を伴う，あるいは間違って規定された状況への対応。	フェーディング
第4段階 自己決定学習	求められた時だけの支援。	一人での作業の実践。専門的団体や社会で受け入れられている特定の制約の中での試行。	自己決定学習
第5段階 一般化	学んだことの一般化とその議論。	学んだことを一般化するための議論。	一般化

出典：Brandt, B. L., Farmer, J. A., Jr. & Buckmaster, A. "Cognitive Apprenticeship Approach to Helping Adults Learn." In D. D. Flannery (ed.), *Applying Cognitive Learning Theory to Adult Learning* (New Directions for Adult and Continuing Education, No.59). Jossey-Bass, 1993, p.71. を訳出。

業状況には三つのプロセスがある。まず，学習者は，作業に先立ち何を計画しなぜ行うのかを考える。次に，作業の最中にはプロセスについて理解する。そして，作業後は自分のパフォーマンスとモデルとなる指導者のパフォーマンスの違いを振り返り（省察），明瞭化し，それにより問題解決を促す。このうち，明瞭化は，学習者の自己モニタリングや自己修正技能を発達させることにつながる。この段階では，学習者が作業を行うに際し，リスクを最小限とするのに必要な支援を提供するためのスキャフォルディング，つまり足場かけがなされる。この足場かけには，物理的な支援と作業の困難な個所への指導者による指導がある。モデルとなる指導者は，学習者のパフォーマンスに対しフィードバックをし，

改善点を示唆することで学習者をコーチングする。

　第3段階では，学習者は，協働による学びから実際の作業にさらに近づく。学習者が自分で作業を行うことができるようになるにつれて，コーチングや足場かけといった支援は徐々に減り，フェーディングのプロセスに入る。

　第4段階は，自己決定学習の段階であり，学習者が自分で実際の作業を満足のいくものにしようとする内在化が始まる。この段階では，学習者は，一定の制約の中で，自分のやり方で，また自分自身で実践を行う。そして，モデルである指導者は学習者の求めがある時のみ支援を行う。

　第5段階は，一般化の段階である。モデルとなる指導者と学習者はこれまで何を学んだかを議論する。議論は，経験で学んだことを，それ以降の学習に関連づけるために行われる。これ以降，学習者は一人前の組織の一員として位置づけられる。この段階では，特定タイプの課題，問題，そして状況をいかに理解し，受け入れ可能なレベルで対応したかについての重要な学習がなされる。第5段階を経ない場合，認知的徒弟の教育効果は，非常に限定的なものとなる。この段階では，学習者が成し遂げた学習を用いて，類似の課題や問題に適切に一般化できることを支援し，確実にすることが重要となる[4]。

2. 組織全体の改善を目指す学習

　これまで個人が組織の中でどのように学習するかについての理論を見てきたが，次に，組織による組織全体の改善を目指す学習を見てみよう。

(1) 社会変化への対応

　学習欲求が生じる契機の一つは，職業上で技能・能力の維持や開発が必要との認識をした時である。近年，国際的な経済競争が激化するにつ

---

[4] Brandt, B. L., Farmer, J. A., Jr., & Buckmaster, A. "Cognitive Apprenticeship Approach to Helping Adults Learn." In D. D. Flannery (ed.), *Applying Cognitive Learning Theory to Adult Learning* (New Directions for Adult and Continuing Education, No.59). Jossey-Bass, 1993, pp.71-74.

れ，継続的変革のための戦略の一環として，組織的に学習環境の整備を行うことに対する関心や問題意識が高まっている。

たとえば，わが国の変化を振り返ってみよう。わが国では，戦後，安定した経済成長，若年労働者の比率の高いピラミッド型年齢別従業員構成を基盤に，長期継続雇用・年功序列賃金を特徴とする日本型雇用システムが企業・従業員の暗黙の合意のもとに存在してきた。そして，このシステムに基づき，企業では，企業内教育という形態で，生活設計の見通しと結び付いた生涯教育プログラムが計画的に編成されてきた[5]。しかし，1990年代に入ると，産業構造の変化に応じ，雇用の流動化，個人主体の能力開発，能力・実績主義，多様な雇用形態のための職務の見直しなどが行われ，個人にあっては自分の雇用能力の向上，そして，企業にあっては国際競争の中でのイノベーションが求められるようになった。このような潮流を受けて，組織の改善を目指し，組織全体を学習する組織体と捉えるような，次に挙げる「組織的学習」や「学習する組織」がわが国でも注目を浴びるようになる。

（2）組織的学習

最初に紹介する組織的学習の議論では，個人が組織のために学習する場合，その結果が組織の記憶や制度に埋め込まれ企業の中での改善に寄与すると考える。アージリス（Argyris, C.）とショーン（Schön, D. A）は，組織内での日常業務においては，大きく分けて二つの異なる学習があるとする。それは，組織があらかじめ決めた道筋やあるべき姿といった価値観を変化させることなく，状況改善，行動修正を行う「シングルループ学習」(single-loop learning) と，組織の規範，方針，目的などの妥当性を見直し，新しい道筋を創り出す「ダブルループ学習」(double-loop learning) の二つである[6]。シングルループ学習は暗黙的

---

[5] 倉内史郎『教育学大全集7：社会教育の理論』第一法規出版，1983，p.109.
[6] Argyris, C. & Schön, D. A. *Organizational Learning: A Theory of Action Perspective*. Jossey-Bass, 1978.

で漸進的な修正であり、ダブルループ学習は、根本的で飛躍的な変化をもたらすものである。どちらの学習も組織の健全化には不可欠であるが、組織における一般的実践の大半がシングルループ学習とされる。しかし一方、組織に矛盾や葛藤などを呼び起こす解決の難しい課題、たとえば、法律の改正、競合相手の出現、技術革新などの環境的変化などが生じた場合には、ダブルループ学習による問題解決のための批判的振り返りの促進、代替的な選択のための価値観の転換が必要となる。この場合の学習では、課題解決の側面と、解決を制約してきた暗黙化された思考のパターンや防衛的な反応を反省し、修正することが求められる[7]。通常、組織的な防衛ルーティンはダブルループ学習を制約するため、生産的な行為に導くには、妥当な情報、情報を与えられた上での自由な選択、自らの選択に対する内発的なコミットメント、そして、その実行についての絶え間ない監視といったプロセスが重要となる。ここにおいての学習は必ずしも新しい知識を獲得することだけを意味するわけではない。ダブルループ学習では、場合によっては、個人・組織ともに、過去に確立された知識をいったん捨て去るという「アンラーン」(unlearn)を行う必要が生じる。アンラーンは、学びほぐし、学習棄却などとも訳されるが、これまで学習した価値観、行動様式、思い込みを捨て去ることで、初めて新たな価値観や行動様式を「リラーン」(relearn)、つまり再学習することができるのである。

　組織的学習は、他者の影響によって社会的習慣、態度、行動を習得していく暗黙の社会的学習であり、明示的な形式知にかかわる可能性を持つ、双方向的で相互依存的なプロセスでもある。

(3) 学習する組織

　次に紹介するのは、組織における学習環境を概念化した学習する組織論である。学習する組織とは、さまざまな定義があるが、簡潔に言えば、

---

[7] 平澤 哲「組織的学習についての再考察― Argyris & Schön 理論の意義付けと経営学的研究の反省」『日本経営学会誌』2007, 第19号, p.20.

「目的に向けて効果的に行動するために，集団としての意識と能力を継続的に高め，伸ばし続ける組織」である[8]。学習する組織は，個人と組織に影響し，そのどちらも重視する。

　学習する組織を主張する人々の間では，細かい点についての意見の違いはあるものの，次の五つの点ではおおむね一致している。
①学習する組織とは，単なる学習する個人の寄せ集めではない。むしろ，学習はさまざまなレベルの組織単位で集合的に，時には企業全体で同時的に生ずる。
②学習する組織とは，変革能力を持った組織である。
③学習する組織とは，個人の学習能力を増大させるだけでなく，組織構造，組織文化，職務設計，そしてメンタル・モデル，つまり物事がどうなっているかについての前提も再定義できる組織である。
④学習する組織とは，時には顧客も含めて従業員を意思決定，対話，情報共有に参加させる組織である。
⑤学習する組織とは，体系的な思考方法と組織的な知識蓄積を促す組織である[9]。

　学習する組織論を提唱する中心的人物であるセンゲ（Senge, P. M.）は，学習する組織として次の五つの行動原則を挙げる。つまり，第一は自己マスタリーで，個人は自分の力量を向上させるように奨励される。問題解決型学習は組織による学習と合致する。第二はメンタル・モデルであり，日常の実践は，主に無意識に人が心に深く持っている前提と一般化から成り立つ固定化したイメージであるメンタル・モデルによって形成される。組織がこれまでとは違う方法で学習するのであれば，メンタル・モデルの明示化，検証，更新が不可欠である。第三は共有ビジョンであり，明確な戦略的方向性と一貫した価値観の明確化が求められる。

---

[8] 小田理一郎『「学習する組織」入門』英治出版，2017, p.8.
[9] ワトキンス, K. E. / マーシック, V. J.（神田 良／岩崎尚人訳）『「学習する組織」をつくる』日本能率協会マネジメントセンター，1995, pp.2-3.

第四はチーム学習で、チームで協力して働く能力は不可欠であり、チーム全体で開発するような活動が重要である。第五はシステム思考であり、物事を部分としてではなく全体として見ることである[10]。

　組織では、構成員の学習環境を整え学習支援を行い、従業員が協働して共通見解を獲得・醸成することが大事となる。そのため、組織の中に学習コミュニティを形成し、チーム学習や協働により、日常の職場生活に学習を浸透させ、学習する個人としての従業員を組織環境が後押しすることが重要になるのであろう。

　いずれにしても、改善や改革を志向する組織にあっては、学習する組織の考えに基づき、組織的な人材開発や組織変革の起動力育成の見地から、従業員に学習欲求を持たせるように働きかける仕組みづくりが、戦略上意図的に行われるようになってきている。このような取り組みによって、組織は、従業員がどのように学習すべきかを常に考え、個々にそして集合的に学習することに対して極めて寛容なものへと変化していく。

　学習する組織では、組織に所属する個人、チーム、組織自体が相互に影響し合い、学習が継続的に絶え間なく組織内で行われる。学習する組織のモデルによれば、組織内の変化は、個人からグループ、組織的、環境的に至るすべての学習レベルで生じなければならず、また、組織内のパフォーマンスを改善するこれらの変化には学習が用いられ、その改善を支援する新しい実践や慣習をもたらすとされている[11]。

(4) 組織における学習を促進する原理

　学習する組織論に関連し、組織が行うべきことを具体的に挙げる者もいる。それによれば、組織は、第一に継続的に学習機会を創造する、第二に探究と対話を促進する、第三に協働とチーム学習を奨励する、第四

---

[10] センゲ, P. M.（守部信之他訳）『最強組織の法則』徳間書店, 1995.
[11] Marsick, V. J. & Watkins, K. E. "Learning Organization." In Leona M. English (ed.), *International Encyclopedia of Adult Education*. Palgrave Macmillan, 2005, p.356.

に学習を取り込み共有するシステムを確立する，第五に集合的ビジョンに向けて人々をエンパワーメントする，第六に組織と環境を結合させる[12]ことが必要である。そして，組織内に知識を創出し管理する継続的学習の制度があることが，組織の業績，そしてさらには，財政的資産や非財政な知的資本である価値観での改善につながるとしている[13]。

　このほか，学習する組織を可能とする組織の文化的価値観に目を向ける者は，次のような点を重視する。その第一は成功の称賛である。既存の価値観はしばしば失敗を避けようとするが，これを打ち壊すには，成功が称賛されなければならない。第二は改善の探求である。学習する組織では，常に製品とサービスを提供する新しい方法を探求する。したがって，イノベーションと変化は組織内で尊重される。第三は失敗に対する許容である。失敗は，革新的な学習する組織では不可避である。そこでは，失敗の犯人を捜したり責めたりするよりは，失敗を許容する文化を必要とする。しかし，このことは，教訓が何も得られないような日常的にお粗末な，あるいは凡庸な成果を許容することを指すわけではない。第四は人間の可能性に対する信頼である。組織において，知識，スキル，創造性，エネルギーを使って成功をもたらすのは各個人である。学習する組織内の文化は，各個人を尊重し，彼らの職業的・人間的発達の助けとなる。第五は暗黙知の認識である。学習する組織は，プロセスに最も近い人がその可能性と欠点について最も最善で，詳しい知識を持っていると認識している。学習する組織の文化は，暗黙知を尊重し，自由裁量，責任，能力の組織的な拡大に対して信念を示す。第六は計測不可能なものの優先化である。学習する組織は，計測できるものに焦点を絞る危険性を認識する。数字の暴走を避けるために，業績への質的理解に基づく判断を優先する必要がある。第七はオープンさである。組織全体を通してのオープンな知識の共有が，学習能力の開発には不可欠である。知識

---

[12] ワトキンス, K. E. / マーシック, V. J. （神田 良 / 岩崎尚人訳）『「学習する組織」をつくる』日本能率協会マネジメントセンター, 1995, p.35.
[13] Marsick, V. J. & Watkins, K. E. *Facilitating Learning Organizations: Making Learning Count*. Gower, 1999, pp.10-11.

の共有は，書式などによる報告手続きよりも，非公式なルートや個人的な付き合いにより達成される傾向にある。第八は信頼である。管理職とスタッフとの間の相互信頼の文化が，学習する組織には必須である。信頼がなければ，学習は危ういプロセスになる。第九は外向き志向である。学習する組織は，外の世界を学習機会の豊富な源と見てかかわる。競争相手の持つ見識を自分たちの運営に取り入れ，クライアントのニーズを深く理解することに焦点を合わせる[14]。

このような組織の文化的価値観に加え，学習する組織の実現に必要な考え方や行動の変化については，これまで述べてきたことと一部重複するが，より細分化した内容を提示する次の16の原理も参考になろう[15]。
①組織のすべての職階で一人ひとりが自己決定できるようになる。
　自ら学習することで自分を助け，他者を助けることができれば組織は確実に上昇し続ける。
②失敗は学習し続けていくための足がかりであり，ビジネスの成長にとって欠かせないものである。
　健全な失敗は組織の成功にとって不可欠であり，新しい可能性を開くことを意味する。
③組織のシステムや構造をつくり直すことをいとわない。
　古い慣習を捨て，新しい可能性を模索しながら，常にシステムの刷新を図っていくことは成長のプロセスである。
④学習は感情的プロセスゆえに，学習者を応援するような企業文化が必要となる。
　一人ひとりが自尊心を継続的に高めていくことができれば，組織へのコミットメントも深くなる。

---

[14] ナトリー, S. M. / ウォルター, I. / デイヴィス, H. T. O.（惣脇 宏 / 豊 浩子 / 籾井圭介 / 岩崎久美子 / 大槻達也訳）『研究活用の政策学—社会研究とエビデンス』明石書店，2015，pp.215-216.
[15] クライン, P. / サンダース, B.（今泉敦子訳）「学習する組織アセスメント用『ファシリテーターのための手引き』」『こうすれば組織は変えられる！「学習する組織」をつくる10ステップ・トレーニング』フォレスト出版，2002，pp.30-35.

⑤学習の結果だけでなく，学習のプロセスそのものを大切にする。
　結果だけでなく，学習することそれ自体が重要である。
⑥すべての学習者を適切に評価する。
　学習には独自の価値があるため，そのすべてが適切な評価を受けるべきである。
⑦知識とパワーを最大限にシェアする。
　情報をシェアし，互いに教え合うことを奨励する文化は，それだけで多くの有能なメンバーをその組織内に育てることである。
⑧自分の学習を自分自身で組み立てることを奨励する。
　情報を入手する方法が提供されれば，人は学習することができる。
⑨自己評価のプロセスを教える。
　自分を客観的に見つめることで，より効果的な学習が可能になり，結果として，仕事の質を継続的に改善していくことができる。
⑩あらゆる場において人間の知性を完全に解放することを目標とする。
　知性の解放により一人ひとりの人間の有益な営みを結集する。
⑪学び方の違いを，学習を達成するための選択肢の一つとして認める。
　自分とは異なる方法で学ぶ人と共に学習する利点は，別のやり方を理解することで，自分の学習プロセスを活性化する新たな方法を発見できるかもしれないということである。
⑫自分自身の学習および思考スタイルを確立し，他者とシェアすることを奨励する。
　自分のスタイルを相手に教え，相手のスタイルから学ぶことで，共有できるコミュニケーションの基盤が広がる。
⑬すべての従業員が専門を問わずさまざまな分野で知識を深めることを奨励し，一生未知のまま終わってよいものなどないという考え方を定着させる。
　ある分野の知識やスキルが，まったく異なる別の分野において思いがけず役に立つことがある。
⑭実践を目的とする学習は，論理的・道徳的で，楽しいものでなくてはならない。

学習とは，人格全体とその人格が持つ価値観とを調和させ肯定するプロセスである。
⑮良いアイデアは意見交換やディスカッションを通して生まれる。
普段から，共にアイデアを模索し，協力して練り上げていくことが当たり前となっている環境は学習を促す。
⑯すべてが再検討・再調査の対象となる。
私たちが行動や判断のよりどころとする前提は，最新のデータに基づいて常に再考されなければならない。

以上のように，学習する組織の重要なポイントは，学習を通じた意思疎通や集団の中での円滑な対話によって信頼や価値が生み出されることにある。イノベーション，変化を受け入れられる実践のためには，信頼ある人間関係，弾力的で柔軟な経営やアイデアを自由に提示できる雰囲気が望ましい。寛容さ，対話，行動の共有が重要ということであろう。

3. 既存の組織を超えた学習

ここまで，個人と組織のそれぞれの立場から組織における学習を見てきた。ここでは，既存の組織を超えた学習の諸相も紹介したい。

(1) 職場環境のイノベーション

先駆的なIT企業などの創造的な企業における取り組みで目を引くのは，組織の中にすべての人がかかわれるような遊び場をつくるといった発想である。そのような企業では，遊び場が組織における健康や幸福全般に寄与し，重要な新たな知識や可能性を生み出す場と考えられている。

米国シカゴにあるデジタルメディアの会社には，「昼食と学習セッション」という時間がある。その時間には，その日の当番がファーマーズマーケットで買い出しをし，その後みんなで食材から昼食を作り，一緒に食事をとりながらランチタイム・プレゼンテーションを行う。また，金曜日の午後には，みんなでビールを醸造する。あるいは，自転車通勤を奨励し，それぞれの自宅に立ち寄る集団出勤を組織化している。これ

らの協働的行動について，従業員は「ビールを造ったり，同僚と自転車に乗ったり，昼食と学習セッションへ参加したりしている，まさにその瞬間に生じる協働的なもの，アイデアは何でも，『単なる仕事ではない』と思えるものになります」と語っている。そして，全人格的なつながりによる共通の経験やこの関係性から生じる知識によって，いざという時により気楽に支援を求められる風土が生まれると言う[16]。

この例以外にも，米国の IT 企業の中には，スポーツ施設，ジムやプール，建物間を移動する自転車，無料でおいしい食事がとれるカフェテリア，あらゆる種類のスナックや飲み物，エスプレッソマシンを備えたキッチンが備え付けられていたり，金曜日の午後にビールパーティを開いたりするところもある[17]。このような工夫は，人々の対話や交流が仕事の生産性を向上させる上で重要という考えにより，それを活性化や円滑化する環境を整えているということであろう。IT 企業という個人の生産性を高めることを求める最前線の企業にあって，従業員が集う職場環境に配慮しているのは興味深い。

（2）越境学習

次に個人に注目すれば，学習は職場内部だけで行われてはいない。職場を越えて学習の場に集い，社会的なネットワークをつくる機会は，社内を越えた読書会，朝食前の会合，地域の中に学びの場を生み出すソーシャル系大学など，さまざまに存在する。職場以外の学習活動を越境経験として見る立場の者は，学習の場で異なる立場や視点を持つ人々と出会うことで，集い，つながり，将来的な協働の契機となるとする。

中原は，このような職場を越えて越境学習する人々のニーズを**図表**

---

[16] メイヤー，P.（園部友里恵訳）「仕事における身体化された学習：職場から遊び場への発想の転換」ローレンス，R. L.（立田慶裕／岩崎久美子／金藤ふゆ子／佐藤智子／荻野亮吾／園部友里恵訳）『身体知―成人教育における身体化された学習』福村出版，2016，pp.46-48.
[17] シュミット，E.／ローゼンバーグ，J.／イーグル，A.（土方奈美訳）『How Google Works―私たちの働き方とマネジメント』日本経済新聞出版社，2017，pp.70-75.

図表12-2　越境学習する人々のニーズ

1. キャリア	「30・40超えての自分さがしをするとは思わなかった」「40になっても，"あなた何やりたいんですか"と他人に聞かれるとは思わなかった」「今の時代は，一生，就職面接が続く社会だ」
2. イノベーション	「今の会社の中からイノベーションが生まれるなんて絶望的。外の世界を見に行かないとならない」「自分の中にたまった組織の垢をおとして，リフレッシュしたい」
3. ネットワーク	「会社以外のところで，縁をつくっておけば，ビジネスの助けになるかもしれない」
4. フレンドシップ	「会社以外の人と知り合いになりたい」
5. プロフェッショナルボランティア	「会社じゃないところで，自分のスキルを生かしたい」
6. アントレプレナー	「今のうちから，将来の起業に備えておきたい」
7. アビリティ	「今の時代を乗り切るもうひとつの武器が欲しい」「会社が沈んでも大丈夫なようにもうひとつの島が欲しい」
8. セルフラーニング	「社外の勉強会は，自分に強制力をかけるための手段である」
9. ラーニングニーズ	「楽しいから」
10. アンザイエティ	「何となく不安なので，今すぐ何かをしようと思って」

出典：中原 淳『職場学習論―仕事の学びを科学する』東京大学出版会，2010，p.163. を一部抜粋。

12-2のとおり10項目に整理している[18]。

　このような組織を越えて越境学習する人々の分類は，成人学習者のうち一定年齢の職業人の学習ニーズとその目的を明らかにするものである。企業などの組織以外に学習する場を自発的に求める人々の存在は，あらためて成人学習者の潜在的な学習ニーズに対する受け皿の必要性を感じさせられるものである。

18　中原 淳『職場学習論―仕事の学びを科学する』東京大学出版会，2010，pp.160-164.

(3) 求められる学習志向者

「組織は人なり」と言われ，どの組織にあっても，組織の維持や発展のために，優秀な良い人材を採用することが最も重要なことと言われる。それでは，どのような人材が望ましいと考えられているのであろうか。たとえば，米国の企業経営者は，採用したい人材として，心に秘めた情熱とともに知力を持った者，といった点を真っ先に挙げる。この場合の知力とは，「何を知っているのか」ではなく「これから何を学ぶのか」という潜在力を意味し，学習を続け，大きな変化に立ち向かい，それを楽しむ力を持っていることだと言う。このような人材を採用したらどうするか。企業経営者は次のように言う。

「彼らに学習を続けさせよう。すべての従業員に，常に新しいことを学ぶ機会を与えよう。直接，社業の役に立たないことでも構わない。そして身に付けた能力を発揮してもらおう。…（略）…（このような人は）それを少しも苦痛に感じないはずだ。むしろ進んで研修をはじめさまざまな学習機会に参加する。そういう反応をしない人には注意したほうがいい」[19]。

成長する企業は，個々の人材にも自己の学習による成長を求めるということであろう。

このように，組織における学習とは，個人として各人が研鑽(けんさん)し組織の中で相互的に学ぶことが，結果として，その集合体としての組織においても，学習する文化，成長や発展の土壌や風土，そして伝統を創り出していくということなのである。

---

[19] シュミット, E./ローゼンバーグ, J./イーグル, A.（土方奈美訳）『How Google Works —私たちの働き方とマネジメント』日本経済新聞出版社，2017，pp.184-185. 引用文中の（　）は，筆者が加筆。

研究ノート

1. あなたの所属する組織は「学習する組織」か，センゲの五つの行動原則に即して判断してみよう。
2. あなたが人事権を持つとしたら，自分の所属する組織を発展させるために，どのような採用基準で人を採用するのか考えてみよう。
3. 越境学習する人々のニーズの中で，最も自分のニーズに近いものを特定してみよう。

参考文献

石山恒貴『越境的学習のメカニズム—実践共同体を往還しキャリア構築するナレッジ・ブローカーの実像』福村出版，2018年．

上野直樹『仕事の中での学習—状況論的アプローチ』東京大学出版会，1999年．

中原 淳『職場学習論—仕事の学びを科学する』東京大学出版会，2010年．

中村 香『学習する組織とは何か—ピーター・センゲの学習論』鳳書房，2011年．

ナトリー，S. M. ／ウォルター，I. ／デイヴィス，H. T. O.（惣脇 宏／豊 浩子／籾井圭子／岩崎久美子／大槻達也訳）『研究活用の政策学—社会研究とエビデンス』明石書店，2015年．

ブッシュ，G. R. ／マーシャク，R. J.（中村和彦訳）『対話型組織開発—その理論的系譜と実践』英治出版，2018年．

レイヴ，J. ／ウェンガー，E.（佐伯 胖(ゆたか)訳）『状況に埋め込まれた学習—正統的周辺参加』産業図書，1993年．

ワトキンス，K. E. ／マーシック，V. J.（神田 良／岩崎尚人訳）『「学習する組織」をつくる』日本能率協会マネジメントセンター，1995年．

13 | 人のつながりと社会関係資本

　本章では，社会関係資本（ソーシャル・キャピタル）に焦点を当て，人とのつながりによる学習を取り上げる。社会関係資本とは，個人間のつながりの質と量を資本という概念で捉えるものである。ここでは，社会関係資本とはどのような考えなのか，そして，このような人とのつながりが，なぜ学習とかかわり合うのかを明らかにする。

1. 社会関係資本とは

（1）社会関係資本の定義

　私たちは，人とのつながりの中で生きている。このような人と人とのつながりは，社会的ネットワークとも呼ばれ，そこから生み出されるものやその蓄積を資本に例えたのが社会関係資本，つまりソーシャル・キャピタル（social capital）と呼ばれるものである[1]。

　この概念が注目を浴びたのは，米国の政治学者であるパットナム（Putnam, R. D.）の著書『孤独なボウリング—米国コミュニティの崩壊と再生』（*Bowling Alone: The Collapse and Revival of American Community*）によってである。

　パットナムによれば，米国社会において，政治参加，結社への加入，宗教への参加，ボランティア活動，慈善事業，職場での社交など，インフォーマルな社会的ネットワークは1960年代に比べて大きく減少した。「孤独なボウリング」というタイトルに象徴されるように，アメリカ人

---

[1] 本章では，主に「社会関係資本」の用語を用い，引用によっては「ソーシャル・キャピタル」の用語を同義として使う。

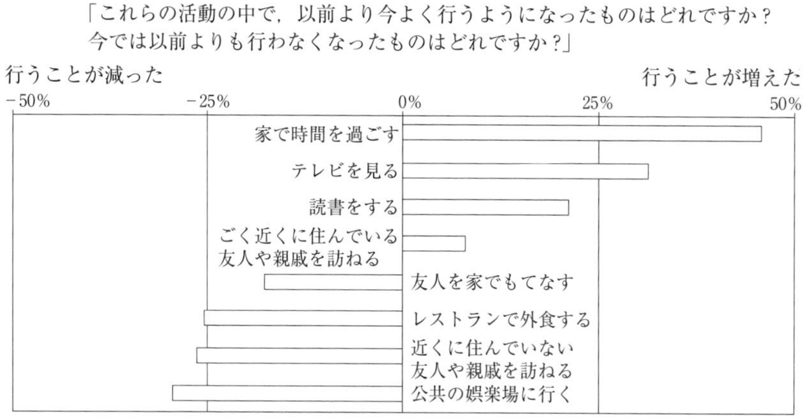

「これらの活動の中で，以前より今よく行うようになったものはどれですか？
今では以前よりも行わなくなったものはどれですか？」

行うことが減った / 行うことが増えた
−50%　−25%　0%　25%　50%

- 家で時間を過ごす
- テレビを見る
- 読書をする
- ごく近くに住んでいる友人や親戚を訪ねる
- 友人を家でもてなす
- レストランで外食する
- 近くに住んでいない友人や親戚を訪ねる
- 公共の娯楽場に行く

注：アメリカ人の繭ごもり化開始は1970年代。
出典：パットナム，R. D.（柴内康文訳）『孤独なボウリング—米国コミュニティの崩壊と再生』柏書房，2006，p.289.

図表13-1　アメリカ人の繭ごもり化

は経済的に豊かになる一方で，共同体意識が希薄化し，コミュニティが衰退してきていると論じる。具体的には，アメリカ人は，**図表13-1**のとおり，「家で時間を過ごす」「テレビを見る」「読書をする」「ごく近くに住んでいる友人や親戚を訪ねる」ことは増えているが，一方で，「友人を家でもてなす」「レストランで外食する」「近くに住んでいない友人や親戚を訪ねる」「公共の娯楽場に行く」が減っている。これらの背景には，共働きによる時間の減少と金銭的プレッシャー，住宅の郊外化，テレビなどの電子娯楽，余暇時間の私事化がある。このように，パットナムは，アメリカ人が家庭の中に閉じこもり社会的活動に参加しなくなってきている様子を浮き彫りにし，社会関係資本の観点から議論するのである。

　ここで用いられる社会関係資本という言葉を定義するに当たり，最初に，「資本」の意味を明らかにしよう。

　資本とは，本来，商売や事業をするのに必要な元本を意味し，労働，土地，資本と言われるように，生産の3要素の一つである。しかし，資本という言葉を象徴的に広く用いる場合もある。たとえば，OECD（経

済協力開発機構)は,人の幸福を測定する枠組みとして,次の四つのタイプの資本を検討している。

① 経済資本

人工資本(建物,機械,交通基幹施設など人間が作り出した有形資産と,コンピュータのソフトウェアや芸術作品などの知識資産)と,金融資本(現金・通貨,預金,あるいは借金という形での負債など,さまざまな金融資産を含む)。

② 自然資本

自然環境のうち,鉱物,エネルギー資源,土地,水,木,植物,動物などの個々の資産,森林,土壌,水環境,大気などの環境資産の協働機能,相互作用など。

③ 人的資本

個人の知識,技能,能力,健康など。

④ 社会関係資本

社会のさまざまな集団内や集団間の協働を容易にする社会生活の規範,信頼,価値観[2]。

これらの四つは,いずれも社会における資本の蓄積に目を向けるという共通性がある。しかし,その性質はさまざまであり細部では異なる。たとえば,第一に移転可能性の点からは,経済資本や自然資本は所有者間の移転が可能であるが,人的資本や社会関係資本は移転ができない。第二に共有可能性の点では,人的資本は個人に帰属し,他者との共有ができない。一方,社会関係資本は,一人の人間の使用により他の人間の使用が妨げられない。第三に資本の変容性という点では,基幹施設などの人工資本は使用によって劣化するが,教育や技能などの人的資本や人とのつながりといった社会関係資本は強化可能である[3]。第四に貨幣的

---

[2] OECD編著(西村美由起訳)『OECD幸福度白書2 より良い暮らし指標:生活向上と社会進歩の国際比較』明石書店,2015,pp.210-211.
[3] 同書,p.211.

価値という点を考えれば，社会関係資本は，人的資本，経済資本，自然資本と異なり，その推定が難しい。社会関係資本は経済資本に代表されるような貨幣的価値を推定されないのだが，しかし，近年，経済，健康，教育，防犯などのための社会的資源として重要視され，注目されるようになってきている。

このような社会関係資本について，より詳細に見てみると，その構成概念としては次の四つが挙げられる。

①個人的人間関係：個人のネットワーク（友人，身内など）と，そのネットワークの確立と維持に役立つ社会的行動（他者と共に時間を過ごす，電話やメールで情報を交換するなど）。
②社会的ネットワークによる支援：個人的人間関係から生じる直接的成果であり，個人のネットワークを通じて得られる感情的，物質的，実用的，金銭的，知的，職業的資源。
③市民参加：ボランティア活動，政治活動，団体活動およびさまざまな形による共同体活動など，人々が市民生活や共同体生活に貢献する活動。
④信頼と協働規範：社会機能の基礎をなし，互恵的協力を可能にする，人々に共有される価値観と期待。

このような社会関係資本の下位概念のうち，信頼と協働規範は，蓄積に時間がかかり，比較的長期にわたって保持され，世代間の伝達が可能であることで，道具として強く幅広い公共価値を持っている[4]とされる。

社会関係資本は，多義的で曖昧な概念でもあるが，いくつか定義を見てみよう。パットナムの社会関係資本の定義は，「個人間のつながり，すなわち社会的ネットワーク，およびそこから生じる互酬性と信頼性の規範」[5]である。このパットナムの定義のほか，OECDの定義では，社会関係資本は，「社会のさまざまな集団内や集団間の協働を容易にする

---

[4] OECD編著（西村美由起訳）『OECD幸福度白書2 より良い暮らし指標：生活向上と社会進歩の国際比較』明石書店, 2015, p.221.
[5] パットナム, R. D.（柴内康文訳）『孤独なボウリング—米国コミュニティの崩壊と再生』柏書房, 2006, p.14.

社会生活の規範，信頼，価値観」とされる。このように，信頼関係にある人間のつながりがもたらす便益やその蓄積における有効さは，広く学問分野を超えて議論されてきた。同時に社会関係資本は，その定義の多義性や曖昧さゆえに逆に便利に引用されるという面もある。

社会関係資本の考えによれば，個人の社会的ネットワークである友人や知り合いなどとの関係性から生み出されるものは財の一種であり資本である。このような社会関係資本とされる人とのつながりに関心が持たれるようになったのは，個人がばらばらに孤立していく傾向を強めている現代的状況への人々の不安によることも大きいのではないだろうか。

（2）社会関係資本の種類

それでは次に，社会関係資本の種類を見ることで，その本質に迫ってみよう。ここでは，社会関係資本の財の性質，社会関係資本の機能，そして定義の三つの分類を見てみたい。

一つ目の社会関係資本の財の性質を見ると，財は競合性と排除性の二つの軸で公共財と私的財に分類できる。競合性とは資源を個人以外の複数の者が利用することでその資源の価値を減ずること，排除性とは資源への使用やアクセスを排除することである。

非競合性と非排除性の性質を共に併せ持つのは純粋な公共財である。また，非競合性，もしくは非排除性のいずれかの性質を有するものは，純粋な公共財ではないが，公共財の性質を有する点で準公共財と呼ばれる。社会関係資本のうち，社会全体のネットワークを念頭に置き，社会全般への信頼や規範といった構造的・制度的側面を重視する場合は，公共財とされる。一方，競合性と排除性の双方を有する場合，たとえば，個人や特定の組織のみのネットワークに焦点を当て，その互酬性や信頼の規範の認知的側面を強調する場合は，私的財とされるのである[6]。

二つ目に社会関係資本を機能から見れば，結束型（banding），橋渡

---

6 坪郷 實「ソーシャル・キャピタルの意義と射程」坪郷 實編著『ソーシャル・キャピタル』ミネルヴァ書房，2015，p.4.

し型（bridging），関係型（linking）の三つに分類できる。結束型は，内向きで，排他的なアイデンティティと等質的集団を強化する機能を持ち，橋渡し型は，外向きで，多様な社会的分断を超えて人々を包含する開かれたネットワークである[7]。

　結束型は，家族や親友など，じかに人とつながり仲間として結束するものであり，関係が濃密で他者との境界がはっきりしている。情報や価値観も同質であり，互酬性と信頼性が高い。また，結束型は特定の情報やスキルの伝達，あるいは災害や危機といった困難時に一丸となって立ち向かう時には有効である。一方で，結束型は，外の社会に閉鎖的で内部に向けては階層的であり，成員間の相互性と参加の平等はない。また，同質性を強調することで排他的になり，集団になじまない者を排除する傾向がある。マフィアなどの犯罪集団にも結束型の例が見られる。このことは，社会関係資本の負の側面である。

　橋渡し型は，ゆるやかで制約のないネットワークである。スポーツクラブ，NPOの中間支援組織などオープンに会員を集める任意団体といったものが例として挙げられる。関係の重複を避け，仲間よりも外部の面識のない者同士，異なる人々や知らない人々をつなぐものとして機能する。規範の共有と共通の目標を有し，結束型と異なり，信頼性と互酬性は限定的である。

　このような結束型，橋渡し型に加え，コミュニティがまったく外部の異質で類似性のない人々を包括する関係型というカテゴリーを加える研究者もいる[8]。関係型は，外部の多様な人々とのかかわりによって相互に結合した，より大きなコミュニティである。そこには，規範の共有と共通の目標があるが，信頼性と互酬性は競合し合う場合，制限を受けることがある。人間関係は希薄だが，情報収集力は高いとされる。

　三つ目は，社会関係資本の定義に関することである。社会関係資本の

---

[7] パットナム，R. D.（柴内康文訳）『孤独なボウリング―米国コミュニティの崩壊と再生』柏書房，2006, p.19.
[8] Woolcock, M. "Social Capital and Economic Development: Toward a Theoretical Synthesis and Policy Framework." *Theory and Society*, 1998, Vol.27, No.2, pp.13-14.

定義とされる「社会的ネットワーク，互酬性と信頼性の規範」の三つは，社会関係資本の構成要素，社会関係資本を生み出す決定因，あるいは社会関係資本の成果という点から分類できる[9]。

このように，社会関係資本はいくつかの観点から分類することができるのである。

（3） 社会関係資本の測定

次に，社会関係資本の測定という点から，社会関係資本の構成概念を見てみたい。

人と人とのつながりを調べる代表的質問項目としては，人づきあいを聞く項目，たとえば，「過去半年の間に，あなたと重要なことを話し合った人は誰でしたか」と聞き，最初に思い浮かぶ人を5人までリストアップしてもらうといったことが挙げられる[10]。通常はどのような人々が思い浮かぶであろうか。このほかの指標としては，たとえば，**図表13-2**のようなものがある。この例では，社会関係資本を社会的サポート，地域組織への参加，社会的ネットワークに分類し，それに関する項目を策定している。社会的サポートでは，共感，愛情，理解といった情緒的サポートとして「心配事や愚痴を聞いてくれる」こと，経済的支援や手伝いなどの手段的サポートとしては，「病気や数日間寝込んだ時に，看病や世話をしてくれる」ことが項目として挙がっており，それぞれどのような人から支援を受け，あるいはどのような人を支援しているかを特定しようとする。一方，地域組織への参加の頻度や社会的ネットワークとして友人と会う頻度も聞いている。

このような指標は，社会関係資本の構成概念の一部を明らかにするものであろう。

---

9 稲葉陽二／近藤克則／露口健司／金光 淳／大守 隆／吉野諒三／辻中 豊／山内直人『ソーシャル・キャピタル「きずな」の科学とは何か』ミネルヴァ書房，2014，pp.36-38.
10 GSS（General Social Survey）〈http://gss.norc.org/About-The-GSS〉（検索日：2018年2月3日）

図表13-2　社会関係資本の指標の例

変　数		質問内容	選択肢
社会的サポート	情緒的サポート受領	あなたの心配事や愚痴を聞いてくれる人	1．配偶者 2．同居の子ども 3．別居の子どもや親戚 4．近隣 5．友人 6．その他 7．いない
	情緒的サポート提供	心配事や愚痴を聞いてあげる人	
	手段的サポート受領	あなたが，病気や数日間寝込んだ時に，看病や世話をしてくれる人	
	手段的サポート提供	病気や数日間寝込んだ時に，看病や世話をしてあげる人	
地域組織への参加	会・グループへの参加	あなたは下記のような会・グループにどのくらいの頻度で参加していますか（政治関係，業界団体，ボランティア，老人クラブ，宗教，スポーツ，町内会，趣味）	1．ほぼ毎日 2．週2～3日 3．週1回程度 4．月1～2回 5．年に数回 6．参加していない
社会的ネットワーク	友人と会う頻度	友人・知人と会う頻度はどのくらいですか。	1．ほぼ毎日 2．週2～3日 3．週1回程度 4．月1～2回 5．年に数回 6．会っていない

出典：稲葉陽二／近藤克則／露口健司／金光　淳／大守　隆／吉野諒三／辻中　豊／山内直人『ソーシャル・キャピタル「きずな」の科学とは何か』ミネルヴァ書房，2014，p.85．を一部抜粋・改編。

2. 社会関係資本の機能

　社会関係資本が有する機能とは何か。ここでは，代表的なものとして，情報収集，健康の促進，幸福度，治安の四つについて，順に見てみたい。

(1) 情報収集

　第一に挙げる社会関係資本の機能は，個人における情報収集機能である。

ミクロな意味での社会的ネットワークとしては，個人レベルでのネットワークが挙げられる。

ネットワークとは人や物の網状のつながりを指す言葉である。その中でも，社会的ネットワークという言葉は，個々にばらばらの単体の人が，自発的，主体的に他者とつながることを意味する。このような人との関係は，何人の人と付き合うかという量，交流の深さという質，そしてそのネットワークの中で自分がどこまで中心的存在となるかという代表性といった三つの点で，接触頻度，付き合いの継続度，信頼度の多寡や強弱の差がある。このようなネットワークにおいて，いわゆる顔が広いと言われる人は，多くの情報や社会的サポートを得られることが推察される。

このネットワークの機能について，グラノヴェター（Granovetter, M.）は，人とのつながりの強弱と情報収集能力の関係について検討し，弱いつながり（弱い紐帯(ちゅうたい)）の方が強いつながり（強い紐帯）よりも豊かな情報収集力を持つとした[11]。

家族，親しい友人，学校や職場の同僚といった人々との間に存在するのは，強い紐帯と呼ばれる狭く深いつながりである。一方，あまり親しくない友人，会う機会の少ない疎遠な知人などとの間にあるのは弱い紐帯である。グラノヴェターの転職についての調査によると，強い紐帯ではなく弱い紐帯からの情報に基づいて転職した人々の方がその後の仕事に満足していた。弱い紐帯でつながれたネットワークの方が，収集する情報の幅が広く，異質な人々や異なった種類の社会を連結させていく機能がある。それに対し，強い紐帯関係は，接触頻度が高く，日常生活において共有する部分が多いため，カバーできる情報の範囲も相対的に狭

---

[11] Granovetter, M. "The Strength of Weak Ties." *American Journal of Sociology*, 1973, Vol. 78, No. 6, pp.1360-1380.〈邦訳〉大岡栄美訳「弱い紐帯の強さ」野沢慎司編・監訳『リーディングス　ネットワーク論――家族・コミュニティ・社会関係資本』勁草書房，2006.
グラノヴェター, M.（渡辺 深訳）『転職――ネットワークとキャリアの研究』ミネルヴァ書房，1998.

くなる。

　また，ネットワークで重要なのは，つながっている数ではなく，ネットワークの結節点（ノード），いわゆるハブを特定することとも言われる。ハブとなっている人を知っていれば，そこから多様なネットワークにつながることが可能になる。このことは，物流ネットワークを考えてみればわかる。たとえば，自転車の車輪の中心の車軸から放射状に出ているラインをスポークと呼ぶ。物流ネットワークでは，この車軸に例えられるハブとそこから放射状に広がるスポークでネットワークを表す考えがあり，ハブ＆スポークシステムと呼ばれる。この物流ネットワークでは，拠点であるハブに物資を集積し，そこから配達することが行われる。このことが物流の時間や労働力の簡素化・効率化に大きく貢献する。情報伝達においても同様にネットワークの結節点，ハブを発見することが効率的なのである。

　社会的ネットワークの学習への影響という点に目を向ければ，日常的な生活の中で偶発的に学習するようなインフォーマルな学習にとって，社会的ネットワークは特に重要である[12]。社会的ネットワークの内部情報，スキル，知識の伝達といった情報収集機能がインフォーマルな学習を推進するのに不可欠なのである。

（2）健康の促進

　第二に挙げる社会関係資本の機能は，社会関係資本のアウトカムとしての健康との関係である。

　社会関係資本は健康にどのように影響するのであろうか。

　他者や社会との接触がほとんどない社会的孤立の状況は，精神的・肉体的健康に大きな影響を与え，反対に幸福な人は何らかの良質な人とのつながりがあると言われる。たとえば，人々のつながりをつくる拠点としてサロンと呼ばれる場をつくり，個人レベルの社会関係資本と地域レ

---

[12] フィールド，J.（矢野裕俊監訳）『ソーシャルキャピタルと生涯学習』東信堂，2011, p.133.

ベルの社会関係資本を豊かにすることが健康にどう影響するかを調べた調査がある。その結果では，このサロンに参加している人は健康状態が格段に改善したという。また，スポーツの会・クラブに参加している高齢者は，要支援・介護認定率が下がっているという結果も提出されている[13]。良質な社会的つながりは，健康の促進に寄与するのであろう。

また，社会的孤立が健康に与える影響については，健康に関連する行動とストレス，ストレスの認識と対処法，ストレスに対する生理的反応，休息と回復のいずれにおいても，中高年においては，孤独でない者の方がより良い結果であった[14]。もちろん，健康について自己申告で行われる調査は，抑うつ的傾向を持つ人の方が人とのかかわりを低く認識するといったバイアスがあること，不健康なために社会的ネットワークが脆弱なのか，社会的ネットワークが脆弱なために不健康なのかといった因果関係の原因と結果の順番が特定できないこと，我慢強い性格特性の人は逆境にあっても危機ではなく乗り越えるべき課題と捉えることなど，研究方法論的な課題はある[15]。しかし，それらを考慮したとしても，精神の健康に関しては，親密で信頼がおける関係が，人生の逆境から個人を守る「緩衝材」として機能すること，孤立した状況にあり親密な社会的サポートが欠落している人は，ストレス下でうつ病を患う傾向にあり，うつ的症状の期間は社会的サポートがある人よりも長いことは多くのところで主張されている。

また，どんなにストレスがあっても，社会的接触の範囲と頻度のレベルが高い人は，精神の健康において良い状況であるという報告もある。さらに，いくつかの縦断研究では，社会的なつながりや社会的活動への参加は，認知症や認知機能の低下を予防する要因として機能することが

---

[13] 稲葉陽二／近藤克則／露口健司／金光 淳／大守 隆／吉野諒三／辻中 豊／山内直人『ソーシャル・キャピタル「きずな」の科学とは何か』ミネルヴァ書房，2014, pp.45-51.
[14] カシオポ, J. T.／パトリック, W.（柴田裕之訳）『孤独の科学—人はなぜ寂しくなるのか』河出書房新社, 2010, pp.136-147.
[15] Halpern, D. *Social Capital*. Polity Press, 2005, p.75.

明らかにされている[16]。一般に社会的に孤立している個人は，強い社会的絆を有する者に比べて原因を問わず，早くに亡くなるリスクが2倍から5倍高いとの説もある。いずれにせよ，人とのつながりは，身体と精神の健康に影響するということであろう。

（3）幸福度

　第三に挙げる社会関係資本の機能は，幸福度に関することである。
　幸福度に関連し，フランスの大統領であったサルコジ（Sarközy de Nagy-Bocsa, N. P. S）は，ノーベル経済学賞を受賞したスティグリッツ（Stiglitz, J. E.），同じく同賞を受賞したセン（Sen, A.），そしてフランスの経済学の権威フィトゥシ（Fitoussi, J. P.）に，経済成長率だけでは測定することができない暮らしの質を測定する幸福度指標の検討を依頼した。そこでは，健康，教育，個人的諸活動に加え，社会的つながりも一つの指標として取り上げられている。そして，社会的つながりが暮らしの質を向上させるとし，社交を伴う社会的つながりを持っている人ほど，人生に対する満足度を見いだしていると結論づけている[17]。同様にOECD（経済協力開発機構）の幸福度の調査においても，指標の一つとして社会的つながりが挙がっている（図表13-3参照）。
　このような指標とともに，社会関係資本の一部である信頼と幸福度の関係については，次のような事実も指摘されている[18]。
・警察に対する信頼が高い人は幸福度が高い。
・病気や災害時に助けてくれる人の数が多ければ現在の幸福度は高い。
・友人との接触頻度が高い方が幸福度が高い。

---

[16] Halpern, D. *Social Capital*. Polity Press, 2005, pp.76-79に列記された精神の健康に関する研究レビューのうち一部摘記。
[17] スティグリッツ，J. E. ／セン，A.／フィトゥシ，J. P.（福島清彦訳）『暮らしの質を測る―経済成長率を超える幸福度指標の提案』金融財政事情研究会，2012, pp.83-84.
[18] 稲葉陽二／近藤克則／露口健司／金光　淳／大守　隆／吉野諒三／辻中　豊／山内直人『ソーシャル・キャピタル「きずな」の科学とは何か』ミネルヴァ書房，2014, pp.223-224.

・家族と直接会う頻度が高い方が幸福度が高い。
・家族と連絡を取る頻度が高い方が幸福度が高い。

　社会的ネットワークとの関連では，社会的ネットワークの内では不幸な人は不幸な人同士で，幸福な人は幸福な人同士で群れることや，不幸な人はネットワークの隅に位置することが明らかにされている。また，直接つながっている人（一次の隔たり）が幸福だと，本人も約15％幸

図表13-3　幸福度の主たる指標

No.	項目	指標
1	所得と資産	一人当たり家計調整純可処分所得，一人当たり家計保有正味金融資産
2	仕事と報酬	就業率，長期失業率，フルタイム雇用者の平均年間報酬
3	住居	一人当たり部屋数，基本的な衛生設備の欠如
4	健康状態	出生時平均余命，自己報告による健康状態
5	ワーク・ライフ・バランス	長時間労働，レジャーとパーソナルケアの時間
6	教育と技能	学歴，生徒の認知技能
7	社会とのつながり	社会的ネットワークによる支援
8	市民参加とガバナンス	投票率，法規制定に関する協議
9	環境の質	大気の質
10	生活の安全	殺人率，自己報告による犯罪被害
11	主観的幸福	生活満足度
12	住居費	住宅の取得可能性を示す指標
13	予想教育年数	現在の子どもの教育機会を示す指標
14	水質に対する満足度	水に対する人々の満足度を示す指標
15	短期在職者率	雇用や就業の不安定を示す指標
16	成人力	成人の認知技能を示す指標

出典：OECD編著（西村美由起訳）『OECD幸福度白書2　より良い暮らし指標：生活向上と社会進歩の国際比較』明石書店，2015，pp.33-34．の内容を表にし一部改編。

福になり，友人の友人（二次の隔たり）の効果は約10％，友人の友人の友人（三次の隔たり）の効果は約6％とされている[19]。物質的なもの以上に，人とのつながりが幸福度を増進させるという結果である。

社会関係資本は，かなり主観的な幸福度にかかわりがあるようである。

（4）治安

第四に挙げる社会関係資本の機能は，マクロな公共財的側面としての社会関係資本である治安の維持に関することである。

社会関係資本を公共財と考えれば，コミュニティづくりや公共政策とかかわることになる。たとえば，犯罪学に「割れ窓理論」（Broken Windows Theory）と呼ばれるものがある。この理論は，割れ窓の例えを用い社会関係資本について表現する。この理論によれば，建物の窓が割れていて修理されないまま放置されている地域では，誰も地域に目を向けておらず，窓を割ることに何の懲罰も生じないというサインになる。そのため，ゴミを捨てる，あるいは犯罪を起こしやすい環境の象徴になる[20]。社会関係資本が豊かな地域は，コミュニティが健全に機能する。たとえば，ある知らない地域を訪れた時に，私たちは直感的にこの地域は安全だと感じる。あるいは反対にある地域では，秩序を乱す行為が放置されていて直感的に不安や危険を感じる。安全・安心で治安の良い雰囲気は，住民が秩序を持って規制や制約を行う，まさにパットナムの社会関係資本の定義「個人間のつながり，すなわち社会的ネットワーク，およびそこから生じる互酬性と信頼性の規範」によって維持されると言える。

一方で，社会関係資本は，必ずしもプラスの面に働くわけではない。社会関係資本の種類の一つである結束型のところで述べたように，社会関係資本は時に排他的ネットワークとなり，外部者を排除し個人の自由

---

[19] クリスタキス, N. A./ファウラー, J. H.（鬼澤 忍訳）『つながり―社会的ネットワークの驚くべき力』講談社，2010，p.5，pp.71-72.
[20] ケリング, G. L./コールズ, C. M.（小宮信夫監訳）『割れ窓理論による犯罪防止―コミュニティの安全をどう確保するか』文化書房博文社，2004，pp.23-26.

を制限し不寛容である負の側面を持つ場合があることが指摘されている。社会関係資本は，社会的排除や不平等の構造を再生産する機能を併せて有するのである[21]。

たとえば，災害時の復興プロセスなどでは，社会関係資本の基本となる信頼関係は自発的なものであるため脆(もろ)い側面があり，ひとたび離齬(そご)や紛争が生じると地域社会のメンバーの信頼関係や互恵的関係のバランスが崩れ，既得権の乱用，抜け駆けなど倫理的にも歯止めがきかなくなることがある。そのため，社会関係資本を公正に生かすためのガバナンスとマネジメントが必要[22]とされている。

3. 地域活動や市民活動への参加

続いて，社会関係資本の「社会的ネットワーク，互酬性や信頼性の規範」を生み出すものとして，社会関係資本の蓄積のための地域活動や市民活動への参加について考えてみよう。

(1) 人や地域とかかわる

成人になってからの学習は，社会的な環境においてなされる。英国の国立成人教育研究所（National Institute of Adult Education）の1969年の調査では，成人教育プログラムで学習している人々は，クラブや同好会に属し，コミュニティサービスや文化活動に対して関心を持つ確率が非常に高いことが明らかにされている[23]。活動的な成人はさまざまに学習し活動しているということであろう。この場合，活動的な成人が学習やさまざまな活動をするのか，学習やさまざまな活動をすることで活

---

[21] Bourdieu, P. "The Forms of Capital." In J. G. Richardson (ed.), *Handbook of Theory and Research for the Sociology of Education.* Greenwood Press, 1986, pp.241-258.
[22] 早田 宰「地域再生・復興とソーシャル・キャピタル」坪郷 實編著『ソーシャル・キャピタル』ミネルヴァ書房，2015，pp.160-161.
[23] National Institute of Adult Education, *Adult Education: Adequacy of Provision.* 1970, pp.145-148.

動的になるのか,原因と結果の特定は難しいものであるが,いずれにせよ社会関係資本を育てるには,地域における学習が必要不可欠であることがわかる。地域における学習は社会関係資本を学習資源として活用することであり,学習を通じて社会関係資本を蓄積することでもある。

また,学習は,地域活動や市民活動への機会と情報,そして活動を行う特定のスキルや理解を提供する。地域活動や市民活動は市民参加の一形態であり,社会関係資本による資源へのアクセスやインフォーマルな学習の機会でもある。このような地域における学習を進める上では,地域活動や市民活動の中でも市民のさまざまな活動を支援する中間支援組織の活動が重要とされる。それは,地域のNPO,企業,自治体といった団体や組織間のつながりをつくり出したり,地域と地域の間での関係を構築したりする機能を持つ[24]。

このような地域での学習活動に至る社会的つながりを持つには,他人に対して心を開き,少しでも役に立とうとするだけでいいという人もいる。しかし,それはたやすいことではない場合も多いため,社会的つながりをもたらすための具体的な指針として,次のような四つのステップが紹介されている[25]。それは,「社会的なつながりに向けてのEASE(ゆっくり事を進める)」と呼ばれるものである。

最初のEは,Extend yourself(自分を広げる)である。この段階は,商店や図書館での簡単な言葉のやりとり,たとえば,「良いお天気ですね」「その本,すごくおもしろかったですよ」といった簡単な会話を交わすことであり,相手に過剰な反応を期待しない。好意的な反応を得る確率を上げるには,高齢者にコンピュータの使い方を教える,子どもの勉強をみる,目の不自由な人に朗読する,子どものスポーツチームの手伝いをするなど,慈善活動を行うことが勧められている。

Aは,Action plan(行動計画)である。健全で長続きする関係は自

---

24 三浦一浩「地域自治,市民活動とソーシャル・キャピタル―くびき野の事例から」坪郷 實編著『ソーシャル・キャピタル』ミネルヴァ書房,2015,pp.139-141.
25 カシオポ,J. T. /パトリック,W.(柴田裕之訳)『孤独の科学―人はなぜ寂しくなるのか』河出書房新社,2010,pp.306-313.

発的な互恵主義の上に成り立つものである。人との関係において心を開きつつも過度な期待を抱かず，用心を促すなどの社会的シグナルを的確に察知し，自分が現実的にこなせる関係の種類と数を承知しておくことに留意が必要である。

　S は，Selection（選別）である。孤独感の解消策は，関係の量ではなく質である。人間のつながりは，当事者それぞれにとって意味があり，満足のいくものを選別することが大事になる。

　最後の E は，Expect（期待する）である。社会的な満足感を得ると，首尾一貫し，寛大になり，立ち直る力が強まる。楽観性が増し，「最善を期待する」態度によって周りから最善のものを得やすくなる。人づき合いはいつも複雑だとはいえ，この複雑さを乗り越えることが，人間の脳を進化させ，発達させてきた原動力と EASE の提唱者は言う。

（2）人と共に地域で活動する

　必ずしも一般的ではないが，地域活動や市民活動と成人学習の間には正の相関があると言われる。つまり，成人になってから学習者として最も積極的な人々は，市民活動にも関与する傾向がある[26]。

　成人学習の一つの形態として，人と集い，共に社会的活動を行うことがある。私たちが生活する地域は，学習のフィールドである。自分が住む地域のさまざまな課題を特定し，その解決に向けて活動することは学習活動の一つである。このような学習こそが「地域における学習」（community learning）なのである。

　地域における学習は，地域をより良くするためのアイデアや課題を特定することから始まる。その原因や効果を分析し，変化を成し遂げるために必要な行動を熟慮し，学習を組織化することが個人，グループ，そして地域全体での展開や変化につながる[27]。このような地域課題につい

26　フィールド，J.（矢野裕俊監訳）『ソーシャルキャピタルと生涯学習』東信堂，2011，p.22.
27　Tett, L. "Community Development." In Leona M. English (ed.), *International Encyclopedia of Adult Education*. Palgrave Macmillan, 2005, p.126.

ての学習は，わが国でも公民館活動が盛んな地域などで組織的に行われている。

　地域における学習は，長期的には社会の変革につながるものである。スコットランド政府の報告書によれば，地域における学習は，社会的課題に対処し，その機会を得るために必要となる社会関係資本の供給を増やす中心的な機能を持ち，個人のスキル，自信，ネットワークやリソースを増加させる，コミュニティと協働する方法である[28]。つまり，地域における学習とは，地域の人々が信頼を持ってつながり，より良い環境に向けてお互いが助け合いながら改善へと動く契機とも言えよう。

　たとえば，阪神・淡路大震災，東日本大震災などの災害時の対応や復興においては，地域における人と人との絆，つまり社会関係資本の重要性が再認識された。災害時においては，近所づき合いや商店街との関係など，被災前から存在していた結束型の社会関係資本が有効とされている。また，その後の復興段階では，必然的にコミュニティ外部からの支援も必要となるため，外部との橋渡し型の社会関係資本が重要となる。社会関係資本には，市場メカニズムの欠点を補完し，市場メカニズムが機能しない場合には有力な代替策を提供する機能がある[29]のである。このように，自分たちが暮らす地域を安全で安心なものとし，自分が幸福を感じて生きていく上で，社会関係資本の考えは，私たちが人とつながることの重要性をあらためて教えてくれるものであろう。

---

[28] Scottish Executive. *Working and learning together to build stronger communities.* Scottish Executive, 2004, p.7.
[29] 稲葉陽二「ソーシャル・キャピタルはどのような概念か」稲葉陽二／吉野諒三『ソーシャル・キャピタルの世界―学術的有効性・政策的含意と統計・解析手法の検証』ミネルヴァ書房，2016，pp.23-26.

研究ノート

1. この半年の間で、食事や映画など仕事以外のことを一緒にした人を列挙してみよう。
2. 身近の「まちづくり」として成功している地域を調べて選び、その地を訪問し地域の雰囲気を肌で感じてみよう。
3. 公民館等の社会教育施設などで提供されている地域での学習活動に参加してみよう。

参考文献

稲葉陽二／近藤克則／露口健司／金光 淳／大守 隆／吉野諒三／辻中 豊／山内直人『ソーシャル・キャピタル「きずな」の科学とは何か』ミネルヴァ書房、2014年．

坪郷 實編著『ソーシャル・キャピタル』ミネルヴァ書房、2015年．

パットナム，R. D.（柴内康文訳）『孤独なボウリング―米国コミュニティの崩壊と再生』柏書房、2006年．

フィールド，J.（矢野裕俊監訳）『ソーシャルキャピタルと生涯学習』東信堂、2011年．

安田 雪『人脈づくりの科学―「人と人との関係」に隠された力を探る』日本経済新聞社、2004年．

14 キャリア理論

　キャリアとは，生涯にわたる仕事のパターンを意味し，人生の轍（わだち）を表すものである。本章では，職業や役割を人生の中心に据えたキャリア発達に関する理論を取り上げる。その中で，伝統的なキャリア発達理論や，不透明で不確実な時代におけるキャリア観を反映した理論などを紹介し，併せて転職や再就職の際における学習の意義について検討する。

1. 生涯にわたるキャリア

（1）キャリアの定義

　キャリアという言葉は，本来は車輪の付いた乗り物を意味するラテン語を語源とし，イタリア語やフランス語のレースコースや轍（わだち）の意味を介して，人生の軌跡を表すようになった。キャリアは，このように生涯にわたる仕事や役割を意味するが，その定義はさまざまである。そのため，ここでは，文部科学省「キャリア教育の推進に関する総合的調査研究協力者会議報告書」の定義により，キャリアを「個々人が生涯にわたって遂行する様々な立場や役割の連鎖及びその過程における自己と働くこととの関係付けや価値付けの累積」[1]と考える。この定義によれば，キャリアは，私たちが考える以上に，人生全体を網羅する時間的広がりを持つ概念である。

　キャリアを人生全体にわたるものと考えれば，私たちのキャリアは，一番幸せな人生計画を生涯効用最大化問題として設定し，生涯にわたっ

---

[1] 文部科学省『キャリア教育の推進に関する総合的調査研究協力者会議報告書』2004, p.7.

てある目的を追求する一つの自分自身のプロジェクト[2]と経済学的に表現することもできる。このような考え方をすれば，キャリアとは，親からもらった才能その他の初期財産を元手に，時間的に限られ，かつ1回限りの人生において，何をやるか，どうやるかという一連の選択の軌跡と言うこともできよう。

（2）労働市場の変化

　さて，キャリアが人生全体にかかわるものとはいえ，キャリアにおいて大きな位置を占めるのは仕事である。私たちを取り巻く社会の変化に伴い，この仕事に影響を与える産業構造も労働市場も異なったものとなる。このことから近年の社会の変化を瞥見(べっけん)すれば，経済のグローバル化，国際間の企業競争，労働市場の規制緩和，正規職員と非正規職員といった就業形態の多様化，正規職員の長時間労働の増加，職場のメンタル・ヘルスの悪化，会社主義から離脱したワーク・ライフ・バランス志向が増加，格差論・階層論がクローズアップされコミュニケーション能力や社会関係資本などの対人関係にかかわる格差の拡大，職業生活における「個人化」と「関係性の貧困化」の進行といったことが指摘されている[3]。同一企業内のピラミッド型組織の中での昇進モデルは，人口減少，国際競争の中で維持できないものとなり，将来，予想もできない形での今とは異なる組織形態に変容していくかもしれない。

　また，現在ある職業も，IT化や自動化などの進展，人工知能の活用などで代替されるものも多く出てくるであろう。これから育つ子どもたちが就職する時には，おそらく現在あるものとは大きく異なった想像もできない職業が出現する可能性もある。流動的で不透明な社会にあっては，自己を理解し，適性を知り，希望する職を得るための準備や努力をしても，将来，労働市場にその職が存在するかどうかも予測不可能なのである。

2　永谷敬三『経済学で読み解く教育問題』東洋経済新報社，2003，pp.1-2.
3　前田信彦『仕事と生活―労働社会の変容』ミネルヴァ書房，2010，pp.67-69.

このように，現代の複雑で目まぐるしい環境変化への適応に最適な企業は，自由（Free），迅速（Fast），軽快（Facile）という三つのFの組織構造のあるところだと言われる。これらの企業では，必要に応じて柔軟に労働力を投入可能にするため，継続的な学習環境を備え，不測な事態に対応できる能力と新たな任務に挑戦する意欲を持つ者を選抜し育成する。一方，従業員にあっては，正規雇用にとどまるためには，個人が自らの判断で継続的に研鑽を積むことが求められる。多くの企業では，基準化されたルール，固定化された勤務時間や勤務地，監督者による従業員の監視体制などの厳格な職務分掌や職務管理の枠組みは廃止され，自分の仕事は自分の力で計画して組み立て，優先順位やタイム・スケジュールを自分で管理する，自律できる能力を持つ者が求められていく。このような中では，生涯にわたって自ら学習することが必須の要件となってきている[4]。

(3) 自律的キャリア観の登場

　かつて企業は，個人の人生に，安定した契約を伴う明確な軌道を提示し，自分の人生設計を可能とする大きな物語を提供してきたが，21世紀の組織の物語は不確定で不安定なものとなり，人は自らストーリーの著者として，自分のキャリアを企画しなければならない[5]とされる。
　前述のように，わが国でも1990年代から伝統的な終身雇用制や年功序列による安定的雇用が難しくなり，職業人に自律性や雇用可能性（エンプロイアビリティ）を求め，キャリア形成を個人の責任に帰する主張が強くなされるようになった。

---

[4] ミルヴィス，P. H. / ホール，D. T.「新たな組織形態と新たなキャリア」ホール，D. T.（尾川丈一／梶原　誠／藤井　博／宮内正臣監訳）『プロティアン・キャリア―生涯を通じて生き続けるキャリア』プロセス・コンサルテーション，2015，p.74，pp.79-81.
[5] サビカス，M. L.（日本キャリア開発研究センター監訳）『サビカス　キャリア・カウンセリング理論―〈自己構成〉によるライフデザインアプローチ』福村出版，2015，p.21.

学校教育においても，子どもたちが自分のキャリアを考え，企画し，実践できる能力を育成するためのキャリア教育が実施されるようになり，大学進学や就職に対する狭い意味での進路指導ではなく，生涯にわたる職業や生き方を広範に扱うキャリア教育といった概念が用いられるようになった。本章の最初に掲げたキャリアの定義は，このような学校教育におけるキャリア教育について，文部科学省において審議された結果提出されたものなのである。そして，学校教育においてもキャリア教育の視点から，将来，仕事に就くために，どのような状況でも対応できるような基礎的・汎用的能力として，「人間関係形成・社会形成能力」「自己理解・自己管理能力」「課題対応能力」「キャリアプランニング能力」の育成が掲げられたわけである[6]。

このように，社会の流動化や変動の中で，私たちは，自分で仕事を選択する自由と，その選択が自分の能力に帰属し自己責任とされる不自由さと不安の中に置かれることになった。このような中で，雇用の確保・維持のためにも，状況に応じて軌道修正をしながら，自らの力でキャリアを形成していく必要性が強く認識されるようになってきたのである。

2. さまざまなキャリア理論

それでは，自分の人生を自律的に設計する指針として，キャリアをめぐる理論についても目を向けてみよう。ここでは，欧米のキャリア理論として著名なものを五つ取り上げる。

(1) スーパーのライフ・キャリアの虹

キャリア理論として最初に紹介するのは，米国の職業心理学者でありキャリア・カウンセラーでもあったスーパー（Super, D. E.）のライフ・キャリアの虹という考えである。スーパーは，職業を中心にキャリアを

---

[6] 国立教育政策研究所「『基礎的・汎用的能力』を構成する4つの能力と今後の実践」〈http://www.nier.go.jp/shido/centerhp/22career_shiryou/pdf/3-02.pdf〉（検索日：2018/2/25）

扱うのではなく，時間的な広がりと役割の点から生涯にわたるキャリアの発達論を展開している。そして職業的発達は，さまざまな相互作用の産物によってもたらされる自己概念の発達や実現であり[7]，自己概念は，時間とともに変化し経験を経て発達するとしている。

　スーパーによれば，キャリアとは継続的プロセスであり，人生を構成する一連の出来事からなり，自己発達における職業と人生のほかの役割との連鎖である。この生まれてから死に至る人生の時間（ライフ・スパン）とそれぞれの時期に果たす役割（ライフ・ロール）を図表化したのが，「ライフ・キャリアの虹」である。ライフ・キャリアの虹は，キャリア全体を鳥瞰するものであり，そこには，年齢，発達段階，それに伴う個人が果たすべき役割（色の濃淡は役割の重要度を示す），そして，それらを決定づける個人的決定因や状況的決定因などの要素が書き込まれている（**図表 14-1 参照**）。

　スーパーの掲げるキャリアの発達は，成長（0〜14歳），探索（15〜24歳），確立（25〜44歳），維持（45〜64歳），衰退（65歳以上）の次のような5段階からなる。

・成長（0〜14歳）は，自己概念にかかわる潜在的能力，関心，態度，ニーズの発達。
・探索（15〜24歳）は，授業，仕事の経験，趣味を通じて「試行すること」，最終決定ではなく選択肢を狭めることとスキルの開発。
・確立（25〜44歳）は，仕事の経験を通して試行と安定。初歩的なスキルの形成。
・維持（45〜64歳）は，仕事の地位の状況を向上させるための継続的な適応のプロセス。
・衰退（65歳以上）は，退職前の熟慮，仕事量の削減，退職への準備。

---

[7] ベッツ，N.（安田マヤ子／下村英雄訳）「キャリア発達とカウンセリングにおける自己概念理論」全米キャリア発達学会（仙﨑 武／下村英雄編訳）『D・E・スーパーの生涯と理論』図書文化，2013，p.56.

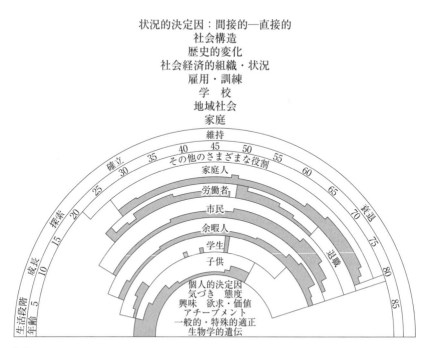

出典：Super, D. E. "A Life-span, Life-space, Approach to Career Development." *Journal of Vocational Behavior*, 1980, No.13, p.289. ただし，一部改訂された渡辺三枝子編著『新版キャリアの心理学―キャリア支援への発達的アプローチ』ナカニシヤ出版，2007, p.37. を引用。

図表14-1　スーパーによるライフ・キャリアの虹

　人のライフスタイルは，労働市場や雇用慣行などによる環境決定因，歴史的・社会経済的な状況の決定因，そして心理的・生物学的な個人的決定因によって形成される。

　スーパーのライフ・キャリアの虹によれば，人は，家庭，地域社会，学校，職場といった舞台で，それぞれの役割（ライフ・ロール）を演じる。その役割は，主に「子供」「学生」「余暇人」「市民」「労働者」「家庭人」「その他のさまざまな役割」の七つである。家庭，地域社会，学校，職場といった舞台での役割は，時に同時に生じ，あるいは重なり合い，一つの役割の成功は他の役割の成功に，そして一つの舞台の成功は他の舞台での成功につながるとされるのである。

スーパーの理論は，キャリア・カウンセリングの実践にも用いられるように，人生に沿った展開がなされている。このことは，スーパーが研究者と実践家の二つの顔を持っていたことと無縁ではないであろう。

（2）シャインの三つのサイクルの相互作用モデル

二番目に紹介するキャリア理論は，シャイン（Schein, E. H.）の「三つのサイクルの相互作用モデル」である。シャインは，経営学の立場から組織文化や組織心理を扱った米国の研究者である。シャインは，キャリアに関する自己イメージによる判断基準を船の錨（アンカー）になぞらえて，キャリア・アンカーという発達段階に類する概念を提出したことで有名である。彼によれば，キャリア・アンカーには，「特定専門分野／機能別のコンピテンス」「全般管理コンピテンス」「自律／独立」「保障／安定」「起業家的創造性」「純粋な挑戦」「奉仕／社会献身」「生活様式」の八つのパターンがある。そして，「何が得意か」「何をやりたいのか」「何をやっている自分が充実しているのか」といった問いにより，キャリア・アンカーの中から一定のパターンが見いだされると言う。

このキャリア・アンカーの考えとともに，ここで，シャインを取り上げるのは，彼が，人の生涯に自己成長，キャリア開発および家族の発達に関連する諸活動がどのように影響しているかといった，人生全体を包括した視点を入れた三つのサイクルの相互作用モデルを提出していることによる。この三つのサイクルの相互作用モデルは，個人発達における生物学的・社会的サイクル，仕事・キャリアサイクル，家族関係サイクルからなる。最初の生物学的・社会的サイクルは，加齢に伴う生物学的変化を表す。二番目の仕事・キャリアサイクルは，職業にかかわるもので就職，雇用の確保・維持，退職などを表す。三番目の家族関係サイクルは，自分が子どもとして生育家族の中で成長するとともに，その後の自立，結婚，親になること，両親の介護など，家庭や家族関係での変化である。各サイクルにおける課題とおおよその段階を取りまとめたのがこの相互作用モデルであり，この三つのサイクルは，年齢段階や社会的役割を伴って，それぞれ重なり合い影響し合っていると考えられている

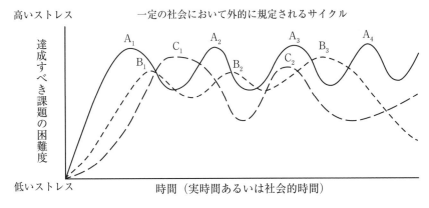

A：生物学的・社会的サイクル　　B：仕事・キャリアサイクル　　C：家族関係サイクル
　A_1：青春期　　　　　　　　　B_1：キャリア／組織へのエントリー　C_1：結婚，子ども
　A_2：30代の危機　　　　　　　B_2：終身在職権の獲得　　　　　　C_2：子どもの成長
　A_3：中年の危機　　　　　　　B_3：引退
　A_4：老年の危機

出典：Schein, E. H. *Career Dynamics: Matching Individual and Organizational Needs.* Addison-Wesley, 1978, p.24. を訳出。

図表14-2　三つのサイクルの相互作用モデル

（図表14-2参照）。つまり，人は，個人，仕事・キャリア，あるいは家族のみではなく，さまざまな外的要因に影響を受けながら存在している。シャインの仮説は，「個人の有効性は課題の全体的困難度が最高の場合に最低になるが，困難度が高いほど，急速に成長するための大きな機会も生まれる」というものである。このことは，危機的な状況において人は学習すると考える成人学習の所説と合致するものでもある。

（3）サビカスのキャリア構築理論

　三番目に紹介するのは，米国の心理学者であるサビカス（Savickas, M. L.）の「キャリア構築理論」である。
　1990年代以降のキャリア理論は，ポストモダンアプローチと言われ，物語的，文脈的，構築的にキャリアを捉えることに特徴があるとされる。サビカスの「キャリア構築理論」（Career Construction Theory）はこの代表である。このサビカスのキャリア構築理論の概要を見てみよう。

キャリア構築理論は，個人のライフ・テーマに焦点をあわせて個人特性，発達課題，個人の選択や役割適応を統合するものである。特に注目すべきは，キャリアを未来への方向づけを計画的に行う行為として考え，自分自身でキャリアを振り返り主観的意味づけや他者との相互作用の影響を重視することにある。

サビカスによれば，キャリアの中核をなすのは，アイデンティティであり，このアイデンティティ・ワークのためにナラティヴ（語り）の作業が必要となる。なぜなら，アンデンティティはナラティヴによって形づくられ，ナラティヴの中で表現される[8]からである。ナラティヴによるストーリーは，人生に意味と目的を与えるために修正されるものであり，そのプロセスで人は内省と熟考を繰り返す。この自己と状況を理解しようとするプロセスの中で，自分の人生が再構築され新たな意味づけがもたらされると言うのである。

事実とは，客観的なものではなく，主観的なものである。それは個人が自分のキャリアを振り返って捉え直し，新たな意味を付与し，「物語的真実」として再構築するものである。サビカスによれば，自分を振り返り，物語ることで，なりたい自分を計画するというプロセスが重要なのである。これは社会学者マートン（Merton, R. K.）の唱えた「自己成就予言」（self-fulfilling prophecy），つまり客観的事実ではない噂や思い込みであっても，それを信じて人が行動することで結果として予言通りになるといった考えとつながる。あるいは，心理学者であるマーカス（Markus, H.）とヌリウス（Nurius, P.）の提示する「ありうる自己像」（possible self）も似たような考え方である。ありうる自己像とは，「自分がどのような人間になる可能性があり，どのようになりたいか，どのようになりたくないかについての自分が抱く考えであり，その結果，認知と動機との間に概念的つながりをつくることを表現したもの」と定義される。自分の「ありうる自己像」を語ることは，未来にとるべき行

---

[8] McAdams, D. P. "The psychology of life stories." *Review of General Psychology*, 2001, Vol.5, No.2, pp.100-122.

動へのインセンティブになると同時に，現在の自己像を評価・解釈する文脈を提供する[9]。私たちは，「なりたい自分」になるために，語りによってアイデンティティを確認し，また自ら納得した上で，新たなアイデンティティを創り出すのである。そして，キャリアをストーリーとして語る時，ナラティヴによってつくり出されたアイデンティティを構築・再構築しながら，1本の柱としてのキャリア・テーマが繰り返し現れ統一性をもたらす[10]。そのつくられたアイデンティティに沿って，私たちは時になりたい自分になるため演技し表現する中で，当初の鍍金(めっき)が徐々に地の自分になっていき，なりたい自分の実現に至るのである。

(4) クランボルツの計画された偶発性理論

四番目に紹介するのは，「計画された偶発性理論」(Planned Happenstance Theory) である。

人生は予測がつかないものである。予定もしない偶然の出会いがきっかけとなって，まったく違った世界へと人生の舵がきられることがある。キャリアが偶発的に決定されるという考えは，1950年代から断続的に論じられていたが，スーパーなどの主たる研究者が否定的に捉えていたため，キャリア発達理論の中では主流と見なされてこなかった。このような偶発性理論が1990年代後半に注目されるようになったのは，グローバル化や情報化などに代表されるように，キャリアをめぐる環境が不透明で流動的になり激変したことによる[11]。

このような偶発的なキャリア論の代表が米国の心理学者クランボルツ

---

[9] Markus, H. & Nurius, P. "Possible Selves." *American Psychologist*, 1986, Vol. 41, No.9, p.954.
[10] サビカス, M. L.（日本キャリア開発研究センター監訳）『サビカス　キャリア・カウンセリング理論―〈自己構成〉によるライフデザインアプローチ』福村出版, 2015, p.21.
McAdams, D. P. "The psychology of life stories." *Review of General Psychology*, 2001, Vol.5, No.2, pp.40-44.
[11] 下村英雄『成人キャリア発達とキャリアガイダンス―成人キャリア・コンサルティングの理論的・実践的・政策的基盤』労働政策研究・研修機構, 2013, p.32.

(Krumboltz, J. D.) の計画された偶発性理論である。計画された偶発性理論では、人は偶然にもたらされた機会を主体的に努力することでチャンスに変えていくことができると主張する。個人のキャリアの 8 割は予想できない偶発的な出来事によって決定され、このような偶発的な出来事を計画的に設計することが大事とするのである。

この理論によれば、キャリアのチャンスに気づき、また、チャンスを創出・活用するためには、五つのスキルの開発が必要とされる。つまり、それは、新しい学習機会を探索し続ける「好奇心」、失敗や挫折にあっても努力を惜しまない「持続性」、態度や環境を変えようとする「柔軟性」、新しい機会は可能で実現すると考える「楽観性」、そして結果が予測できない場合でも行動を起こす「冒険心」である[12]。キャリアの展開のためには、チャンスを逃さぬよう、私たちは常に心しておく必要がありそうだ。

(5) ホールのプロティアン・キャリア

最後に紹介するのは、米国の経営学者ホール (Hall, D. T.) の「プロティアン・キャリア」(Protean Career) 論である。プロティアンとはギリシャ神話のプロテウスから名づけられており、プロテウスが変身の能力を持っていたとされることから、変幻自在を意味する言葉とされる。

プロティアン・キャリアとは次のように定義される。

「プロティアンとは、個人の過程であって組織が管理するものではない。それは個人の教育、訓練、幾つかの組織における仕事、職業分野を変更したことなど様々な経験から成り立つ。プロティアン・キャリアはある一つの組織の中で個人にもたらされるものではない。プロティアンのように変化する個人の固有のキャリアが自己充足のために選択し、探求するものであり、彼または彼女の生活の中で一体化したもの、あるい

---

[12] Mitchell, K. E., Levin, A. S. & Krumboltz, J. D. "Planned Happenstance: Constructing Unexpected Career Opportunities." *Journal of Counseling & Development*, 1999, Vol. 77, p.118.

は統合したものである。そして，成否の基準は外的なものではなく内的なもの（心理的成功）である」[13]。

　この考えによれば，キャリアは，個人によって形成されるものであり，個人の欲求や環境の変化に伴って，自己志向的に変幻自在に変化する。

　プロティアン・キャリアの考え方が成人の学習の点から目を引くのは，目標は心理的成功であって物質的成功ではないこと，そして，キャリアは，学習による変化の連続であることに言及していること，発達において継続的な学習が取り上げられていることにある[14]。

　プロティアン・キャリアの核となるものは，アイデンティティの成長と適応力の強化の二つである。一つ目のアイデンティティの成長は，自分の価値観・興味・能力を把握し，自己概念と統合されることである。ここではアイデンティティの下位の概念であるサブ・アイデンティティとして，さまざまな社会的役割を考える。それは，スーパーの言う，職業人，家庭人などの役割（ライフ・ロール）の考えと重なるもので，キャリアを構成するものを選択することであり，同時に自分のアイデンティティを規定していくことでもある。二つ目の適応力の強化は，環境要因とともに，適応コンピテンス × 適応モチベーションによってもたらされるものである。プロティアン・キャリアと伝統的キャリアとを比較したのが**図表14-3**である。

　プロティアン・キャリアは，自己実現的欲求に基づくキャリア観である。キャリア発達の最終的目標が心理的成功であり，このことが学習によって発達していく帰結であることを考えると，プロティアン・キャリアは，これからの時代において，社会の変動がいかようにあっても，一定の能力を保持し成長し続ける自律した職業人の理想像を示しているとも考えられる。

13　ホール，D. T. ／ミルヴィス，P. H.「新たなプロティアン・キャリア—心理的成功と心からの人生」ホール，D. T.（尾川丈一／梶原　誠／藤井　博／宮内正臣監訳）『プロティアン・キャリア—生涯を通じて生き続けるキャリア』プロセス・コンサルテーション，2015，pp.21-22.
14　同書，p.26.

図表14-3　伝統的キャリアとプロティアン・キャリアの比較

項　目	プロティアン・キャリア	伝統的キャリア
主体者	個人	組織
価値観	自由，成長	昇進，権力
移動の度合い	高い	低い
実績	心理的成功	地位，給料
態度	仕事に対する満足 専門的コミットメント 自分を尊敬できるか（自尊心）	組織へのコミットメント 他者からの尊敬 この組織から尊敬されているか （他者からの尊敬）
アイデンティティ	自分は何がしたいのか（自己への気づき）	私は何をすべきか（組織における気づき）
アダプタビリティ	仕事関連の柔軟性 現在のコンピテンシー （市場価値）	組織関連の柔軟性 （組織で生き残ることができるか）

出典：Hall, D. T. *Careers In and Out of Organizations*. Sage, 2002. ただし，渡辺三枝子編著『新版キャリアの心理学―キャリア支援への発達的アプローチ』ナカニシヤ出版，2007, p.149. を引用し，一部改編。

3. 転職や再就職の事例

　最後に，キャリアの過程で転職や再就職の転機があり，その状況を肯定的に捉えている者の事例とそれらの者に共通の要因を紹介したい。これまで紹介したキャリア理論の内容に合致する個所があるであろうか。

（1）男性の転職

　ここでは，離転職を肯定的に捉え，自己実現的にキャリアを重ねている男性の事例を紹介する[15]。職業の内訳は，外資系インターネット広告

15　藤田博康「転職経験を肯定的にとらえている男性に共通する要因」山田兼尚（研究代表者）『生涯にわたるキャリア発達の形成過程に関する総合的研究　報告書Ⅲ―成人のキャリア発達に関する質問紙調査・インタビュー調査』（平成15－17年度国立教育政策研究所政策研究課題リサーチ経費研究）国立教育政策研究所，2006, pp.113-128. 摘記し要約する上で一部文章を改編している。

関連会社勤務，測量事務所勤務，大学福祉学科教員である。それぞれの経歴を見てみよう。

・外資系インターネット広告関連会社勤務：高校卒業後，受験に失敗，大学進学に見切りをつけ，引っ越し業会社の日給制の非正規社員として2年ほど勤務した。正規になる道はなく将来に不安を持ち，米国のコミュニティ・スクールに留学。帰国後ベンチャー会社に勤務，その傍ら通信制の四年制大学を修了した。いろいろな経験をして多くの人と出会えたことが力となり，チャレンジする精神を持って現在の職に就いている。

・測量事務所勤務：高校卒業後，製造業会社で約10年間働いた後，先が見えない閉塞感から，働きながら毎晩仕事帰りに図書館に通って勉強し，通信教育で測量士補の資格を取得，測量事務所に転職した。現在，測量士の資格を取るため，日曜日ごとに学習を継続している。

・大学福祉学科教員：両下肢の麻痺(まひ)の障がいを抱えている。大学卒業後，病院のソーシャルワーカーとして勤務，研修で指導的役割を担うようになったことで，「仕事の質を高めなければ，もっと学ばなければ，自分をもっと成長させなければ」という思いが強くなり，社会人大学院に入学，多くの学びとともにこれまでの経験の整理ができたという。その後，学問と現場の乖離(かいり)を目の当たりにし，専門家養成の充実を図りたいと大学教員になる。

上記の転職を肯定的に捉えているこの3人の共通要因としては，次のようなことが挙げられる。

①努力に支えられた自己肯定感，自己効力感，有能感

現状の自分をきちんと受け止め，地道で勤勉に努力をすることが，自己効力感となり自信を深めている。

②自分の力を生かしたいという思い

主体性，独立心，責任感を持って自分の決めた道を歩んでおり，他者への依存，組織に守られたいという安定志向はなく，個人の能力の発揮や成長が妨げられることをよしとしていない。公平さや正義感，社会貢献志向など，利他性に優れている。

③人や社会への適度な信頼
　周囲の人々や社会を適度に信頼し，良好な人間関係を保ち，それらの人間関係に支えられてキャリアを充実・発展させてきている。
④生きる姿勢が職業選択に結び付く
　偶然に近い意味ある出合いが職業選択の決め手となっている。このような出合いは，人が主体的・思索的に日々を過ごしていることで実現されるものである。このことは，クランボルツらの言う計画された偶発性理論に沿った結果であろう。

（2）女性の再就職

　次に女性で中年期に再就職し活躍している者の調査結果を紹介しよう。女性は，絶え間なく変化する複雑な他者との関係性に規定されると言われ，育児・介護など他者をケアするという役割が期待される。個としてのアイデンティティの場合，「自分が何者であるか」「自分は何になりたいのか」がテーマであり，積極的な自己実現の達成が発達の目標であるが，女性は，「自分は誰のために存在するのか」「自分は他者の役に立つのか」ということがテーマであり，他者の成長や自己実現への援助が発達の目標となる[16]と言われる。中年期は女性にとって，子育てがひと段落し自分自身のために使える時間とエネルギーが増加し，潜在化していた才能や能力を新しい領域で活用でき，自己概念を変えるほどの自由度を自覚する時期とも言われる。ここで紹介するのは，この時期に再就職，あるいは仕事の転機を経験し，活躍している者を対象にした調査結果[17]で，職業の内訳は，料理教室経営，教育委員会嘱託員・NPO代表，生涯学習センター副館長である。それぞれの経歴を見てみよう。

---

[16] 岡本祐子編著『女性の生涯発達とアイデンティティ―個としての発達・かかわりの中での成熟』北大路書房，1999，p.25.
[17] 岩崎久美子「女性の中年期における再就職を規定する要因」山田兼尚（研究代表者）『生涯にわたるキャリア発達の形成過程に関する総合的研究　報告書Ⅲ―成人のキャリア発達に関する質問紙調査・インタビュー調査』（平成15－17年度国立教育政策研究所政策研究課題リサーチ経費研究）国立教育政策研究所，2006，pp.97-112.

・料理教室経営：スチュワーデスを辞めた後，専業主婦の傍ら大学の聴講生となり大学院進学を考えていたが，大学院に行っても「今さら大学の先生になれるわけではない」と考え，夫と相談し料理学校に通学し調理師免許を取得，利酒師(ききざけし)の資格もとって自宅で料理教室を開いている。

・教育委員会嘱託員・NPO代表：大学卒業後，社会教育の仕事に就きたかったが求人がなく，「いったん企業に入ったら」というゼミの先生の言葉を受けて流通業界に就職。出産や配偶者の2度の海外赴任のために離職していたが，日本に帰国し，子育てがひと段落したことから大学の聴講生となる。仕事に就きたいと思って履歴書を何回か書き，求人欄を見たりしたが，「40歳を過ぎるともう駄目かな」とあきらめたころ，図書館で社会教育指導員の募集のチラシを見て嘱託員となる。その後，教育委員会のさまざまな仕事を経て，現在，NPO代表も務め，新しい姿の社会教育を発信している。

・生涯学習センター副館長：国立大学薬学部を出て薬剤師免許を持って衛生検査技師として勤務したが，子育てのため離職。引っ越し先の町には図書館がなかったが，県立図書館による団体貸出サービスがあるというので，近隣の子どものいる親に声をかけて50冊の本を借り，読んだら1週間後に集まるというかたちで文庫活動を始めた。また，せっかくなので公民館で毎週「お話し会」を立ち上げた。これらの活動が認められて，その町で図書館新設の話が出た折に図書館建設基本計画の策定委員となった。図書館に関する知識が必要と考え，大学の通信教育で司書免許を取得。図書館開設準備の仕事を経て町長の依頼により開館と同時に町立図書館の館長となり，その後，県の生涯学習センター副館長となった。

　これらは，必要とされる知識を得るための学習を行うなどの準備や個人の努力，過去の実績や人間性に対する評価が，時宜を得て「あの人ならば」といった推挙により適材適所に就くことができた例なのであろう。

　上記の例に見られる中年期に再就職をし，その後，活躍している女性

の共通要因は次のとおりである。
① 自分に対する自信
　「国立大学を出たというブランドは重要であった。それをやり切れる能力の保証というものが学歴にはある。ボランティアをしてきた経歴も重要であった。自分の能力，エンパワーするには自信が必要」，あるいは「大学時代ミス○○など自分に対するラベルは結構いろいろあったが，そういう人の思っているラベルは何かむなしかった。今は自分で努力し，初めて自分の人生という感じがある」など，自分を受け入れ，自分の能力，経験や努力に対して充足感を持っている。また，それを裏づける努力や学習活動を行っており，学習で獲得した実績や努力を正確に自己評価し，過去の経験や体験を公的に捉え，それを最大限に活用しようとしている。
② 人間関係を重視
　「職業に役立った学習は大学での聴講。先生方の人的資源とネットワーク」という言葉にあるように，人間関係を非常に大事にし，誠実に人と付き合うことによる人とのつながりが再就職につながっている。また，このような人間関係が役立ち，コーディネートが必要とされる場面で活躍することとなる。
③ 社会的・利他的姿勢
　「出会った人，支援した人がエンパワーしているのを見る時，達成感がある。役立ってよかったと思う」「相談に来られた方に，『ありがとう』と言われることで自己実現した気になる」「地位やお金のために働いているのではなかったので，一番これが良いということをやっていた」など，社会貢献に対する意識が高く，利他的姿勢が見られるのも特徴である。
④ 学習への意欲
　探索的に学習機会を求め，子育てサークル，大学の聴講生，専門学校などで学習する場合と，資格取得目的のために自力で学習している場合がある。いずれにしても，再就職前には多くの学習がなされており，学習の結果として人とのつながりができ，直接・間接的に仕事の機会へと結び付いている。

たとえば，生涯学習センター副館長の女性は次のように語っている。「10年，お話しの会の代表をやり，そろそろ引退しなくてはという時に町の図書館長の声がかかった。機会あるごとにスキルアップをしてきた。もともと勉強や学ぶことが大好きである。生涯学習センター副館長になった時，『スタートは私たちと一緒で文庫のおばさんだったのに，どうしてあなただけ出世したの』と皮肉のように言われた。心の中で，『悪いけれど，あなたたちは学ばなかったし努力しなかった』と思った」。

これらの事例は，再就職には技能や資格を取得することに目が向けられがちであるが，実は人間性や共感性といった情緒的な側面への評価や学習することへの前向きな姿勢が大事であり，最初は小さな職であっても，そこから社会的に評価される職へと飛躍的に活躍できる機会をもたらすことをあらためて明らかにしている。

そして，男性と女性のいずれの事例でも明らかなことは，キャリアの中で学習が転機を後押ししているということであろう。これらの転職や再就職の事例は，キャリアの変更を考える時に，どのような要因がその後の展開に有効かを教えてくれる。いずれにしても，自分の人生に向き合うことが強く求められる現代にあって，キャリア理論は，自分の人生を振り返り，未来に向けての方向性を考える上で，さまざまな視点を提供してくれるものである。

研究ノート

1. あなたは，どのような社会的役割を果たしているのか，スーパーの「学生」「余暇人」「市民」「労働者」「家庭人」の区分ごとに書き出してみよう。
2. クランボルツの言う「計画された偶発性理論」について把握し，自分の人生を振り返ってこの理論に沿った経験があったかを確認してみよう。
3. 5年後になりたい自分の姿を想像し，それを実現するための具体的な計画を列記してみよう。

参考文献

木村 周『キャリア・カウンセリング──理論と実際，その今日的意義』雇用問題研究会，1997年．
サビカス，M. L.（日本キャリア開発研究センター監訳）『サビカス キャリア・カウンセリング理論──〈自己構成〉によるライフデザインアプローチ』福村出版，2015年．
下村英雄『成人キャリア発達とキャリアガイダンス──成人キャリア・コンサルティングの理論的・実践的・政策的基盤』労働政策研究・研修機構，2013年．
ホール，D. T.（尾川丈一／梶原 誠／藤井 博／宮内正臣監訳）『プロティアン・キャリア──生涯を通じて生き続けるキャリア』プロセス・コンサルテーション，2015年．
前田信彦『仕事と生活──労働社会の変容』ミネルヴァ書房，2010年．
渡辺三枝子編著『新版キャリアの心理学──キャリア支援への発達的アプローチ』ナカニシヤ出版，2007年．

15 成人が学習する意義

　本章では，これまで紹介してきた成人学習に関するさまざまな理論や実践を振り返り，全体の内容を整理する。成人の発達と学習について，学習プロセスを充実させる，学習を理論化する，学習を実践するの三つの観点から，本書全体を通じ，これまで触れてきた言葉や理論を総括して論じる。それぞれの理論を結びつけながら，成人が学習する意義についてあらためて考えてみたい。

1. 学習プロセスを充実させる

　これまでさまざまに成人学習を捉えてきたが，最後に全体を振り返ろう。成人の学習を考える上で，まずは学習プロセスにかかわる要因を取り上げる。生物学的変化，心理的発達に伴う認知・知能・記憶や経験は，どのように学習プロセスにかかわるのであろうか。

(1) 最適に年齢を重ねる

　学習プロセスとして最初に取り上げるのは，生物学的変化としての加齢（エイジング）である。学習は身体の機能に依存する。同時に，学習によって身体の機能は向上する。学習と身体は双方向で影響を及ぼす。
　人は誰しもが生まれてから，日々年齢を重ねていく。このことは加齢（エイジング）と呼ばれる生物学的変化である。生物学的発達は20歳代にピークを迎えた後，身体の機能はゆっくりと低下していく。上手に年齢を重ねるということは，加齢に伴う変化に対応しながら，選択的に最適な加齢の状態をつくり上げることである。そのためには，経済的に充足し，健康状態を維持し，そして社会的つながりを持つことが肝要とさ

れる[1]。

　この年齢を重ねる過程では，健康行動に関する習慣，性格特性や社会的文脈の影響などにより，実質的年齢と機能的年齢の個人差が大きくなっていく。80代で元気にウォーキングしている人がいると思えば寝たきりの人もいる。

　この個人差が広がっていく加齢の過程において，第一に認知機能の変化を見てみよう。同一人物を対象に知能検査を繰り返し実施した縦断的調査結果によれば，70歳以上の健康な高齢者は，年を重ねることでわずかな能力の低下はあるとしても，その半数以上はほとんど変化がなかった。詳しく見ると，短期記憶や論理的思考，関係性把握といったものは35〜40歳をピークに衰えていくが，それを補完するように教育や生活経験などから蓄積した知識，過去の学習や経験で培った手順やスピードを要さない課題，そして語彙や言語的理解，数的能力などが蓄積していき，知的能力は加齢にあっても比較的安定した状態を呈する[2]。

　生物学的には，心臓血管の健康が認知機能に肯定的影響を及ぼすこと，有酸素運動により，心臓血管が健康になり血流が増加すること，あるいは前頭葉におけるシナプス結合の増加が大脳皮質の可塑性をもたらすことなどが明らかにされている。このように運動は健康を保つために確実に役立つ。身体を動かすことで血流が増え，脳が活発に働くために必要な酸素と栄養がたくさん入り，ストレスホルモンが減り，脳細胞の栄養となる化学物質が増える[3]。運動は，老化の進行を阻む数少ない方法の一つであり，脳の衰えを防ぐだけでなく，老化に伴う細胞の衰えを逆行させ，脳の回路の結合や血流を増やすため，加齢に伴ったダメージに対し効果がある。そのため，高齢期になっても高い知的活力を維持するに

---

[1] パウエル，D. H.（久保儀明・楢崎靖人訳）『〈老い〉をめぐる9つの誤解』青土社，2001，p.21.
[2] シャイエ，K. W. / ウィリス，S. L.（岡林秀樹訳）『第5版　成人発達とエイジング』ブレーン出版，2006，p.544.
[3] スノウドン，D.（藤井留美訳）『100歳の美しい脳―アルツハイマー病解明に手をさしのべた修道女たち』DHC，2004，pp.53-54.

は，刺激的体験に対して前向きに取り組む姿勢や，継続的な運動が重要となる。

　加齢にあって，特に学習することが重要とされる理由は，認知的作業をやればやるほど，脳のさまざまな場所で新しい神経回路がつながってネットワークが緻密になるからである。たとえば，積極的な想起練習（テスト）をすれば，記憶が強化されていくのであるが，思い出すことで脳が記憶を再整理し，すでに知っていることとのつながりが強化され，次に思い出すのが楽になり，忘れることを予防するのである。また他の実証研究では，加齢にあって認知能力を維持するには，心臓病などの慢性病がないこと，良好な環境状況での生活，社会活動に参加していること，認知処理スピードの維持，認知状況の高い配偶者がいること，自分とその人生に満足していることなどが挙がっている[4]。環境を整え，学習するために脳や身体を使うことが，認知機能を維持するのに重要ということなのである。

　加齢において第二に取り上げるのは，心理的な時間的展望の変化である。時間には，時計により1日24時間で表される時間や年齢といった客観的な「クロノス時間」と，意識によって短くも長くも感じる主観的な「カイロス時間」とがある。高齢期には，クロノス時間ではなく，カイロス時間をどう過ごすかに重点が置かれる。来し方行く末を思い，ライフ・サイクルの感覚を経験できるのは，高齢期になってからである。「死を想え」という警句「メメント・モリ」（memento mori）という言葉は今を大切に生きることを意識させる。高齢期は，このような死を身近に意識するようになる限られた時間的展望ゆえに，生活の中で何が重要かを見極めることで逆説的な言い方をすれば，健康に恵まれさえすれば意義深い時間を過ごすことも可能である。

　老いを肯定的に受け止めるか否定的に受け止めるかは人によってさまざまであるが，高齢者はその能力により，社会的役割を果たすというよ

---

[4] Schaie, K. W. "The course of adult intellectual development." *The American Psychologist*, 1994, Vol.49, No.4, pp.304-313.

りは，自分の望むことを知り，そのために適切に行動するようになる[5]。社会的責任が減ったということは，個人的自由が増えたことでもある。

　第三に取り上げたいのは，加齢にあって喪失は獲得によってバランスを保たれるということである。加齢において獲得されるのは，熟達と知恵である。熟達とは，知識がある人は最初から学ぶ人とは違った学習を実施するということであり，熟達者は初心者と比べて問題解決のために多くの知識を利用し，問題を早く，省力的なやり方で解き，深い水準で検討するとされる。また，生活や経験から生じた知識としての知恵（英知）は，知性の実用化である。知恵は，高齢者の身体的機能や社会的な活動能力の低下に適応することに役立ち，知的な知識よりも知恵の知識の方が最適な加齢にとって重要であると言われている。

　高齢期は人生をまとめ上げる時期である。自分の人生に折り合いをつけ，これまでの人生でやり残してきた心残りとも言える未完の行為を行い，社会的つながりを持って人生を意味あるものとして統合するために重要な時期である。そして，誰しもが年を重ねるのではあるが，そのような中で最適なかたちで加齢に対応するために学習の積極的意義があると言えよう。

（2）心理的に発達する

　学習プロセスとして次に取り上げるのは，心理的発達である。

　成人の心理的発達では，特定の年齢に対応した発達の段階や構造における個人の内部での変化に着目する。たとえば，レヴィンソン（Levinson, D. J.）は，人生の経過をライフ・サイクルという言葉で構造的に捉えて，人は，安定した時期に生活パターンを確立・維持し，過渡期といった心理的危機とその克服の時期を経て，その安定性を問い直し成長するとした。レヴィンソンは，生活構造の変化という点から人生

---

[5] フリーダン, B.（山本博子／寺澤恵美子訳）『老いの泉』下　西村書店，1995, p.277. Vern L. Bengtson, "Self-Determination: A Social-Psychological Perspective on Helping the Aged." *Geriatrics*, 1973, Vol.28, December.

を四つのステージに分類し，これらは一部，重なり合いながら次のステージに入るが，その際に過渡期とされる不安定な時期があるとした。

人生が四季に例えられるように，誰しもが通る人生の過程がある。このような年齢に応じた一定の発達段階がある一方で，個人それぞれが遭遇する異なる生活上の出来事（ライフ・イベント）がある。ライフ・イベントは，喜び，悲しみ，楽しさ，辛さ，怒りなど，さまざまな感情を伴うが，多くはストレスをもたらすものである。しかし，人によって，同じ出来事であってもストレスになる場合とそうでない場合がある。また，初めは辛く悲しいものであったとしても，時間の経過とともに良い方向に変わることもある。いずれにしても，人生の過渡期やライフ・イベントにおいて，人はそれを乗り越えるために学習の動機づけが高まると言われている。その理由は，心理的危機の受容プロセスと関連する。人は抑うつ症状や葛藤などの危機的状況を受け入れた後，新たな状況に対する模索や意味の探求をしようとする。そして，人生の変化に対応するため，私たちは，学習することを強く志向する。危機的状況が困難であればあるほど，学習のもたらす効果の潜在性は高く，学習は危機的状況への対処法の一つなのである。

人生における心理的発達の段階や心理的危機の状況において，学習活動は困難から立ち上がる契機となり，人生の変化を求めて学習を行おうとする場合，より意義深い学習がなされると言われている。このことは，学習が人生の転機，過渡期において，人生に対する前向きな働きかけの手段とされる理由であろう。

（3）学習を促す

学習プロセスとして最後に取り上げるのは，学習資源としての経験と学習動機の二つである。

成人学習における学習基盤は，個々の人間の経験にある。経験は生きたテキストで貴重な学習資源である。成人になってから，人は自分の経験を用いて学習を行う。たとえば，経験から学ぶ一つの例は，経験した実践に対する省察を通じて行われる省察的実践である。省察とは，学ん

だ知識を思い出す想起の一形態であり，新しい知識をすでに知っているものと結び付け，その内容を自分の言葉にし，具体的にイメージすることである。専門的職業経験を継続教育に結び付ける場合，省察によって経験からの学びは深いものとなる。

　学習動機については，成人は基本的には自己実現欲求や内発的動機づけに基づき自発的に学習を行うという特性を理解する必要がある。このような成人学習者の特性を考えれば，学習を促すには，楽しさといった学習者の情動に留意することが重要となる。学習が楽しい時，人は遊びに没頭する子どものように夢中になる。このような夢中になる状況はフローと呼ばれ，学習の動機づけの原点である。

　学習を促す動機には，自分の有する知識が拡張するという喜びもある。学習は学習以外の多くの偶然的な発見や成果をもたらす。その発見や成果は，新しい知識から自分の知らない人との新たなつながり，仕事への発展，そして生活の充実など，さまざまなことをもたらすであろう。

　このような学習のもたらす意外な恩恵を表すものとして，「セレンディピティ」という言葉がある。この言葉は，何かを目的とし探している時に，それとは異なる別の価値あるものが見つかることを意味し，偶然をきっかけに幸運を得ることを指す。この言葉のもとになったのは一つの物語である[6]。セレンディップ（スリランカの古名）王国に住む3人の王子は，善徳，知恵，学問を身に付け成長した時に，王様の命令で，国を救う伝説の巻物を見つけ出す目的のもと，他国を見聞する旅に出る。その巻物を探す旅の過程で出会う，さまざまな人や経験の中で，彼らは予期しないものを手にし，王国や王子たちは結果としてみな幸福となる。セレンディピティとは，探しものをしているうちに，ほかの大切な物が見つかることとされ，科学などでの思いがけない偶然の発明・発見の時に用いられる言葉となった。創造的思考には，セレンディピティが付随するようで，さまざまな試みや失敗から，意外なかたちで新しい発見が

---

[6] ホッジス，E. J.（よしだみどり訳）『セレンディピティ物語―幸せを招ぶ三人の王子』藤原書店，2006.

生じるとされる[7]。学習が次なる学習を呼び，学習する中でセレンディピティのような新しい発見があり，知識が広がっていくのであろう。

　成人になってからの学習は，さまざまな自分の経験の上になされるものである。人と異なる経験は，自分固有のキャリアを形づくる。そして，異なる経験がそれぞれ異なる学習の動機づけをもたらし，学習を意味づけることになる。そして重要なのは，学習の過程での楽しさや発見があり，知識が拡張していく中で新しい発見と結び付き，創造的な学習の広がりがもたらされることなのである。

2．学習を理論化する

　成人学習についての理論は，私たちが「なぜ成人になってからも学習するのか」という問いを考える際に有益な枠組みを提供してくれる。成人学習理論の扱う領域や考えはさまざまであるが，そこには，自分のアイデンティティをどのように規定していくかという共通のテーマがある。そして同様に，人は常に成長・発達するという大きな前提に立つのである。

（1）成人学習の特徴を知る

　成人学習理論の特徴として最初に取り上げるのは，アンドラゴジーとアンドラゴジーの中核を占める自己決定学習の考えである。

　成人の学習は，子どもの学習と区別して論じられる。成人の学習を援助する技術と科学は，子どもの学習教授法であるペダゴジーと対比的にアンドラゴジーと呼ばれる。

　アンドラゴジーの考えに基づけば，成人学習者の自己概念は，自発的で自己決定的であり，自分で判断し自分で学習を管理することを望む。学習の多くは現実的な職業，生活上の課題を解決するため，特に緊急性のある現実的な解決方法や即座の応用を求めるものに限ってなされる。

---

[7] 外山滋比古『乱読のセレンディピティ―思いがけないことを発見するための読書術』扶桑社，2016，pp.92-102.

成人の学習目的は多様で複雑であるため，学習ニーズは人によって異なる。

学習の自発的決定，いわゆる自己決定学習は，成人学習理論の主要概念の一つである。自己決定学習とは，成人が自発的に自分の学習を計画・実施・管理・評価を行うことである。このような自己決定学習は，成人教育の到達目標でもある。

アンドラゴジーでは，学習者が年齢を経て成熟することで自己決定性を増すと仮定しているが，このことは，学習者の価値観，態度，能力・資質や性格特性など，個人の特性に依存する場合も多い。自己決定的に学習できるかどうかは，それぞれの個人の持つ背景によることもあり，学習の目標や計画に着手し選択・実施できるようになるために，適切な学習支援が望まれる場合もある。

(2) 人生を意味づける

成人学習理論として次に取り上げるのは，変容的学習とナラティヴ学習である。

ものの見方の変化をもたらす変容的学習は，成人学習の中で最も注目を浴びている理論である。その内容は，自分の価値観を揺るがすような大きな人生経験から人は新たなものの見方を学び，発達するというものである。このような考えは，「どのような経験も人生において無駄ではない」といった肯定的な人生観にのっとっている。

変容的学習の鍵は人の内面の変化である。その変化とは，それまで気づかなかった思い込み，偏見，価値観などを批判的に振り返り，検討する中で生じる。それは，自分に対する見方や置かれた立場についての認識の変化でもある。

変容的学習の目標は，個人の成長や発達にあり，すべての変化はそのためのプロセスと肯定的に捉えられる。この考え方の根底にある変容的学習の含意は，人生で直面する壁やうまくいかないことの経験を乗り越え，新しいものの見方を獲得することによって，新たに人生を前向きに捉え直し前進するということなのである。

変容的学習を解釈する方法として，ナラティヴが用いられることも多い。ナラティヴとは，自分が何者であるかを自分や他者に対して語るものであり，今ある自分と願望を抱き合わせて新たなるアイデンティティをつくりあげる流動的な生成のストーリーでもある[8]。人は自己アイデンティティを解釈し定義づけ，それに基づき人生設計を具現化したライフ・スタイルを選び，そのことが自分の物語に実質的な形を与える。そして，そのことが最終的には再び自己を物語るアイデンティティを定義づける。

このようなナラティヴの学習方法としては，自伝的学習と自分のストーリーを紡ぐ作業であるストーリーワークがある。人生の過渡期，そしてその中でも晩年において，これらの作業への欲求が高まるとされる。たとえば，人はストーリーワークを通じ，加齢に対する悲観的認識を創造的認識へと転換し，自分の人生に積極的にかかわり加齢を，目的を持って年齢を重ねるプロセスとすることができる[9]。このプロセスは，晩年の発達課題である人生統合のための哲学的作業であり，晩年は，ストーリーワークに最適な時期である[10]。さまざまな困難や浮き沈みを経験しても，自分の人生をまとめ上げるストーリーワークは，最終的に自分を肯定し人生を芸術品にするための作業である。

(3) 身体を用いる

成人学習理論として最後に取り上げるのは，身体化された学習である。

身体化された学習とは，学習の道具として身体を考えることである。それは，身体に宿る深い感覚，直観や情動を，身体を介して表現できる

---

[8] リースマン，C. K.（大久保功子／宮坂道夫監訳）『人間科学のためのナラティヴ研究法』クオリティケア，2014，p.15.
[9] ランドール，W.（岩崎久美子訳）「ストーリーワーク：晩年における自伝的学習」ロシター，M.／クラーク，M. C.（立田慶裕／岩崎久美子／金藤ふゆ子／佐藤智子／荻野亮吾訳）『成人のナラティヴ学習——人生の可能性を開くアプローチ』福村出版，2012，pp.52-53.
[10] 同書，pp.49-51.

ようにすることでもある。

　脳と身体はつながっており，学習活動は脳の影響を大きく受ける。身体化された精神は，身体のシステムの中の，とりわけ神経系と内分泌器系の相互連結によって神経生物学的に構築される。健全な精神状態にある場合，自分で自分を取り仕切っているという自己の所有権を持つように，自己感覚は身体とのつながりがよりどころであり，自分を本当に知るには，身体的感覚を感じる必要がある[11]。

　「心身一如」という言葉に表されるように，東洋の思想では長らく心と身体は一体のものとして考えられてきた。東洋の思想では，その根底に"修行"の考えが置かれ，真の哲学的知は，「体得」あるいは「体認」によってのみ認識でき，自己の心身のすべてを用い「身体で覚えこむ」ことで，知は初めて得られるとする[12]。このような心身一如という言葉で表される身体を動かすことで身に付けた知恵を身体知という。身体にある知識は，暗黙知として無意識である場合もあれば，感情として表出される場合もある。身体知には，言語化されない直観やスピリチュアリティが含まれる。たとえば，直観は，言語化されない暗黙知としての知識であり，身体化された知識である。暗黙知は私たちの身体の内部にあり，身体化された認識の表現と考えられる。とっさの判断といったことは，このような身体化された認識が直観として働くことである。

　一方，身体化された学習のうちスピリチュアリティとは，他者，自分の周りの世界，自分を超えた力につながる言葉である。ある研究者は，「スピリチュアリティとは，知識や意味をつくりあげる方法の一つであり，情動，理性すなわち認知，そして無意識で象徴的なものが調和して生じるものである。個人的・社会的変容を教える場面では特に，スピリチュアリティを勘案しないことは，人生経験，そして学習と意味づけの方法の重要な部分を無視することになる。それゆえ，成人学習研究にお

---

11 ヴァン・デア・コーク，B.（柴田裕之訳）『身体はトラウマを記録する—脳・心・体のつながりと回復のための手法』紀伊國屋書店，2016, pp.169-172, p.449.
12 湯浅泰雄『身体論—東洋的心身論と現代』講談社学術文庫，1990, p.21.

いては，スピリチュアリティが重要なのである」[13]と言っている。
　そのほか，身体化された学習では呼吸も取り上げられる。呼吸は心身全体の状態の一つの表現であると同時に，心身のあり方を変える手段でもある。呼息が心身の状態の端的な表現であり，場の雰囲気や空気と身体の状態感は不可分のものである。呼息は最も敏感ではっきりしたセンサーで，感情のあり方は端的に呼息として現れる[14]という。このほか，炭鉱で働く人々が感覚的に危険や安全を判断することや，登山などで身体，精神，心，霊性を統合して活動することなどは，野外における身体知の例である。身体に目を向ける身体化された学習は，成人学習理論の一つとして成長してきている。

3. 学習を実践する

　次に，成人学習の実践に関連する内容を，組織，キャリア，社会関係資本の観点から考えてみよう。このことは，組織，地域といった社会と自分との関係を考えることでもある。個人で学んだ学習は，そこから広がって社会的なものへとつながっていく。学習の実践とは，必ず他者との関係性において行われるものである。

（1）組織から学ぶ
　学習の実践として最初に取り上げるのは，組織における学習である。仕事をするために組織に属する場合，私たちはそこでの役割や立場から学習し成長する。学習欲求が生じる契機の一つは，職業上で技能・能力の維持，開発が必要との認識をした時である。職業人にとっては，仕事は生活に大きな比重を占める。新しく変化する社会情勢の中では，それぞれの組織の構成員には，継続的な学習が求められ，自発的欲求のいかんを問わず，学習する必要性は随時生じる。

---

13 Tisdell, E. J. "Spirituality in Adult and Higher Education." ERIC Digest [ED459370] 2001, p.5.
14 斎藤　孝『身体感覚を取り戻す―腰・ハラ文化の再生』日本放送出版協会，2000, pp.152-153.

組織を通じた個人の学習という点では，学習は個人の頭の中ではなく社会的なかかわり合いの中で行われ，学習は学習がされる場，状況の中に埋め込まれているとする考えがある。その代表的な考え方の第一の例は，「認知的徒弟」である。認知的徒弟は，見習い修行者の学習過程をモデルにした考え方である。その過程は，モデリング，コーチング，スキャフォルディング（足場かけ），フェーディングという四つの段階からなる[15]。第二の例は，認知的徒弟制を敷衍(ふえん)して社会活動の中に広げた「実践コミュニティ（実践共同体）」論である。この論によれば，どんな組織にも必ず「人々が共に学ぶための単位」があり，この構成主体が実践コミュニティである。実践コミュニティでは，協調を通じて，インフォーマルにアイデアを共有し，複雑な活動に関する解釈の仕方が共有されていくとする。このほか，実践的コミュニティにかかわるプロセスを詳細に論じたものに「正統的周辺参加」の考えがある。これによれば，学習者は，自分が正統であると考える文化，社会，共同体に，たとえば，徒弟制の中で見習いとして周辺的に参加する。このようなゆるやかな条件のもとで実際の仕事の過程に従事しながら，学習者は熟練者の実際の仕事の過程に参加し，やがて正統性を持って中心的活動へと入っていく。

　次に組織全体の改善を目指す学習に目を転じれば，「組織的学習」という考えがある。組織的学習は，個人が組織のために学習する場合に生じ，結果は組織の記憶や制度に埋め込まれるものである。組織的学習の種類としては，組織内での日常業務において組織があらかじめ決めた道筋やあるべき姿といった価値観を変化させることなく，状況改善，行動修正を行う「シングルループ学習」と，組織の規範，方針，目的などの妥当性を見直し新しい道筋を創り出す「ダブルループ学習」の二つがある[16]。どちらの学習も組織の健全化には不可欠であるが，組織に矛盾や

---

15 ブラウン，J. S./コリンズ，A./ドゥグイッド，P.（杉本 卓訳）「状況に埋め込まれた認知と，学習の文化」安西祐一郎／大津由紀雄／溝口文雄ほか（編）『認知科学ハンドブック』共立出版，1992，pp.35-51.
16 Argyris, C. & Schön, D. A. *Organizational Learning: A Theory of Action Perspective.* Jossey-Bass, 1978.

葛藤などを呼び起こす解決の難しい課題が生じた場合には，ダブルループ学習による，問題解決のための批判的振り返りの促進，代替的な選択のための価値観の転換が必要となる。

さらに，組織における学習として，組織的な学習環境を概念化した「学習する組織」論がある。学習する組織とは，「目的に向けて効果的に行動するために，集団としての意識と能力を継続的に高め，伸ばし続ける組織」[17]である。学習する組織は個人と組織のいずれにも影響し，そのどちらも重視する。学習する組織では，学習を通じて組織の構成員の意思疎通が図られるとともに，対話によって集団に意味が生み出される。成長する企業は，個々の人材にも成長を求めるものである。

このように，組織の中では，個人が組織の文化的影響を受けると同時に，個人の集合体である組織も構成員に影響を受ける。組織における学習は，個人と組織の相互作用によるダイナミックな学習の場を創出する。

(2) 人とつながる

学習の実践として次に取り上げるのは，人のつながりと「社会関係資本」についてである。

誰しもが人とのつながりの中で生きている。このような人と人とのつながりを社会的ネットワークと言う。そして，人と人との関係から生み出される資本が社会関係資本，ソーシャル・キャピタルと呼ばれるものである。社会関係資本とは，「個人間のつながり，すなわち社会的ネットワーク，およびそこから生じる互酬性と信頼性の規範」と定義されるものである。

なぜ人とのつながりが重要なのであろうか。関連した研究成果を見れば，①社会的活動や市民的活動に積極的にかかわっている人の方がより健康である，②親密で信頼のおける関係は人生の逆境から個人を守る「緩衝材」として機能する，③孤立し親密な社会的サポートが欠落して

---

17 小田理一郎『「学習する組織」入門』英治出版，2017，p.8.

いる人はストレス下でうつ病を患う傾向にあり，かつ患う期間が長い，④社会的接触の範囲と頻度のレベルが高い人は精神の健康において良い状況である，⑤仕事に就いていることはメンタル・ヘルスとウェルビーイングにプラスの影響がある，⑥社会的なつながりや社会的活動への参加は，認知症や認知機能の低下を予防する要因として機能する，⑦一般に社会的に孤立している個人は，強い社会的絆を有する者に比べて原因を問わず，早くに亡くなるリスクが2倍から5倍高い[18]などが実証されており，いずれも人とつながることが重要であることを示唆する結果なのである。

　成人になってからの学習の一つの形態には，人と集い，共に社会的活動を行うことがある。私たちが生活する地域は，学習のフィールドであり，自分が住む地域のさまざまな課題を特定し，その解決に向けて活動することは学習活動の一つである。市民活動と成人学習との間には明らかに正の相関がある。つまり，成人になってから学習者として最も積極的な人々は，市民活動にも関与する傾向が強いのである[19]。このような「地域における学習」は，地域をより良くするためのアイデアや課題を特定することから始まる。その原因や効果を分析し，変化を成し遂げるために必要な行動を熟慮し，学習を組織化することが，個人，グループ，そして地域全体での展開や変化につながる[20]。このような地域課題についての学習は，わが国でも公民館活動が盛んな地域では組織的に行われている。

　地域における学習は，長期的には社会の変革につながり，社会的課題に対処し，その機会を得るために必要となる社会関係資本の供給を増やす。そして，個人のスキル，自信，ネットワークやリソースを増加させ

---

[18] Halpern, D. *Social Capital*. Polity Press, 2005, pp.76-79. に列記された精神の健康に関する研究レビューのうち一部摘記。
[19] フィールド，J.（矢野裕俊監訳）『ソーシャルキャピタルと生涯学習』東信堂，2011，p.22.
[20] Tett, L. "Community Development." In Leona M. English (eds.), *International Encyclopedia of Adult Education*. Palgrave Macmillan, 2005, p.126.

る，コミュニティと協働する方法でもある[21]。

（3）人生を設計する

学習の実践として最後に取り上げるのは，キャリアと社会的役割についてである。

不安定な社会構造と予測可能な軌道の喪失という現代の状況にあって，私たちには自分でキャリアの航路図を描く必要が生じ，自分自身の人生を設計しキャリアを管理する能力が求められるようになってきている。このような中で，本書では代表的な欧米のキャリア理論を取り上げた。

最初に紹介したのは，時間的な広がりと役割の点から生涯にわたるキャリア発達論を展開した，米国の研究者であり実践家でもあったスーパー（Super, D. E.）の理論である。スーパーはキャリアを人生全体に及ぶ包括的で生涯発達するものとして捉えた。スーパーによれば，キャリアとは人生を構成する一連の出来事からなり，自己発達における職業と人生のほかの役割との連鎖である。このような生涯にわたって職業や役割を考える上では学習は切り離せない。スーパーは，この生まれてから死に至る人生の時間（ライフ・スパン）とそれぞれの時期に果たす役割（ライフ・ロール）を，「ライフ・キャリアの虹」として図表化している。

次に，シャイン（Schein, E. H.）の「三つのサイクルの相互作用モデル」を取り上げた。この三つのサイクルの相互作用モデルは，加齢に伴う生物学的変化を表す生物学的・社会的サイクル，就職，雇用の確保・維持，退職などを表す仕事・キャリアサイクル，自分が子どもとして生育家族の中で成長するとともに，その後の自立，結婚，親になること，両親の介護など，家庭や家族関係での変化である家族関係サイクルからなる。この三つのサイクルは，年齢段階や社会的役割を伴って，それぞれ重なり合い影響し合っていると考えられている。

---

21 Scottish Executive. *Working and learning together to build stronger communities*. Scottish Executive, 2004, p.7.

1990年代に入ると，社会の変動に伴い，ライフ・テーマに焦点を当てて，個人特性，発達課題，個人の選択や役割適応を統合するような理論が登場してくる。その代表がサビカス（Savickas, M. L.）の「キャリア構築理論」であり，サビカスによれば，キャリアの中核をなすのはアイデンティティである。このアイデンティティ・ワークのためにナラティヴ（語り）の作業が必要となる。この自己と状況を理解しようとするプロセスの中で，自分の人生が再構築され新たな意味づけがもたらされるのである。

　さらに，1990年代後半になってグローバル化や情報化など，キャリアをめぐる環境が不透明で流動的になり激変するようになると，偶発的にキャリアが決定されるという理論が注目をされるようになる[22]。

　偶然の出会いなどがきっかけとなって，予定とはまったく違った世界へと人生の舵がきられることがある。クランボルツ（Krumboltz, J. D.）らは，個人のキャリアの8割は予想できない偶発的な出来事によって決定され，このような偶発的な出来事を計画的に設計することが大事とする「計画された偶発性理論」を唱えた。流動的で，予測がつかない現代社会では，どのような状況にも柔軟に対応する準備がことさら重要になる。計画された偶発性理論によれば，キャリアのチャンスの機会に気づき，またチャンスを創出し活用するためには，五つのスキルの開発が必要とされる。つまり，それは，新しい学習機会を探索し続ける「好奇心」，失敗や挫折にあっても努力を惜しまない「持続性」，態度や環境を変えようとする「柔軟性」，新しい機会は可能で実現すると考える「楽観性」，そして結果が予測できない場合でも行動を起こす「冒険心」である[23]。それまでとは異なる新しいキャリアに一歩踏み出す機会は偶発的な予期されない出来事によりもたらされる場合が多いが，それが本当の好機に

---

[22] 下村英雄『成人キャリア発達とキャリアガイダンス─成人キャリア・コンサルティングの理論的・実践的・政策的基盤』労働政策研究・研修機構，2013，p.32.
[23] Mitchell, K. E., Levin, A. S. & Krumboltz, J. D. "Planned Happenstance: Constructing Unexpected Career Opportunities." *Journal of Counseling & Development*, 1999, Vol.77, p.118.

なるには，本人の努力が必要なことは言うまでもない。

「プロティアン・キャリア」論は，変化する時代のキャリアの考え方として，ホール（Hall, D. T.）によって唱えられたものである。ホールは，キャリアとは個人によって形成されるものであり，個人の欲求や環境の変化に伴って，自己志向的に変幻自在に変化するものと考えた。プロティアン・キャリアの考えで目を引くのは，目標は心理的成功であって物質的成功ではないこと，キャリアは学習による変化の連続であると言っていること，そして，発達において継続的な学習が取り上げられていることである。そこでは，「いかに知るか」ではなく，「いかに学ぶか」が成功の要因とされる。学習というものが生涯を通じた変化のプロセスにおいて重要とされているのである。プロティアン・キャリアにおいては，不確かな社会における人生の羅針盤として，学習の仕方を学ぶこと，継続学習，セルフ・アセスメントのスキル，アイデンティティ形成の必要性が強く主張されている[24]。

以上，本書全体を振り返り，そこで取り上げた内容をまとめてみた。成人学習の理論はさまざまである。しかし，そこに共通しているのは，人間には自己実現や成長に対する根源的欲求があるという前提である。学習はそのような欲求を充足する手段なのである。

人はいつの時でも「なりたい自分になるのに遅すぎることはない」。自分を見つけ，自分のストーリーを紡ぎ，新たな自分を創造するために，私たちは自ら学習することへと踏み出すのである。

---

[24] ホール, D. T. / ミルヴィス, P. H. 「新たなプロティアン・キャリア—心理的成功と心からの人生」ホール, D. T. (尾川丈一 / 梶原 誠 / 藤井 博 / 宮内正臣監訳)『プロティアン・キャリア—生涯を通じて生き続けるキャリア』プロセス・コンサルテーション，2015, p.26.

研究ノート

1. 本書で挙げた成人学習の理論の中で，自分の人生に役立ちそうな理論を選んで，どのように役立つか考えてみよう。
2. この1年間で読みたいと思う本を図書館の検索システムを使って20冊以上書き出してみよう。
3. 今後の学習の具体的目標を立て，それを実現するために必要とされること，モチベーションの維持，予想される困難，困難を乗り越える方法について書いてみよう。

参考文献

岡本祐子編著『女性の生涯発達とアイデンティティ―個としての発達・かかわりの中での成熟』北大路書房，1999年．
立川昭二『病いの人間学』筑摩書房，1999年．
デカーヴァロー，R. J.（伊東 博訳）『ヒューマニスティック心理学入門―マズローとロジャーズ』新水社，1994年．
ドゥエック，C. S.（今西康子訳）『マインドセット―「やればできる！」の研究』草思社，2016年．
ホッファー，E.（中本義彦訳）『エリック・ホッファー自伝―構想された真実』作品社，2002年．
三輪建二『おとなの学びとは何か―学び合いの共生生活』鳳書房，2018年．

索引

●配列は五十音順。

人 名 編

アージリス（Argyris, C.） 224
アスラニアン（Aslanian, C.B.） 63, 64
ヴィゴツキー（Vygotsky, L.S.） 73, 111, 211, 220
ウェンガー（Wenger, E.） 219
栄西 199
エヌゼル（Hennezel, M.） 174-176
エビングハウス（Ebbinghaus, H.） 75-77
エリクソン（Erikson, E.H.） 49, 196
カップ（Kapp, A.） 127
カファレラ(Caffarella, R.S.) 144
キャッテル（Cattell, R.B.） 32
キューブラー＝ロス（Kübler-Ross, E.） 161, 162
クラーク（Clark, M.C.） 63
グラノヴェター（Granovetter, M.） 244
クランボルツ（Krumboltz, J.D.） 264, 265, 288, 289
グロウ（Grow, G.O.） 156, 158
クロス（Cross, K.P.） 62
コリンズ（Collins, A.） 221
コリンズ（Collins, J.B.） 93, 94
コルブ（Kolb, D.A.） 114-118
サビカス（Savickas, M.L.） 262, 263, 288
サルコジ（Sarközy de Nagy-Bocsa, N.P.S.） 247
ジャービス（Jarvis, P.） 114, 118-120, 123, 124
シャイエ（Schaie, K.W.） 36
シャイン（Schein, E.H） 261, 288
シュワルツ（Swartz, A.L.） 201
ショーペンハウアー（Schopenhauer, A.） 37
ショーン（Schön D.A.） 120, 121, 224
スーパー（Super, D.E.） 258-260, 288
スキナー（Skinner, B.F.） 124
スタンバーグ（Sternberg, R.J.） 30
スティグリッツ（Stiglitz, J.E.） 247
スペア（Spear, G.E.） 150
スマート（Smart, J.C.） 93
セリグマン（Seligman, M.） 85
セン（Sen, A.） 247
センゲ（Senge, P.M.） 226
ソーンダイク（Thorndike, E.L.） 126
タフ（Tough, A.） 144
ダマシオ（Damasio, A.） 201
タルビング（Tulving, E.） 69
チクセントミハイ（Csikszentmihalyi, M.） 90, 91
ディーネーセン（Dinesen, I.） 188
デカルト（Descartes, R.） 199
デシ（Deci, E.L.） 87
デューイ（Dewey, J.） 111
ドラッカー（Drucker, P.F.） 13
ヌリウス（Nurius, P.） 263
ノールズ（Knowles, M.S.） 11, 111, 126-132, 134, 142, 148, 149
ハーン（Hahn, K.） 212, 213
ハヴィガースト（Havighurst, R.J.） 47, 48
バウマン（Bauman, Z.） 11
パットナム（Putnam, R.D.） 236, 237, 239
バンデューラ（Bandura, A.） 85
ピンク（Pink, D.H.） 87
ヒンディ（Hidi, S.） 88, 89
ファインマン（Feynman, R.P.） 43
フィトゥシ（Fitoussi, J.P.） 247
フール（Houle, C.O.） 92-94, 144, 145

ブラウン（Brown, J.S.）　221
ブリッケル（Brickell, H.M.）　63, 64
ブルーナー（Bruner, J.）　182, 183, 220
ブルデュー（Bourdieu, P.）　104, 202
フレイレ（Freire, P.）　145, 164-166
ボーム（Bohm, D.）　206, 207
ホール（Hall, D.T.）　265, 290
ホーン（Horn, J.L.）　32
ボシャー（Boshier, R.）　93, 94
ホッファー（Hoffer, E.）　24
ポランニー（Polanyi, M.）　121, 210
マーカス（Markus, H.）　263
マートン（Merton, R.K.）　263
マズロー（Maslow, A.H.）　91, 92, 139, 178
ミッテラン（Mitterrand, F.）　174, 176
南方熊楠　25
メジロー（Mezirow, J.）　109, 111, 145, 162-164, 167
メリアム（Merriam, S.B.）　63, 144
モースティン（Morstain, B.R.）　93
ライアン（Ryan, R.M.）　87
リオタール（Lyotard, J.F）　187
リンデマン（Lindeman, E.C.）　111, 125, 126
レイヴ（Lave, J.）　219
レイン（Laing, R.D.）　186
レヴィンソン（Levinson, D.J.）　50, 51, 277
レニンジャー（Renninger, K.A.）　88, 89
ロジャーズ（Rogers, C.）　139, 178
ワロッドコウスキー（Wlodkowski, R.J.）　97

事項編

●あ行

アイコニックメモリー　68
アイデンティティ　186, 187, 190, 197, 263, 264, 266, 267, 280, 282, 288, 290
アウトワード・バウンド　213
アクティブ・ラーニング　153
『アフリカの日々』（*Out of Africa*）　188
アメリカ成人教育学会（The American Association for Adult Education）　126
ありうる自己像　263
アルツハイマー病　80, 81
アンドラゴジー　123-140, 142, 280
暗黙知　43, 121, 210, 211, 228, 283
アンラーン　225
意識化　164, 165
意味記憶　69
意味体系　163
意味の捉え方　163
右脳　79
エコイックメモリー　68
越境学習　232, 233
エピソード記憶　69, 80
遠隔記憶　68
エンプティ・ネスト（空の巣）症候群　53
横断的研究　31
「大きな物語」　187
オンタリオ教育学研究所（Ontario Institute for Studies in Education）　143

●か行

回想　80
海馬　71-73
外発的動機づけ　87, 125
回復の語り　191
解放的学習　144, 145

カイロス時間　38, 195, 276
学習契約　148
学習する組織　19, 225-228, 285, 286
学習性無力感　85
学習的反応　118, 119
拡張　78
カクテルパーティ効果　68
可塑性　74
課題提起型教育　165
語りの難破　190
過渡期　26, 50-52, 54, 278, 282
感覚記憶　67, 68, 69, 79
関係型　241
キャリア　255
キャリア・アンカー　261
キャリア構築理論　262, 263, 288
既有知識　112
教育参加尺度　93
『教育の過程』（The Process of Education）　183
教育の現代化　183
興味　88, 89
興味発達の4段階モデル　88, 89
共有ビジョン　226
銀行預金型教育　165
近時記憶　68
偶発的学習　18
具体的経験　115-118
クライエント中心療法　139
クロノス時間　38, 195, 276
計画された偶発性理論　264, 265, 289
経験学習　113, 114
経験資本　104-106, 110
経験的認知力　80
経済協力開発機構（OECD）　14-17, 139, 237, 239, 247
経済資本　238

結晶性知能　32, 33
結束型　240, 241, 253
検索　70, 71
行為についての省察　120
行為の中の省察　120
公共財　240
行動学習　113
高度情報社会　12
高度産業社会　12
幸福度　247-249
コーピング　86
国立教育政策研究所（日本）　20-22
国立教育統計センター（National Center for Educational Statistics）（米国）　20
国立成人教育研究所（National Institute of Adult Education）（英国）　250
個人責務志向性モデル　151
個人的興味　88
『孤独なボウリング—米国コミュニティの崩壊と再生』（Bowling Alone:the Collapse and Revival of American Community）　236
雇用可能性（エンプロイアビリティ）　257
混沌の語り　191
コンピュータ断層撮影（CT）　71
コンボイ・モデル　39, 40

● さ 行

サードプレイス　87, 204
サイクルモデル　115, 118
最適な加齢　30, 274
左脳　79
シアトル縦断研究　36
磁気共鳴画像（MRI）　71
至高体験　92
自己決定学習　129, 142-159, 280, 281
自己決定学習レディネス尺度　155

自己効力感　85, 268
自己実現　92, 269, 290
自己実現欲求　88, 92, 279
自己成就予言　263
自己マスタリー　226
システム思考　227
自然資本　238
舌の先現象　71, 80
実践コミュニティ（実践共同体）　218-220, 285
実践的試行　115-118
実践的知能　31
私的財　240
自伝的学習　192-194, 196, 282
自動化　200
シナプス　74, 275
ジャーナルライティング　177
社会化　11
社会関係資本（ソーシャル・キャピタル）　236-253, 286
社会的サポート（ソーシャル・サポート）　39, 246, 286
社会的・情動的選択性理論　39
社会的ネットワーク　236, 239, 240, 246, 286
十全参加　219
縦断的研究　32
熟達　42, 43, 277
熟知性　80
準伝統的学生　23
状況的学習　218-220
状況的興味　88
省察　76, 118-120, 181, 278
省察的学習　119
省察的客観視　115-118
省察的実践　114, 119-121, 278
情動　72, 73, 84, 282, 283

情報収集　243
シングルループ学習　224, 225, 285
神経回路（ネットワーク）　74, 276
心身一如　199, 283
心身二元論　199
身体知　211, 283, 284
人的資本　26, 238
心理的危機　26, 52, 62-65, 277, 278
心理療法　189
スキャフォルディング　220-222, 285
ストーリー　181-183, 192-196, 214, 282
ストーリーワーク　194-197, 282
スピリチュアリティ　206-210, 283
スプートニックショック　183
『成人教育の意味』（*The Meaning of Adult Education*）　126
『成人教育の現代的実践：アンドラゴジー対ペダゴジー』（*The Modern Practice of Adult Education:Andragogy versus Pedagogy*）　126, 134
『成人教育の現代的実践：ペダゴジーからアンドラゴジーへ』（*The Modern Practice of Adult Education:From Pedagogy to Andragogy*）　134
『成人の学習計画』（*The Adult's Learning Projects : A Fresh Approach to Theory and Practice in Adult Learning*）　143, 144
正統的周辺参加　219, 285
世界保健機構（WHO）　208, 209
セレンディピティ　279
宣言の記憶　69
宣言の知識　43
選択的最適化　30
前頭前野　72
前頭葉　72
創造の知能　31

組織的学習　19, 224, 225, 285
ソマティック・マーカー　201

● た　行

大学審議会　23
体制化　78
大脳皮質　71, 75
ダブルループ学習　224, 225, 285
段階モデル（自己決定学習）　156, 157
短期記憶　67-70, 79, 80
探究型学習　153
『探究する精神』（The Inquiring Mind）　144
探求の語り　191
地域における学習　252, 287
チーム学習　227
知恵　43-45, 277
知識社会　13
抽象的概念化　115-118
長期記憶　67-69, 79
貯蔵　70, 71
直観　205, 206, 282, 283
通過儀礼　10
強い紐帯　244
『ディスタンクシオン』（La Distinction. Critique sociale du jugement）　202
適応的コンピテンス　112
デジタル・デバイト　14
手続き記憶　69
手続的知識　43
伝統的学生　23
伝統的キャリア　267
動機づけ　84-87, 97
トラウマ（心的外傷）　72, 203, 204, 214

● な　行

内発的動機づけ　86-88, 125, 279

ナラティヴ様式　182
ナラティヴ　181-197, 263, 289
ナラティヴ学習　281, 282
ナン・スタディ　80
ニューロン　74
人間性心理学　91, 178
認知資源　86
認知的徒弟　220-223, 285

● は　行

橋渡し型　241, 253
発達課題　47-49, 196
発達段階　47, 49, 50
発達の最近接領域　220
ハビトゥス　202, 203
ハブ＆スポークシステム　245
非学習　119
非省察的学習　119
非伝統的学生　23
人・プロセス・文脈モデル　152
批判的振り返り　166, 167
『被抑圧者の教育学』（Pedagogia dei oprimido）　164
ファシリテーター　27, 157
フォーク・サイコロジー　183
符号化　70, 71
フロー　90-92, 279
プロティアン・キャリア　265-267, 290
文化資本　26, 104-106, 202
分析的知能　31
米国国際開発庁（USAID）　171
ペダゴジー　126-128, 133, 280
扁桃体　72, 73
変容的学習　109, 144, 161-179, 192, 281
忘却曲線　75-77
ポジティブ心理学　91

●ま　行

マージン理論（能力―負荷―マージン）
　96
学び方の学び　156
三つのサイクルの相互作用モデル　261,
　262, 288
メメント・モリ　276
メンタル・モデル　226
「モチベーション3.0」　88
問題解決型学習　226

●や　行

ユナイティッド・ワールドカレッジ（UWC）
　213
欲求段階説　91, 92
弱い紐帯　244

●ら・わ　行

ライフ・イベント　26, 55-65, 109, 163, 278
ライフ・キャリアの虹　258-260, 288
ライフ・サイクル　50, 52, 278
ラウンド・スクエア　213
リキッド・モダン　11

陸軍アルファ知能検査　31
リハーサル　78
流動性知能　32, 33
リラーン　225
臨時教育審議会　23
論理科学様式　182
ワーキング・メモリー　67-70, 79, 80
割れ窓理論　249

●アルファベット順

EASE　251, 252
ESD（Education Participation Scale）
　⇒　教育参加尺度
OECD（Organization for Economic Co-
　operation and Development）　⇒　経済
　協力開発機構
S－R理論　124, 125
USAID（United States Agency for Inter-
　national Development）　⇒　米国国際
　開発庁
WHO（World Health Organization）
　⇒　世界保健機構
WHO憲章　208

著者紹介

岩崎　久美子（いわさき・くみこ）

1962年	宮城県に生まれる
2013年	筑波大学大学院図書館情報メディア研究科修了
現在	国立教育政策研究所総括研究官を経て，放送大学教授。 博士（学術）
専攻	成人教育学，生涯学習論
主な著書	『フランスの図書館上級司書』（単著　明石書店） 『国際バカロレアの挑戦』（編著　明石書店） 『私らしい生きかたを求めて―女性と生涯学習』（共編著　玉川大学出版部） 『経験資本と学習』（共著　明石書店） 『社会教育・生涯学習研究のすすめ』（共著　学文社） 『教育研究とエビデンス』（共著　明石書店） 『キャリア教育への招待』（共著　東洋館出版）

放送大学大学院教材　8920770-1-1911（ラジオ）

成人の発達と学習

発　行　　2019年3月20日　第1刷
　　　　　2023年8月20日　第3刷
著　者　　岩崎久美子
発行所　　一般財団法人　放送大学教育振興会
　　　　　〒105-0001　東京都港区虎ノ門1-14-1　郵政福祉琴平ビル
　　　　　電話　03（3502）2750

市販用は放送大学大学院教材と同じ内容です。定価はカバーに表示してあります。
落丁本・乱丁本はお取り替えいたします。

Printed in Japan　ISBN978-4-595-14117-1　C1311